이루어질 수 없는
그러나 반드시 이루어야만 하는
예수의 팔복(八福) 선언

산상설교 해설

이루어질 수 없는
그러나 반드시 이루어야만 하는
예수의 팔복(八福) 선언

산상설교 해설

|이신형|

한들출판사

차 례

□ 머리말

따로 또 함께

마태복음 5:1 — 7:29

성경은 이해하기 위한 책인가? 아니면 행동하기 위한 책인가?

성경에 나오는 많은 말들은 이해를 지향하는 것인가? 아니면 행동을 통해서 체득하라는 것인가?

이해가 행동보다 우선되는 것인가? 행동이 이해보다 우선되는 것인가?

이해와 행동을 분리해서 생각하는 것은 정당한 것인가? 아니면 이해와 행동은 분리해서 생각하지 않는 것이 정당한 것인가?

성경에 담겨 있는 수많은 말들을 지켜야할 명령과 계율의 틀로 도식화해서 인식하는 것은 환원주의의 함정에 빠지는 우를 범할 수 있다. 그렇다고 해도 우리가 지켜야 하는 강령에 대한 인식은 이해를 통한 앎과 행동을 통한 체득이 별개일 수 있다는 것을 지칭해 준다.

이해와 체득의 개별성은 인격적인 존재가 하나님에 대해서 반응하는 것과 하나님에 대한 응답이 각각의 영역에서 다르게 이루어질 수 있다는 것을 전제한다. 때문에 이해한 사람이 언제나 체득한 사람일 수는 없는 것이며, 체득한 자가 늘 이해한 자는 아닌 것이다. 물론 체득한 후에 이해하게 되고 또 이해를 했기 때문에 체득하는 과정이 따라오는 것이 보편적이긴 하지만 이해와 체득이 언제나 상호보완적인 것만은 아닌 것이다.

산상설교에 나오는 지켜야 할 계명과 요구는 이해를 지향하는 것인가? 아니면 체득을 지향하는 것인가? 우리에게 있어서 산상설교는 무엇일까? 이루어질 수 없는 그러나 반드시 이루어야만 하는 계명과 요구는 우리로 하여금 무엇을 어떻게 하라는 것인가? 계명과 요구가 의미하는 총체적인 중심을 이해하라는 것인가? 아니면 계명과 요구대로 행동을 하라는 것인가?

산상설교가 우리에게 걸림돌이 되는 첫째 이유는 설교의 내용이 단순하며 과격하다는데 있다. 산상설교는 매우 분명한 어조로 지켜야 할 것과 지켜야 할 내용을 서술하고, 지키지 못할 경우 행해야 하는 것을 단순 명료하게 구술한다. 지켜야 할 것과 지키지 못했을 때 해야 할 것이 단순하면서도 과격한 것은 그 정도가 인간이 감내할 수 있는 것이 아니기 때문이다. 산상설교의 요구는 인간이 지킬 수 없는 것을 요구한다. 불가능한 것을 가능한 것이라고 요구하고 있다. 불가능한 것과 가능한 것 사이에서 선택할 수 있는 것은 없다. 지켜야만 하는 것은 불가능한 것이며, 지키지 못한 것은 이해될 수 있는 것이 아니다. 물론 지켰다고 해서 특별한 보상도 없다.

산상설교가 우리에게 걸림돌이 되는 두 번째 이유는 우리가 이루어야 하는 것은 많은 데 비해서 하나님이 이루는 것이 매우 적다는 데 있다. 하나님이 해야 할 과제는 우리가 해야 할 과제(우리에게 요구되는 명령)에 비해서 상대적으로 쉬우면서 가볍다. 좀 더 과격하게 말한다면 하나님은 은밀하게 말하는 것을 들으시기만 하면 되고 우리가 하는 것을 바라보기만 하는 매우 쉬운 일을 맡으시고 우리에게는 처음부터 불가능한 것을 요구하신다. 듣기만 하고 보기만 하는 것과 불가능한 일을 하는 것 사이에서 하나님은 쉬운 부분을 담당하고 어려운 부분을 우리에게 떠맡기신 것이다. 그래서 우리가 해야 할 일은 많고 하나님이 할 일은 적다.

세 번째 이유는 산상설교가 축약되고 모아진 설교라는 것이다. 누가복음에서는 예수께서 평지에서 설교했다고 보도한다. 내용적으로 볼 때도 누가복음에 비해서 늘어난 형태를 지니고 있다는 것은 예수의 말을 모아서 설교의 형태로 재구성했다는 인식을 갖게 된다. 마태복음에 구성된 형태로 제시된 산상설교가 전체를 하나의 체계 속에서 바라보게 만든다. 그렇게 될 때 각각은 그 자체로서 지니고 있는 의미보다는 전체 안에서 의미를 부여받게 되고, 전체를 드러내는 재료의 가치를 지니게 된다. 체계로서의 전체와 개별로서 각각에 대한 인식은 선택의 문제를 제기한다. 서론에서 설명이 되겠지만 팔복 선언이 그러한 경우이다. 설교의 내용이 축약되었다는 인식을 가지는 것은 전체를 구술하는 데 걸리는 총 시간을 염두에 넣고 생각해 보면 자연스럽다. 5장부터 7장까지를 이어서 선포한다면 10여 분이면 충분히 끝낼 수 있기 때문이다. 그러나 대중을 모아놓고 10여 분 만에 모든 선포가 끝난다는 것은 자연스럽지 못하다. 그래서 청중이 듣고 우리가 보지 못한 다른 설명들이 그 당시의 청중들에게 주어졌을 것이라고 생각하는 것은 크게 무리한 일이 아니다.

"이루어질 수 없는 그러나 반드시 이루어야만 하는 것"과 "따로 또 함께"는 산상설교가 갖고 있는 성격을 규정하기 위해서 선택한 제목이다. "이루어질 수 없는 그러나 반드시 이루어야만 하는 것"은 인간이 지킬 수 없는 불가능한 것을 요청하는 근본 이유를 찾아가기 위해서 선택한 은유적 표현이다. "따로 또 함께"는 설교의 내용 중 몇몇은 각각 전체와 관련 없이 그 자체로서 해석되어야 하는 동시에 전체와 관련해서 해석되어야 하며, 그리스도인과 율법 및 그리스도인과 주변인들, 하나님과 그리스도인이 각각의 개별체이면서 함께 가야 할 지체라는 것을 암시하는 은유이다. 그래서 "너희 의가 바리새인과 서기관보다 더 뛰어나야만 천국에 들어갈 수 있다"는 말로서 요약되는 산상설교의 핵심인 '너희 의'가 "이루어질 수 없는 그러나 반드시 이루어야만 하는 것"과 "따로 또 함께"의 은유를 통해서 그리스도인으로 되어 가기 위한 필요충분조건으로 지시된다. "너희 의"를, 즉 "우리 의"를 이루어가는 데 있어서 "이루어질 수 없는 그러나 반드시 이루어야만 하는 것"의 은유는 '의'가 행위를 통해서 구현되는 것이 아니라 내면적이고 근본적인 것을 의미한다고 안내되고, "따로 또 함께"의 은유는 그리스도인으로 되어 가기 위해서 각각 '율법,' '주변인,' '하나님'이 반드시 함께 동반되는 파트너임을 구체화한다. 따라서 "이루어질 수 없는 그러나 반드시 이루어야만 하는 것"과 "따로 또 함께"의 은유는 산상설교를 이해하고, 해석하는 전체의 원리가 된다.

산상설교를 분류한 방식은 장로회신학대학원 시절에 박수암 교수님에게 수강한 산상설교에서 배운 틀을 참고했다. 그렇지만 산상설교를 읽어나가는 원리나 해석의 내용은 박 교수님의 산상설교와 전혀 관련 없는 것이다. 박 교수님의 산상설교 연구는 주석학적 관점에서 기술한 것이고 필자의 해설은 각각의 본문을 조직신학적 사고를 갖고 재 진술하는 것이다.[1]

신약 학자들이 산상설교를 주석의 관점에서 해설한 것은 많이 있다. 그러나 조직신학적 관점에서 해설한 것은 그다지 많지 않다. 20세기의 순교자 본회퍼의 《나를 따르라》가 우리나라의 상황에서 그나마 접할 수 있는 해설서일 것이다. 주석학적인 관점에서 산상설교를 해설하는 것은 필요한 작업이지만 목회적인 관점에서는 생각보

1) 박수암, 《산상보훈》 (대한 기독교서회, 2003).

다 많은 도움을 받을 수 없다고 필자는 판단한다. 목회 현장에서 설교를 하는 목회자들의 욕구에 비춰 보거나 성서를 읽어가는 일반인의 관점에서 바라본다면 신약 학자들의 주석은 산상설교에 나타난 예수의 가르침의 깊이로 안내하기에 부족하다. 설교의 관점에서 산상설교를 읽어가는 것도 그 안에 담겨진 기독교 진리의 깊이와 높이의 차원으로 독자를 인도하는 데 불충분하다. 조직신학적 관점에서 산상설교를 재진술하는 것만이 제자로 부르신 예수의 부름의 깊이와 높이를 경험할 수 있다고 필자는 확신한다. 산상설교의 해설은 필자가 만난 예수의 부름의 깊이와 높이를 진술한 것이다.

산상설교에서 부르는 예수의 부름에 대한 필자의 응답이 부르시는 예수의 소리를 듣는 사람들에게 그 부름의 차원으로 한발자국 더 깊이 있게 나아가는 데 도움이 되기를 바라는 자그마한 소망을 가지면서 이 글을 돌아가신 할아버지 한경직 목사님과 부모님 이영헌 목사님, 한순희 어머님의 영전에 바친다.

I. 5장: 제자로 부르심

(5:1-48)

A. 팔복: 약속된 축복 혹은 축복의 약속(5:1 10)

1 예수께서 무리를 보시고 산에 올라가 앉으시니 제자들이 나아온지
라 2 입을 열어 가르쳐 가라사대 3 심령이 가난한 자는 복이 있나니
천국이 저희 것임이요 4 애통하는 자는 복이 있나니 저희가 위로를
받을 것임이요 5 온유한 자는 복이 있나니 저희가 땅을 기업으로 받
을 것임이요 6 의에 주리고 목마른 자는 복이 있나니 저희가 배부를
것임이요 7 긍휼히 여기는 자는 복이 있나니 저희가 긍휼히 여김을
받을 것임이요 8 마음이 청결한 자는 복이 있나니 저희가 하나님을
볼 것임이요 9 화평케 하는 자는 복이 있나니 저희가 하나님의 아들
이라 일컬음을 받을 것임이요 10 의를 위하여 핍박을 받은 자는 복이
있나니 천국이 저희 것임이라

예수가 산에 올라가 앉으시고 제자들은 나아와 예수를 바라본다. 무리들도 예수를 바라본다. 예수는 제자와 무리를 바라본다. 제자는 무리를 바라보지 않는다. 무리도 제자를 바라보지 않는다. 제자와 무리는 예수만 바라본다. 예수는 제자와 무리를 바라본다. 예수에게는 제자도 보이고 또 무리들도 보인다. 그러나 예수에게 있어서 제자와 무리는 같은 존재가 아니다. 무리 가운데 있다가 무리 앞으로 나온 한 무리의 사람들이 예수의 제자인 것이다. 무리와 함께 있던 제자는 예수가 산에 앉으셨기 때문에 예수의 말을 듣기 위해서 조금 더 가까운 자리로 나아온다. 무리는 예수에게 가까이 다가서는 제자를 막지 않는다. 그것은 그들에게는 그럴 권리가 있다는 것을 인정하는 것이다. 또한 무리들은 자신들과 함께 있다고 하더라도 그들은 무리에 속한 사람이 아니라는 것을 인식한다. 제자는 무리로부터 떨어져 나와 예수와 가까운 자리에 위치한다.

예수는 제자들이 나아와 자신과 무리 사이에 서 있는 것을 허락한다. 예수는 제자가 서야 할 정확한 위치에 서 있음을 알기 때문에 제자가 나아오는 것을 허락한다. 그러나 제자는 예수 앞에 가까이 나왔음에도 불구하고 자신이 서 있는 위치의 의미를 인식하지 못한다. 그저 제자는 예수께서 하시는 말씀을 조금 더 잘 듣기 위해서 앞에 나아온 것일 뿐이다.

무리는 제자가 나아가는 것을 비난하지 않는다. 예수가 그들을 허용하기 때문에 나아오는 것임을 무리는 알고 있는 것이다. 그렇게 예수의 허락과 무리의 묵인에 의해서 제자들은 예수와 무리 사이에 서 있다. 예수가 알고 무리가 아는 것을 제자만 모르고 있다. 단지 제자는 예수께서 말씀하기 때문에 좀 더 잘 듣기 위해서 앞에 나선 것이다. 무리는 제자를 예수와 묶어서 한 부류로 인식한다(마 26: 69-74). 예수는 자신 앞에 나와 선 제자를 무리와 구별해서 인식한다.

예수 앞에 가까이 나와 선 제자는 앞으로 예수를 대신해서 무리와 만날 제자인 것이다. 예수는 언제까지 제자와 함께 있지 않는다(요 16:28). 제자와 함께하던 그 예수는 머지 않아 제자를 떠나 하나님과 함께 계실 것이기 때문에 그때 무리에게 예수를 전할 주체는 제자가 될 것이다. 제자의 전함을 듣고 무리는 예수를 알게 되고 무리에서 벗어나 예수의 제자가 될 것이다. 그렇기 때문에 무리가 제자를 만나는 것은 예수를 만나는 것이고, 제자가 무리를 만나는 것은 예수가 무리를 만나는 것이다.

예수는 제자를 자신과 무리 가운데 세우신다. 무리도 제자가 자기와 예수 사이에 위치하는 것에 대해서 거부하지 않는다. 제자만 자기 실존의 상황을 인식하지 못하고 있다. 제자는 예수의 말씀이 가져다줄 자신의 운명에 대해서 알지 못한다. 무리들도 예수가 무슨 말을 하실지 모른다. 예수께서 말씀하는 것을 제자들이 기다리는 것처럼 그들도 기다린다.

예수의 말씀이 끝나면 무리들은 제자를 바라볼 것이다. 예수가 하시는 말씀의 진위를 삶에서 입증하라고 무언의 시선으로 제자들을 바라볼 것이다. 말씀을 마친 후에 예수는 제자를 바라볼 것이다. 예수의 시선 속에서 제자들은 하나님과 사람들 앞에서 제자로서의 삶을 살아가라는 당부의 말씀을 읽을 수 있을 것이다. 그때 그들은 자신을 지켜보는 무리들의 시선을 의식할 것이다. 그때가 되어서야 제자는 예수가 선포한 축복의 말씀이 자신들을 향한 약속인 것을 깨닫게 될 것이다. 팔복의 선언은 약속이다. 제자에게 예수가 주시는 약속된 축복이다. 동시에 무리 가운데 있다가 제자가 되려고 앞으로 나오는 사람에게 하시는 축복의 약속이다.

1. 마음이 가난한 자에게 주는 약속 (5:3)

3 심령이 가난한 자는 복이 있나니 천국이 저희 것임이요

3절은 제자와 무리를 바라보면서 예수가 약속한 첫 번째 축복받은 사람에 대한 설명이다. 축복받은 사람은 마음이 가난한 사람이다. 마음이 가난한 사람이 축복받은 것이다. 축복의 결과는 하나님의 나라가 주어지는 것이다.

마음이 가난한 사람이 받을 축복인 하나님 나라는 어디에 있는가? 예수는 여기에 있다, 또는 저기에 있다고 말하지 않는다. 하나님 나라는 너희 가운데 있다고 말씀한다(눅 17:20-21). 너희 가운데 있다는 것은 너와 너 사이에 있다는 말씀이다. 하나님 나라는 너라는 한 인격적 존재 안에 포함될 수 있는 사항이 아니다. 하나님이 성령을 통해서 사람과 함께 사람 안에 거하신다고 하더라도 하나님 나라가 사람 안에 내주하는 것이 아니기 때문이다. 예수가 선포한 하

나님 나라는 다가오는 것이지 사람의 존재 안에 내주하는 것이 아니다. 너희 가운데 계시는 하나님의 나라는 너희와 너희를 묶어 주는 시간과 공간 및 그 안에 개별적인 존재로 실존하는 너희 모두를 포함하면서 내주한다. 따라서 '너희'는 '너'라는 일인칭 단수만이 아니다. 제자의 호칭이 개개인을 포함한 제자 전체를 지칭하는 대표 단수인 것처럼 그렇다. 한 편 너희에 대한 호칭이 한 명의 너를 지칭하는 것처럼 제자가 구체적인 어떤 한 명의 제자를 지칭하는 경우도 있다. 그렇지만 하나님 나라가 주어질 축복받은 사람이 한 명으로 지칭되는 것은 그 한 명을 제외한 나머지는 하나님 나라의 주어짐에서 배제되기 때문에 타당하지 않다.

축복받은 자들은 마음이 가난한 사람이다. 마음이 가난한 사람이 축복의 결과로 하나님 나라를 이어받게 된다.

누가는 지금 가난한 사람에게 하나님 나라를 축복으로 주신다고 평지설교에서 기록한다(눅 6:20). 지금 가난한 사람은 정말로 가난한 사람이다. 아무것도 소유한 것이 없는 사람이다. 가진 것이 없기 때문에 가질 것을 기대할 수 없는 가난한 사람이 하나님 나라를 축복으로 받는다. 그러나 마태는 마음이 가난한 사람이 하나님 나라를 축복으로 받는다고 기록한다. 마음이 가난한 것과 가난한 것은 동일한 것이 아니다. 마음이 가난하다고 해서 삶이 반드시 가난한 것이 아니기 때문이다. 가난한 사람이 반드시 마음이 가난한 것도 아니다. 가난한 사람 가운데는 마음이 가난하지 않고 부요한 사람도 있다. 가난한 사람은 가난하기 때문에 가난이 현실이다. 그래서 가난한 사람에게는 가난하지 않는 것이 축복이다. 가난한 사람이 가난을 약속으로 받는 것은 축복이 아니라 저주다. 그들에게 있어서 가난은 다시는 물려받거나 물려주고 싶지 않을 만큼 되풀이하고 싶지 않은 것이기 때문이다.

그런데 가난한 너희는 하나님의 나라를 물려받는 축복을 받은 사람이라고 예수가 선포할 때, "지금 여기에서 가난한 너희"는 "하나님 나라에서는 가난하지 않는 너희"가 된다. 산상설교에서 예수는 마음이 가난한 너희가 하나님의 나라를 받는 축복을 빈는다고 말씀하신다. 가난하게 사는 사람에게 희망이 되는 약속은 가난을 벗을 수 있다는 것이다. 가난한 사람에게 주어지는 축복의 현실도 가난하지 않는 것이다. 하나님 나라가 축복의 결과로서 마음이 가나한 사람에게 주어지는 현실은 지금 여기에서는 마음이 가난하지만 그때 거기에서는 마음이 가난하지 않는 것이다. 그러나 지금 여기의 가난에서 바라본 축복된 미래의 현실은 그때 거기에서는 부자가 된다는 것을 의미하지 않는다. 지금 여기에서는 가난과 부요라는 상반된 현실이 공존하지만 그때 거기에서도 가난과 부요라는 현실이 공존한다면 지금 여기와 그때 거기는 시간의 차이를 제외하고 동일한 것이 되기 때문이다. 지금 여기와 그때 거기의 다름이 시간의 차이만큼의 다름에 있는 것이 아니라 시간의 차이와 무관하게 본질적인 다름의 차원만큼 다른 것이다. 마음이 가난한 너희가 2인칭 단수가 아니라 이인칭 복수로 인식되면 하나님 나라가 마음이 가난한 사람들의 모임인 너희들에게 축복으로 주어진다. 가난한 마음이 모여 있는 너희들의 가난한 마음에 하나님의 나라가 약속으로 깃들게 된다.

가난한 마음은 순수한 마음을 의미하는 것이 아니다. 소박한 마음을 의미하는 것도 아니다. 가난한 마음은 빈 마음을 의미한다. 가난한 사람의 쌀독에는 들어 있는 것이 없다. 가난한 사람의 통장에는 들어 있는 돈이 없다. 비어버린 쌀독과 비어버린 통장만 있을 뿐이다. 비어버린 쌀독이 가난한 사람의 현실인 것처럼 가난한 마음의 현실은 아무것도 들어 있지 않은 빈 마음이다. 마음을 비워서 빈 마음이 된 것이 아니라 그냥 비어져 버린 마음이 빈 마음이다. 비워서 비워진 마음은 소박한 마음이다. 털어내서 털어진 마음은 순수한 마음이다. 털어버릴 수 있고 비워버릴 수 있는 마음을 가진 사람은 결코 빈 마음을 가진 사람이 아니다. 비운 곳과 털어 버린 곳에는 비움과 텲으로 채워진 기쁨과 행복이 들어앉기 때문이다.

비운 만큼, 털어버린 만큼 행복과 기쁨은 채워지며, 채워지고 더 채워진다. 비울 수 있는 마음과 털어버릴 수 있는 마음을 가진 사람은 비운 마음을 가진 것이 아니라 더욱 채워진 마음을 가진 풍요한 사람이다. 마음의 공간을 비워서 넓히고, 털어서 크게 만드는 사람은 넓어진 공간과 커진 분량만큼 채워지는 채움의 기쁨을 지금 여기에서 맛보기 때문에 예수가 주시는 축복이 들어앉을 자리가 없다. 예수의 말씀은 비울 수도 털어버릴 수도 없는 빈 마음을 가진 사람에게 하나님의 나라를 약속으로 주시는 축복이기 때문이다.

빈 마음은 비워본 적이 없는 마음이다. 털어본 적이 없는 마음이다. 비운다는 것과 털어버린다는 것이 무엇을 말하는지 인식할 수 없는 마음이다. 비워서 넓히고 털어서 크게 만드는 것을 경험해 본 적이 없기 때문에 비워진 마음에 깃들이는 기쁨에 대해서 무지하다.

예수 앞에 나온 제자와 무리는 가난한 마음을 가진 자들이다. 비워서 가난한 마음이 아니라 처음부터 빈 마음을 가진 자들이다. 가난한 마음을 가진 마음과 가난한 마음이 모여서 이루어진 무리들에게 예수는 하나님 나라가 그 마음에 깃들일 것을 약속하신다. 그래서 빈 마음의 공간에 하나님의 나라가 들어앉기 때문에 가난한 마음은 빈 마음이 아니라 찬 마음이 된다. 하나님의 나라가 마음의 빈 부분이 없게 들어차기 때문에 빈 마음에는 하나님의 나라만 존재한다. 가난한 마음에 들어앉은 하나님 나라는 비워지지도 털어지지도 않는다. 비워서 비워지고 털어서 털어지면 하나님 나라는 마음에서 밀려난다. 그렇게 밀려난 그 자리에 하나님 나라가 아닌 다른 것이 채워지고, 채워지는 과정이 기쁨으로 인식된다면 하나님 나라는 그 마음에 축복으로 깃들지 않은 것이다.

하나님 나라는 하나님에 의해서 우리에게 임하는 것이다. 하나님이 임하게 하는 것을 우리가 지우고 비껴가게 한다면 하나님 나라는 우리의 능력보다 작은 힘을 갖고 있는 것이다. 예수는 하나님 나라를 약속했다. 하나님 나라가 빈 마음에 깃들이는 축복은 우리에 의해서 지워지고 밀려가는 것이 아니다. 우리가 밀려가고 지워지는 것이다. 하나님 나라가 임할 때 지워지고 밀려가는 것은 인간의 나라이다. 인간의 나라는 하나님 나라가 임할 때 맞설 수 없다. 하나님 나라가 임하기 전에는 하나님 나라에 대해서 맞섬이 있을 수 있으나 하나님 나라가 임한 다음에는 인간의 나라는 소멸되는 것이다. 따라서 하나님 나라가 임한 마음은 비울 수도 털 수도 없는 하나님 나라의 충만함으로 충만해진 마음이다. 하나님 나라의 충만은 하나님 나라를 제외한 그 어떤 나라도 함께함을 허락하지 않는다.

가난한 마음과 마음이 모인 제자와 무리를 예수는 축복한다. 예수가 주는 축복은 약속이다. 하나님 나라가 임한 마음은 가난한 마음이다. 가난한 마음이 전제된 후에 하나님 나라가 축복으로 임하는 것이 아니라 하나님 나라가 임하는 마음이 가난한 마음이다. 예수 앞에 있는 무리는 가난한 무리이다. 가난한 무리는 가난을 경험하는 무리이다. 가난이 전제되어 있고 축복이 약속으로 임재한다. 그러나 마음이 가난한 사람은 하나님 나라의 임재를 경험한 사람이다. 빈 마음은 하나님 나라로 채워진 다음에 발견하게 되는 마음이다. 가난한 마음에 하나님 나라를 약속하는 예수는 역설적으로 하나님 나라를 경험한 마음이 가난한 마음이라는 것을 설파하는 것이다. 하나님 나라 외에는 아무것도 그 마음에 들어선 것이 없기 때문에 빈 마음이 된다. 하나님 나라로 충만한 빈 마음이 축복받은 가난한 마음의 사람이다.

2. 애통하는 자에게 주는 약속 (5:4)

[4] 애통하는 자는 복이 있나니 저희가 위로를 받을 것임이요

빈 마음에 깃든 하나님 나라의 충만함에도 불구하고 가난의 여백을 경험하는 것은 슬픈 현실이다. 하나님의 나라가 임한 현실에서 하나님 나라만 내주하는 현실을 견디어 내야만 하는 것이 애통하는 자의 실존의 모습이다. 애통하는 자의 애닯픔이 축복이다. 가난한 마음에서 가난의 마음이 창출되는 것이 예수가 약속한 축복을 받은 증거인 것처럼 애통하는 자의 받은 축복에서 슬픔이 경험되는 것은 축복을 받은 증거인 것이다. 왜냐하면 예수가 약속하는 두 번째 축복은 축복된 현실에서 삶의 모순이 그대로 경험되는 모순된 축복인 것이다. 하나님 나라가 너희 안에 내주하지 않고 너희가 거할 미래의 현실에 임하는 것은 희망이다. 미래에서는 지금 삶의 모든 질곡이 회복되고 전도될 것을 기대하는 희망이 내재한다. 이런 희망은 현실의 왜곡이 삶을 아무리 힘들게 하여도 내일의 시간에서는 힘들게 하는 모든 것들이 사라지고 힘들지 않음만이 존재한다는 것을 기대하기 때문에 현실에서 힘들게 하는 것들을 넘어서게 한다. 넘어설 수 있는 것은 궁극적인 의미에서 절망을 주는 것이 아니다. 그러나 지금 여기에서 넘어설 수 있고 극복할 수 있는 것을 내일의 시간에 기대어 희망하는 것이 절망을 주는 것이다.

희망은 넘어설 수 없는 것을 넘어선 현실을 기대하는 것이다. 하나님 나라가 임한 가난한 마음을 넘어서는 넘어섬은 미래에 있는 것이 아니라 지금 여기에 있다. 지금 여기에서 가난한 마음을 넘어서야 한다. 그러나 하나님 나라의 깃듦에 의해서 빈 마음이 되어 버린 현실은 넘어섬을 희망하는 차원을 부정한다. 하나님 나라가 임하지 않았다면 가난한 마음을 경험할 수 없었던 마음이 넘어설 수 있

는 마음의 현실은 없다.

하나님 나라가 임했기 때문에 가난한 마음의 축복을 경험하게 되면 그 축복은 애통하는 마음을 창출해 낸다. 예수는 애통하는 사람에게 위로를 받을 것이라는 축복의 말씀을 선언한다. 위로를 받는 것이 예수가 약속한 축복이다. 애통하는 사람이 받은 축복의 결과가 애통을 경험하는 것은 모순이다. 축복받은 가난한 마음에서 가난의 마음이 출현하는 것도 모순이다. 하나님의 나라로 충만해진 마음과 마음이 모여 있는 너희들의 현실이 하나님 나라의 충만함이 아닌 삶의 현실의 질곡에 여전히 덮여 있는 것도 모순이다. 가난한 마음과 마음의 가난을 둘러싼 하나님 나라의 충만함에 의해서 현실의 가난을 경험하는 것은 모순이다.

애통하는 마음은 하나님 나라의 축복을 경험하는 상태에서 발생한다. 하나님 나라와 현실이 주는 벽의 경계선에서 애통과 슬픔이 출현한다. 슬픔에서 슬픔으로 승화된 슬픔이 발생한 현장에서 예수의 말씀은 다시 한 번 축복의 약속으로 다가온다. 위로를 받을 것이다. 위로하는 분이 너에게 위로를 줄 것이다. 위로를 준다는 것은 슬픔을 제거해 준다는 약속이 아니다. 슬픔의 강도를 줄여 준다는 것이 아니다. 슬픔의 현실에서 벗어나게 해 준다는 것도 아니다. 슬픔을 견딜 수 있는 자신을 발견하게 해 준다는 것이다. 그래서 하나님이 위로해 주시는 것은 슬픔을 견뎌내는 자신의 모습을 발견한 후에 알게 된다. 슬픔에도 불구하고 슬픔을 견뎌내는 모습에서 위로가 그에게 임하였다는 것을 확인하게 된다. 하나님 나라의 충만함은 슬픔을 슬픔으로 승화시키며 그곳에 위로를 준다. 슬픔의 미학에서 위로는 슬픔을 더욱 깊은 곳으로 인도하는 안내자이다.

예수 앞에 서 있는 제자들과 무리들은 예수가 전하는 슬픔의 깊이와 넓이를 인지하지 못하면서 그 자리에 서 있다. 그들은 예수가 말하는 축복의 단어에 귀를 기울이고 있다. 예수가 말하는 축복은 슬픔인 것을 알지 못하는 것이다. 예수는 축복받은 존재이다. 예수의 십자가는 아버지인 하나님에 의해서 제시된 아들 됨의 증표이며 아들이 아버지에게 드리는 영광이다. 그러나 십자가에서 아버지와 아들의 만남은 슬픔이다. 아버지가 아들에게 제시한 아들의 길은 슬픔의 길이다. 십자가 위해서 아들이 아버지에게 돌리는 영광도 슬픔이다. 제자와 무리는 축복이라는 단어에 귀를 기울인다. 예수는 가난과 애통 그리고 위로라는 단어에 마음을 싣는다. 위로를 받는다고 하더라도 슬픔이 사라지지 않음을 알기에, 하나님 나라의 충만함을 경험한다고 하더라도 가난의 현실이 여전히 존재하는 것을 알기에 예수는 그들에게 축복의 말씀을 더하신다.

3. 온유한 자에게 주는 약속 (5:5)

5 온유한 자는 복이 있나니 저희가 땅을 기업으로 받을 것임이요

마음이 가난한 자에게 주어진 축복인 하나님 나라의 소유가 종말론적 미래에 이루어질 약속이 아니라 예수 앞에 놓인 제자와 무리에게 이미 임한 현재적 실제이기 때문에 하나님 나라는 그들로부터 희망을 빼앗는다. 종말론적 희망 없이 삶의 현실이 가져다주는 왜곡과 무게를 참고 견뎌가야만 하는 것은 쉬운 일이 아니다. 위로의 약속이 현실의 모순을 해결해 주지 않는 이상 완전한 축복이 될 수도 없다. 애통하는 마음에 주어지는 위로가 진정한 축복이 되기 위해서는 마음의 상태를 변화시키는 것만이 아니라 몸이 놓인 현실의 변화가 뒤따라야 한다. 하나님 나라의 내주를 경험하기 때문에 현실이 주는 아픔도 함께 갖고 삶을 살아야 하는 제자와 무리들에 대해서 예수께서 하나님 나라에서 갖게 될 내일의 축복을 약속한다. 온유한

자는 복이 있으니 저희가 땅을 기업으로 받을 것이다.

온유한 자는 성품이 유순한 사람을 지칭하지 않는다. 인격이 부드러운 사람을 가리켜 온유한 사람이라고 말하는 것도 아니다. 온유한 자는 위로를 받는 마음과 변화하지 않는 현실의 모순 가운데서도 좌절을 하지 않는 자를 의미한다. 예수 앞에 있는 제자와 무리처럼 힘없고 연약한 인간들을 지칭한다. 슬픔에도 불구하고 좌절하지 않으며 삶이 가져다주는 비참함에도 불구하고 분노조차 하지 않는 무기력한 대중이 온유한 자이다. 온유함이 개인적 성격에 귀속될 수 있는 기질이나 품성이 아닌 것은 땅을 기업으로 받는 축복이 가난한 마음에서 출현한 현재적 상태의 슬픔을 이겨낸 삶을 사는 무리와 제자에게 주는 것이기 때문이다. 온유한 자에게 예수가 땅을 기업으로 받을 것을 약속한다.

온유한 자는 희망을 잃어버린 자이다. 하나님 나라를 삶에서 이미 경험하고 있기 때문에 미래에 도래할 하나님 나라의 희망이 박탈된 자이다. 하나님 나라의 충만함을 경험하면서 미래에서 경험할 하나님 나라의 충만함을 희망하는 것은 지금 경험하는 하나님 나라의 실제를 부인하는 것이 되기 때문에 온유한 마음이 될 수밖에 없다. 미래에 대한 희망을 품지 않는 대신에 지금 이곳에서 하나님 나라를 경험하는 마음에 예수께서 미래에 대한 희망을 약속하신다. 온유하면 땅을 기업으로 얻을 것이다. 현재의 시간에서 땅을 받는다는 것이 아니다. 이스라엘 사람에게 젖과 꿀이 흐르는 가나안 땅을 약속하신 것처럼 지금 여기에서 하나님 나라를 경험하는 온유한 마음에게 땅을 약속하는 것이다. 지금 여기에서 하나님 나라는 마지막에 도래할 하나님 나라가 임할 때까지 마음이 가난한 자가 경험하는 현실이다. 마지막에 도래할 하나님 나라가 임하면 지금 여기의 삶은 정지된다. 지금 여기에서 경험하는 하나님 나라의 충만함은 정지하며 그때 거기에서 경험되는 하나님 나라의 삶은 충만하게 가난한 마음들과 함께한다.

온유한 자에게 약속된 땅은 지금 여기에 있는 땅이 아니다. 지금 여기에서 땅을 축복으로 주는 것은 마지막에 도래할 하나님 나라의 임재를 부인하는 것이다. 하나님 나라는 현재와 미래의 두 시간의 양태에 임재한다. 가난한 마음을 가졌기 때문에 필연적으로 파생하는 슬픔을 자기 안으로 갈무리하는 온유한 마음의 소유자는 현재가 시작한 시점부터 끝나는 시점까지 땅을 기업으로 받을 축복을 희망하면서 살아간다. 마지막에 도래할 하나님 나라는 온유한 마음에 약속한 예수의 약속을 경험한다. 하나님 나라 안에서 하나님 나라 안으로 약속에 대한 희망과 성취는 이어지고 가난한 마음에서 온유한 마음으로 나아간 마음은 축복을 받은 마음인 것이 입증된다.

땅을 지금 이곳에서 받을 것으로 믿는 것은 하나님 나라의 미래를 거부하는 것이다. 땅을 소유하는 것을 안으로 갈무리한 슬픔에 대한 보상으로 만드는 것이다. 가난한 마음을 가난한 현실로 바꿔서 온유한 마음 대신에 부유한 재력을 갖추는 것은 가난한 무리와 제자를 미래에 도래할 하나님 나라로부터 분리시키는 것이다. 이것은 예수가 약속한 축복이 축복된 약속으로 되는 것을 근원적으로 차단하는 것이다. 예수로부터 제자와 무리를 분리해서 예수가 그들의 주님이 되지 못하게 만드는 것이다.

하나님 나라의 현재와 미래는 예수와 함께하는 제자에게 도래한 그리고 도래할 현실이다. 예수를 바라보는 무리들이 제자와 함께할 그 날부터 도래할 현실이다. 예수가 약속한 땅의 축복은 지상의 땅이 아니다. 도래할 하나님 나라에 대한 약속이다. 온유한 자는 하나님 나라가 임할 때 그 안에 있는 자신을 발견할 것이다. 그것이 온유한 자에게 주시는 축복된 약속이다.

4. 의에 주리고 목마른 자에게 주는 축복(5:6)

6 의에 주리고 목마른 자는 복이 있나니 저희가 배부를 것임이요

의에 주리고 목마른 자는 가난한 마음을 가진 자이다. 제자와 무리가 간극의 시간을 살아갈 때 의에 주리고 목말라 한다. 가난한 마음에서 슬픔이 나오고 슬픔을 안으로 갈무리할 때 온유함이 나오고 밖으로 내뿜을 때 의에 주리고 목말라 한다. 제자와 무리가 의에 주리고 목말라 하는 이유는 간극의 시간에 놓여 있기 때문이다. 하나님 나라가 이미와 아직 아님의 역설적인 긴장구조를 갖고서 제자와 무리들에게 임재해 있기 때문에 간극의 시간에 놓여 있다. 따라서 하나님 나라의 임재를 경험하는 유무와 관계없이 제자와 무리는 간극의 시간에 놓인 삶을 살아가는 존재이다.

예수는 간극의 시간에 서서 제자와 무리를 바라본다. 예수는 간극의 시간의 양태에 놓인 삶을 사는 것이 아니다. 예수는 이미와 아님의 역설적인 긴장구조를 지닌 하나님 나라의 실제를 품었다. 예수는 자신의 존재가 하나님 나라의 이미 오심을 확정하는 것으로 인정하신다. 또한 예수는 하나님 나라의 도래를 바라본다. 이미와 아직 아님이 제자와 무리들에게는 지나가야 할 시간의 총량으로 다가오지만 예수에게는 영원이 시간과 합일한 것처럼 그렇게 자신 안에 갈무리 된 채로 멈춰져 있다.

간극의 존재인 예수는 지금 여기에서 임한 하나님 나라와 앞으로 임할 하나님 나라의 사이에 제자와 무리를 세워 놓았지만 그들은 간극의 시간에 놓인 자신들의 현재적 삶의 긴장과 모순을 인식하지 못하고 있다. 예수가 축복하는 시간의 양태를 미래에 이루어질 약속으로만 듣고 있는 것이다. 예수는 약속으로 축복의 말씀을 전한다. 그 말씀은 이미 이루어진 것에 토대를 두고 있는 약속이다.

그러나 약속은 이미 이루어진 것을 기초로 해서 앞으로 이루어질 것의 실체를 드러내었다는 것을 제자와 무리는 인지하지 못한다. 약속은 성취된 약속이다. 성취될 약속은 이미 성취된 약속과 겹쳐져 있다. 마치 제자와 무리가 구별되는 존재이면서 동시에 같은 존재로 있는 것처럼 그렇게 축복의 선언은 약속과 성취가 겹쳐져 있다. 간극은 겹쳐져 있으면서 마주보고 있을 때 긴장과 역동성을 지닌다.

예수는 제자를 간극의 시간에 놓았다. 무리도 동시에 간극의 시간에 놓였다. 간극의 시간에서 예수가 제자와 무리들에게서 기대하는 현상적 모습의 내양은 온유한 마음이다. 예수의 바람대로 그들이 온유함을 지닌다면 의를 목말라 할 것이다. 가난한 마음에서 마음의 가난이 출현하는 것이 필연적인 것처럼, 슬픔을 안으로 갈무리하여 밖으로 슬픔을 내뿜어져 나오게 하는 것도 필연이다. 밖으로 뿜어져 나오는 슬픔은 의를 요구한다. 하나님의 정의를 요청한다. 하나님 나라의 충만함을 경험하면서도 현실의 모순에 의해서 갈등과 고통을 경험하는 제자들이 밖으로 자신들이 겪는 괴로움을 이겨낼 희망을 표출하는 것은 의에 대한 목마름이다. 예수는 의에 주리고 목말라 하는 자는 축복을 받은 자라고 말씀한다. 바깥으로 표출될 수밖에 없는 갈무리된 슬픔에서 분노와 원망이 창출되지 않는 것은 축복을 받지 않고는 일어날 수 없는 현상이다. 하나님의 의를 갈구하는 갈망이 분노와 좌절로 점철된 것이 아니라 순수하게 의로우신 하나님을 갈망하는 삶은 축복된 삶이다. 바리새인들도 하나님의 의를 갈망한다. 서기관도 하나님의 의를 갈망한다. 삶이 주는 왜곡과 모순을 경험하는 모든 고통 받는 사람들은 하나님의 의를 갈망한다. 의로우신 하나님을 대망하는 것이 아니다. 전도된 정의가 바로 펴지기를 갈망하는 것이다. 의롭지 않은 사회에서 의로움을 지키기 위해서 받은 고통에 대해서 보상받기를 갈망한다. 불의한 자들이 형벌을 받고 고통을 받던 자신들은 그에 합당한 대우를 받을 때 의가 바로 세워졌다고 믿는다. 그들에게 있어서 의의 바로 세움은 행위자의 행위의 결과에 따라서 판단을 받는 법적인 의미를 갖고 있다.

예수가 선언하는 의로움을 갈망하는 것이 축복이 되는 것은 법적인 의미를 갖지 않기 때문이다. 전도된 운명을 근간으로 하는 보상의 개념이 예수가 선포하는 축복받은 사람에게 적용이 되지 않는 것은 축복됨의 근원이 다르기 때문이다. 의로움을 갈망하는 것은 온유함을 안으로 갈무리했기 때문이다. 의로움을 갈망하는 것이 축복받은 것의 증거가 되는 것은 이미와 아직 아님의 변증법적 구조로 임한 하나님의 나라와 현실의 모순에서 의로우신 하나님만을 바라보기 때문이다. 의로우신 하나님에 대한 바라봄만이 의에 대해서 만족함을 받게 된다. 제자에게 족한 정의는 바로 세움을 통해서 의로운 자가 의롭게 되고 불의한 자가 불의함을 받게 되는 세상의 다시 세움이 아니라 불의한 세상에서 고통과 괴로움을 받음에도 불구하고 의로우신 하나님을 만나게 되는 것을 의미한다. 의에 굶주리고 목마른 자가 의로움에 의해서 만족함을 갖는 것은 전도된 의의 세움에 의해서 얻을 수 없다. 가난한 마음에 깃든 하나님 나라의 충만함은 불의한 자에게 유보된 정의가 실현되는 것에 의해서 만족감을 얻기보다는 아파함을 경험하기 때문이다. 온유한 마음은 타인에게—비록 불의한 자라고 하더라도—부가되는 정의의 실현에 기뻐하기보다는 자신의 삶에 깃들인 고통과 고난을 참는 것을 선택할 것이기 때문이다.

의를 갈망하는 것과 정의가 실현되는 것을 갈망하는 것은 같지 않다. 의를 갈망하는 것은 의로우신 하나님을 갈망하는 것이다. 의로우신 하나님이 자신의 의로움에 의해서 모든 것을 의롭게 하시는 것을 갈망하는 것이다. 인간들이 가지는 의의 개념에 근거해서 하나님의 의로움을 규정하는 것이 아니다. 의로우신 하나님의 의에 젖어드는 것이 축복받은 결과인 것이다.

5. 긍휼히 여기는 자에 대한 축복 (5:7)

> 7 긍휼히 여기는 자는 복이 있나니 저희가 긍휼히 여김을 받을 것임
> 이요

의로우신 하나님의 의에 젖어들면 타인을 긍휼히 여기는 마음이 발생한다. 긍휼히 여기는 것은 축복받은 마음의 증거이다. 의로우신 하나님의 의를 경험하지 못하는 사람들에 대해서 안타까운 마음을 갖게 되고, 하나님 나라의 도래를 바라보지 못하는 자들에 대해서 갖게 되는 슬픈 마음은 축복을 받지 않고 발생할 수 없는 것이다. 긍휼히 여긴다는 것은 타인에 대해서 동정심을 느낀다는 것이 아니다. 하나님의 나라와 의를 경험하지 못한 사람들이 동정을 받아야 할 만큼 사회적인 삶이나 인격적인 삶의 가치가 현저하게 저하되어 있는 것만은 아니기 때문이다. 그들의 시각에서 바라볼 때 하나님 나라의 충만만을 경험한 제자가 동정을 받아야 할 대상일 수도 있다. 불쌍히 여기는 마음, 동정심을 갖는 마음을 가진 것이 예수가 약속한 축복을 받은 사람의 절대 조건이 될 수 없는 이유 때문에 긍휼히 여기는 마음은 그 마음이 흘러나오는 원천에서부터 접근되어야 한다.

긍휼히 여기는 것은 예수가 갖고 있는 마음을 갖는 것이다. 예수는 무리들이 목자 없는 양처럼 유리 방황하는 모습을 안타까워하였다. 무리들이 삶의 무게에 짓눌려 힘겨운 삶을 살아가는 모습을 불쌍히 여겼다. 그러나 무엇보다도 예수가 그들을 연민의 시선으로 바라본 것은 하나님의 말씀을 듣지 못하고 율법의 자구에 얽매여 하나님의 사람으로서 자유를 누리지 못하는 것이었다. 자신의 삶의 태도를 근본적으로 고쳐야 하나님의 은총을 받을 수 있다고 믿고 있는 대중들의 믿음에 대해서 예수는 안타까워하였다. 율법의 모든 조

항을 지켜야 의로운 존재가 될 수 있다고 믿기 때문에 율법에 매여 있는 사람들의 지친 모습에 대해서 예수는 안쓰러워했다.

긍휼히 여긴다는 것은 예수의 마음을 갖는 것과 동일한 것이다. 예수가 바라보는 것을 바라보고 예수의 마음에 깃들인 안쓰러움을 함께 공유하는 것을 의미한다. 예수가 삶의 여정에서 만났던 사람들의 모습에서 하나님의 자비로우심을 알지 못하고 서기관과 바리새인들이 얽어매 놓은 율법의 굴레에 지친 영혼에 대해서 가졌던 안타까운 마음을 갖는 것이다. 참된 자유와 쉼이 하나님 나라가 깃든 인격의 충만함에 의해서 얻어짐을 알지 못하고 하나님의 의를 획득하기 위해서 자신의 의를 세워나가는 서기관과 바리새인의 잘못된 행위와 그들을 따라가는 무리들의 헛된 발걸음을 안타까워하는 예수의 마음이 긍휼히 여기는 마음이다. 인간이 타인에 대해서 갖고 있는 원초적인 동정심이 예수의 긍휼히 여기는 마음의 분량에 미치지 못하는 것은 하나님의 나라와 의를 경험한 가난한 마음에 세상을 바라보는 하나님의 시선이 머무르기 때문이다.

하나님의 축복을 받은 가난한 마음은 세상을 품으시는 하나님의 의로우심이다. 하나님 나라와 의로우신 하나님을 경험하지 못한 사람들에 대한 안타까움은 가난한 마음의 출현으로 표출된다. 예수의 마음은 가난한 마음이다. 마음이 가난한 예수는 가난한 마음을 제자들과 무리들에게 나누어 준다. 예수와 함께하는 여정에서 제자들은 예수의 마음을 닮아가는 것을 발견한다. 제자들의 마음에 깃든 예수의 마음이 힘겹게 삶을 살아가는 모든 무리들에 대해서 안쓰러움으로 나타나며 제자들은 예수를 닮아가는 것이다. 긍휼히 여기는 자는 예수를 닮아가는 자이다. 하나님의 말씀이 주는 참된 평화와 쉼을 알지 못하고 헛된 율법의 자구에 매여서 힘들게 살아가는 사람들을 불쌍히 여기는 마음이 발생하는 것은 예수가 제자 안에서 만들어가는 현실이다.

궁휼히 여기는 마음은 자발적으로 발생하는 마음이 아니다. 하나님 나라와 의를 경험한 이후에 발생하는 마음이다. 예수가 세상을 바라보던 그 시선으로 세상을 바라보는 마음이며, 예수가 세상을 품는 그 품음으로 세상을 품어가는 마음이다. 십자가에서 예수가 사람들을 바라보면서 그들의 무지에 대해서 안쓰러워 하고, 그들의 행위를 용서하는 것처럼 제자들도 사람들을 용서하고 무지에 대해서 안쓰러워하는 것이다. 하나님 나라가 예수의 마음에 깃든 것을 알지 못하고 율법의 이름으로 예수를 추방한 것처럼 제자의 마음에 깃든 하나님 나라를 추방하는 서기관과 바리새인 그리고 무리들의 행위를 용서하는 마음이 긍휼히 여기는 마음이다.

긍휼히 여기는 마음이 제자의 마음에 깃들면 하나님이 제자를 긍휼히 여기신다. 영원을 시간 밖에 세워놓고 시간을 영원으로 만들어가면서 그것을 바른 행위로 알고 있는 무리들에게 시간 안에 깃든 영원과 영원에 포함된 시간이 예수의 삶에 존재함을 알게 하기 위해서 힘든 삶의 여정을 나서는 제자들을 하나님은 긍휼히 여기신다. 긍휼히 여기는 하나님의 의가 축복받은 결과이다.

긍휼히 여기면 긍휼히 여김을 받는다. 십자가 위에 달려서 고통받는 예수가 사람들을 바라보면서 그들을 불쌍히 여기고 용서한 것처럼 인간이 되신 하나님을 만나서 제자가 된 이들을 배척하고 핍박하는 무리들을 불쌍히 여기고 용서하는 마음은 하나님이 긍휼히 여기는 축복을 받는다. 하나님의 축복은 예수의 마음을 가진 제자에게 아들과 아버지의 바라봄처럼 바라봄을 허락하는 것이다.

예수가 무리를 긍휼히 여기는 것은 하나님의 충만함으로 그들을 바라보기 때문이다. 제자를 긍휼히 여기는 것은 예수의 마음과 일치했기 때문이다. 예수의 마음에 깃든 하나님의 충만함이 제자의 마음으로 전이될 때 제자는 하나님으로부터 긍휼히 여김을 받는다.

6. 마음이 청결한 자가 받는 복 (5:8)

[8] 마음이 청결한 자는 복이 있나니 저희가 하나님을 볼 것임이요

마음의 청결함은 긍휼히 여김을 받는 데서 발생한다. 예수의 마음이 전이된 마음에 하나님의 긍휼하심이 깃들게 되고 청결한 마음으로 변화한다. 청결한 마음이 축복받은 것이라고 하는 것은 청결한 마음이 하나님의 긍휼의 결과로서 긍휼히 여기는 자에게 태동하기 때문이다.

청결한 마음은 긍휼한 마음에서 태동하지만 긍휼한 마음이 발생하는 원천이기도 하다. 긍휼히 여기는 마음은 예수의 마음과 같은 마음으로 무리들과 사람들에 대해서 품는 외적인 행위로서 표출될 때 실체성이 드러난다. 내적인 마음으로만 사람들에 대해서 자비를 갖는 것만으로는 충분하지 않다. 예수가 무리들을 불쌍히 여길 때 마음으로만 그들을 불쌍히 여긴 것이 아니다. 인간다운 삶을 살아가는 데 있어서 가장 근본적인 것을 예수는 그들에게 베풀었다. 예수의 긍휼은 예수에게 자비를 요청한 사람들이 빈손으로 돌아간 적이 없다는 사실에서 드러난다.

예수는 거절한 적이 없다. 예수의 눈과 마음에 비춰진 사람들은 쉼이 절실하게 필요한 지친 사람들이었다. 말씀만 듣기를 원했던 사람들에게 먹을 것까지 주시는 예수의 긍휼함은 긍휼히 대하는 것이 마음으로 생각해 주는 것만이 아니라 생존에 필요한 최소한의 조건도 함께 주어야 하는 것임을 제자들에게 알려준다(마 14:13-21). 긍휼한 마음은 몸과 영혼을 함께 돌볼 때 실질적이 된다.

예수는 사람들의 현실에 대해서 아파할 뿐 아니라 자신을 물이며 떡이라고 말씀한다. 예수는 물이다. 와서 마시면 영원히 목마르지 않는 영생의 물이다(요 7:37-38). 예수는 생명의 떡이다(요 6:35). 먹

으면 영원히 배가 고프지 않는 생명의 떡이다. 마음만 주는 것으로는 부족하다. 자신의 모든 것을 주어야만 한다. 긍휼히 여기는 자가 긍휼히 여김을 받는 자의 몸에 들어가 그와 한 몸이 되는 것에서 긍휼히 여기는 것이 온전해진다. 예수의 긍휼하심은 예수 안에서, 하나님이 하나님 안에서 예수가 온전히 한 몸이 된 사실에 기인한다.

예수 안에서 하나된 아버지와 아들의 사이에는 간격이 없다. 아버지와 아들의 관계에는 끼어들 수 있는 것이 없다. 아버지와 아들은 함께 마주 서 있다. 아버지가 아들을 바라보는 것은 아들이 아버지를 바라보는 것과 동일하다. 아버지의 바라봄에 비친 아들은 아버지이다. 아들의 바라봄에 비친 아버지는 아들이다. 아들의 청결한 마음에 비친 아버지의 모습과 아버지의 청결한 마음에 비친 아들의 모습은 아버지이며 아들이기 때문이다. 예수의 청결한 마음은 아버지가 아들 안에 있기 때문에 청결한 것이다. 아들이 아버지 안에 있기 때문에 아들을 보는 것은 아버지를 보는 것이다(요 14:6-10). 제자들의 마음이 청결한 것은 예수가 제자들의 몸에 임마누엘의 하나님으로 계시기 때문이다. 청결한 마음을 가진 자가 하나님을 볼 수 있는 것은 그 마음에 하나님이 계시기 때문이다.

긍휼히 여기는 마음은 세상에 대해서 제자와 함께하는 예수의 마음이 제자에게로 전이된 것이다. 청결한 마음은 제자에게 전이된 예수의 마음과 함께 임마누엘의 하나님이신 예수가 제자의 마음에 존재하는 결과로 태동된 마음이다. 그렇기 때문에 마음이 청결한 것이 축복받은 결과이다. 마음이 청결한 자는 하나님을 볼 수 있는 축복을 약속받는다. 축복받은 자만이 축복을 약속으로 받는다. 청결한 마음을 가지지 않은 자는 약속의 축복에서 제외된다. 아버지와 아들이 예수 안에서 한 몸이 된 것처럼 예수 안에서 예수와 한 몸이 된 제자만이 약속된 축복인 하나님을 볼 수 있다.

이것은 마음과 마음의 하나됨을 의미하지 않는다. 생각과 생각의 일치를 의미하는 것이 아니다. 세상에 대한 삶의 자세가 동일하다는 것을 의미하는 것도 아니다. 아버지와 아들이 하나인 것처럼 예수와 제자가 하나 된 것을 의미한다. 생명의 떡이며 영생의 물이신 예수를 먹고 마심으로써 제자와 한 몸이 된 것에 기인한 맑음만이 하나님을 바라볼 수 있다. 예수와 한 몸이 된 제자만이 길과 진리이며 생명이신 예수 안에 있는 아버지를 만나게 된다. 하나님은 마음이 청결한 자의 마음에 하나님 나라가 임할 때 함께 임하신다.

가난한 마음에 깃들인 하나님 나라는 하나님의 내주하심을 통해서 제자의 마음을 청결하게 만든다. 청결한 마음은 막힘이 없다. 예수 안에서 아버지와 아들이 막힘이 없듯이 제자의 마음에는 하나님과의 막힘이 없다. 예수의 존재 안에서 아버지와 아들의 함께함을 통해서 아들에게 보여 주신 아버지의 모습이 제자에게도 보이기 때문에 청결한 마음은 하나님을 볼 수 있는 것이다. 영원한 시간에서 하나님을 본다는 말이 아니다. 시간의 종말에서 하나님을 본다는 말도 아니다. 지금 여기에서 하나님을 본다는 약속이다. 세상을 긍휼히 여기는 마음에 하나님의 긍휼함이 임함과 동시에 하나님을 보는 축복이 임한다.

7. 화평케 하는 자가 받는 복 (5:9)

> 9 화평케 하는 자는 복이 있나니 저희가 하나님의 아들이라 일컬음을
> 받을 것임이요

제자와 무리 앞에 서 있는 예수는 하나님이다. 세상 끝날 때까지 제자와 함께하는 임마누엘의 하나님이다. 세상을 사랑한 아버지가 낮은 곳으로 보내신 아들인 하나님이다. 거룩하신 하나님이 인간이

되어 세상 가운데 예수로 나타난 하나님이다. 청결한 마음을 가진 자는 참으로 축복받은 자이다. 나사렛에서 온 예수가 성육신하신 하나님인 것을 볼 수 있다. 바리새인들과 서기관, 그리고 무리들이 예수를 선지자 중의 하나, 또는 세례 요한 혹은 엘리야라고 알고 있지만 청결한 마음이 깃든 베드로는 예수가 하나님의 아들인 것을 고백한다(마 16:16).

청결한 마음은 하나님이 자신을 볼 수 있게 만드시는 마음이다. 청결한 마음을 가진 자만이 말씀하는 예수가 세상과 화해하는 하나님이심을 볼 수 있다. 나사렛 예수 안에서 하나님은 세상과 만나신다. 청결하지 않은 마음은 인간이 되신 하나님을 선생으로 알고 있다. 그들처럼 율법을 해석하는 율법 선생으로 알고 있다. 제자와 함께 있는 무리들이 예수를 선생으로 또는 다윗의 자손으로 부르는 것은 청결한 마음을 갖는 축복을 받지 못했다는 것을 보여 준다. 청결한 마음은 제자의 마음이다. 청결한 마음의 축복을 받는 제자가 되는 것이다. 양이 주인을 알아보듯이 예수의 제자만이 예수를 알아본다(요 10:15). 제자만이 선생이신 예수 안에서 아들이 아버지의 보냄을 받고 낮아지신 사건을 읽을 수 있다. 제자만이 예수 안에서 무한이 유한과 하나된 것과 궁극이 현실과 만나 시간을 정지시킨 것을 볼 수 있다.

아들의 인간 됨의 사건은 하나님이 세상을 품으시는 사랑의 드러남이다. 자신을 비워서 종이 되고 낮추고 십자가에서 죽으신 아들의 사건은 아버지를 향한 아들의 사랑을 드러낸 것이다. 인간 예수로 현현하신 아들의 존재는 세상을 치유한 아버지의 능력과 치유된 세상이 만난 현실이다. 하나님은 아들인 예수 안에서 세상이 쌓은 담을 무너뜨리고 세상을 받아들이신다. 세상은 더 이상 하나님으로부터 멀리 떨어져 있는 낯선 것이 아니다. 세상이 하나님을 떠나서 멀리 갔다고 하더라도 하나님은 세상을 떠나지 않으신 것이다. 세상은 예수 안에서 하나님과 함께 있고 하나님은 예수 안에서 세상과 함께하신다. 예수의 존재는 하나님과 인간이 만나는 만남의 현실이며 받아들임과 받아들여짐이 일어난 실제이다. 율법을 사이에 두고 하나님과 인간이 마주보고 있었던 것에서 이제는 예수를 사이에 두고 하나님과 인간은 만나고 있다. 서기관과 바리새인들은 장로들의 전통에 따라서 율법의 의를 통해서 하나님과 만남을 주장했다. 그러나 하나님은 율법의 의가 아니라 그리스도의 의를 통해서 직접 만나신다(롬 3:19-22). 사람이 율법의 자구를 지킴으로서 하나님 앞에 있는 존재로 되는 것이 아니라 예수를 율법에 대해서 죽게 하시고 의에 대해서 살리심으로 인간을 자신 앞에 있게 하신다(롬 3:25).

예수를 믿는 믿음이 하나님 앞에서 의로움이 될 수 있는 것은 하나님이 인간을 받아들인 현실과 받아들여진 인간의 실제가 예수로 현현하신 하나님의 존재 안에서 구현되었다는 것을 확신하고 고백하기 때문이다. 고백은 사실에 근거한다. 확신은 경험에 기인한다. 예수를 만난 사람들은 예수를 통해서 하나님을 만난다. 하나님을 만난 사람은 예수를 만난 사람이다. 제자들은 예수를 만나서 그분이 하나님이신 것을 확신한 자들이다(요 20:28). 제자와 무리 앞에서 말씀하는 예수는 인간이 되신 하나님이다. 제자 앞에 있는 예수 안에는 하나님과 화해된 세상과 화해된 인간이 있고 세상을 받아들이고 인간을 의롭게 하시는 하나님이 있다.

예수의 제자가 된다는 것은 예수 안에 있는 현실을 본다는 것을 의미한다. 서기관과 바리새인들에게는 감춰진 현실이 제자들에게는 열린 실제가 된다. 따라서 예수 안에서 제자들은 아버지에 대한 아들의 사랑과 아들의 낮아짐을 허락하시는 아버지의 사랑에 의해서 인간이 되신 하나님의 사랑의 대상인 화해된 세상과 인간을 본다. 화평케 하는 자는 하나님의 아들로 불림을 받는 축복의 약속이 제자들에게 들려온다. 제자가 보는 것은 세상을 품으신 하나님의 사랑과 인간을 자신 앞에 세우시는 하나님의 의가 드러난 현실이다. 예수 안에서 드러난 하나님의 현실을 세상 모든 사람들이 보게 만드는 것이 제자가 받은 축복의 약속이다.

평화 없는 세상에서 평화를 만드는 것이 아니다. 미움이 있는 곳에 가서 사랑을 싹트게 하라는 것이 아니다. 사람들 사이에 내재하는 갈등의 문제를 해결하라는 것도 아니다. 듣고 본 것을 전하라는 것이다. 갈등이 있는 현실에서 문제를 해결하고, 평화가 없는 현실에서 평화가 깃들게 하는 것은 제자가 할 일이 아니다. 그것은 성령이 하시는 일이다. 성령은 예수 안에서 구현된 참된 평화가 세상에서 구현되게 하신다. 성령이 하시는 일을 제자가 하는 것은 바른 것이 아니다.

제자는 제자의 일을 해야 한다. 제자의 일은, 아들을 인간되게 하신 것은 세상을 받아들이신 하나님의 현현이며 그가 인간을 의롭게 하신 사랑의 실제인 것을 사람들에게 알리는 것이다. 제자는 자신이 경험한 현실만 전하면 된다. 자신이 듣고 본 것을 알리면 되는 것이다. 하나님이 예수 안에서 구현한 실제를 알게 만드는 사람은 하나님의 아들이 되는 축복을 받는다. 세상을 향한 아버지와 아들의 사랑이 예수 안에 있는 실재인 것을 전하는 자는 아버지의 또 다른 아들이다. 아들만이 아버지를 안다. 아들이 선택하는 자만이 아버지를 안다. 아들이 아는 것처럼 아들이 선택한 자는 아버지를 안다. 아들은 선택한 자에게 자신이 알고 있는 것을 알게 하기 때문이다(요 15:15). 그래서 아들을 전하는 자는 아버지의 또 다른 아들이라고 불림을 받는 것이다. 예수 안에서 구현된 평화의 실제를 전하는 자는 진실로 축복받은 자이다. 왜냐하면 아들에게는 형제가 될 것이며 아버지에게는 또 다른 아들이 될 것이기 때문이다(롬 8:29).

8. 의를 위해서 핍박받는 자가 받을 축복 (5:10)

10 의를 위하여 핍박을 받은 자는 복이 있나니 천국이 저희 것임이라

아버지는 아들을 알고 아들은 아버지를 안다. 예수는 제자를 알고 제자는 예수를 안다. 아버지는 아들을 선택하고 아들은 제자를 선택한다. 아버지가 아들을 선택하는 것은 아들 안에서 세상을 향한 아들의 의를 드러내기 위함이다. 아들이 제자를 선택하는 것은 아들의 의를 세상에서 알리기 위함이다. 아들의 아버지가 아들의 제자 세움을 허락하는 것도 아들의 의를 세상에 알리기 위함이다. 세상은 아들의 의를 알지 못한다. 아버지가 아들을 선택한 것도 알지 못한다(요 1:10-11).

세상이 아는 것은 모세의 율법의 의다. 모세의 율법을 지킴으로써 의롭게 되는 것만이 의의 본질인 것으로 알기 때문에 아들 안에서 아버지의 사랑이 율법의 의를 완성한 것을 알지 못한다. 아들은 아버지를 알고 아들이 선택한 자도 아버지를 알지만 세상은 아들의 아버지를 알지 못한다. 아들의 아버지를 모르기 때문에 아들의 나타나심으로 율법의 의가 완성된 것을 알지 못한다. 세상이 아는 것은 서기관과 바리새인들의 가르침에 따라서 율법을 지킴으로 자신의 의를 세워야 하는 것뿐이다.

자기의 의를 세우는 자는 아버지가 보내신 아들의 의를 부정하는 자이다. 아들의 순종이 아버지에게 의로움이 된 것을 알지 못하기 때문에 아들이 보낸 제자의 존재를 부인한다. 아버지의 아들로부터 보냄을 받은 제자가 아버지의 허락하심에 의해서 아들의 의를 알게 하는 사명을 갖고 다가오는 것을 세상은 알지 못한다. 세상이 아는 것은 율법의 의다. 율법의 의 외에 다른 의를 선포하는 것은 율법과 하나님을 부정하는 것이다.

아버지의 아들을 믿는 믿음이 아버지가 인정하는 유일한 의로움인 것을 알기 때문에 아들이 파송한 제자는 아들의 의를 세우기 위해서 세상에서 의로운 길을 걸어간다. 그래서 제자의 길은 험난한 길이다. 세상이 부정하는 길이다. 세상이 온 힘을 다해서 제자의 사명을 수행하지 못하게 하는 길이 제자 앞에 놓여 있다. 세상이 제자를 막아서는 것은 자신의 행위가 하나님 앞에서 의로운 줄 알기 때문이다. 제자가 전하는 아들의 의가 불의한 것으로 믿기 때문에 제자를 핍박하는 것이다.

그러나 핍박받는 제자는 아들의 의를 알리는 자이다. 아들이 세상에 오심을 거부하는 세상에서 아들의 의를 세상에 드러내는 것은 세상의 의를 부정하고 아버지의 의를 다시 세우는 행위이다. 제자가 세우는 아버지의 의는 제자의 행위에 의해서 드러나는 의로움이 아니라 제자를 통해서 아들의 의를 세상에 알림으로 아버지가 세상에 세우는 자기의 의로우심이다.

아들의 의로움은 아버지의 의로움이다. 아버지의 아들이 행하는 의로움은 아버지가 아들을 통해서 드러내는 의로움이기 때문에 아버지의 의로움인 것이다. 제자의 의로움은 아들의 의로움이다. 제자의 의로움을 통해서 아들의 의로움이 드러나기 때문에 아들의 의로움이다. 제자가 자신의 의로움을 드러내면 세상은 제자를 핍박하지 않는다. 제자가 세우는 자신의 의는 서기관과 바리새인이 세우는 의와 같은 의로움이기 때문이다. 제자가 아들의 의로움을 드러내면 제자는 핍박을 받는다. 세상이 미워하는 것은 무리와 함께 있는 제자가 아니다. 무리와 함께 있다가 나와서 아들의 제자가 되는 것을 미워한다. 아들을 미워하기 때문에 아들의 제자를 미워하는 것이다(요 15:18).

세상이 미워하는 자는 축복을 받은 자이다. 아들이 제자에게 주는 축복을 받았으며 아들의 아버지가 아들을 통해서 드러낸 의로움에 참여하는 축복을 받은 자이다. 아들이 제자에게 주는 축복은 하나님의 나라를 약속한다. 지금 여기에서 제자의 가난한 마음에 깃든 하나님의 나라의 축복만이 아니라 세상의 끝에서 주어지는 하나님의 나라를 약속한다. 아들의 아버지가 아들의 제자에게 주는 축복은 아들의 의를 세움으로 아버지의 의를 드러내는 것을 알게 하는 것이다. 아버지의 아들과 아들의 아버지 사이에서 일어난 의로운 역사의 증인이 되게 하는 것이다. 예수의 제자가 됨으로 핍박 받는 제자는 세상이 알지 못하는 것을 알게 된다. 아들의 제자가 됨으로서 아버지와 아들만이 아는 것을 알게 되는 축복을 받는다. 제자는 증인이다. 아들과 아버지의 의로움의 증인이다. 아들의 의를 세움으로써 율법의 의를 완성하신 아버지의 의로움의 증인이다. 아들과 아버지의 의를 위해서 핍박받는 자는 축복된 자이다.

B. 제자의 현재 상황 (5:11–12)

> [11] 나를 인하여 너희를 욕하고 핍박하고 거짓으로 너희를 거스려 모든 악한 말을 할 때에는 너희에게 복이 있나니 [12] 기뻐하고 즐거워하라 하늘에서 너희의 상이 큼이라 너희 전에 있던 선지자들을 이같이 핍박하였느니라

예수는 무리들과 서기관 및 바리새인들이 함께 모여 있는 자리에서 아버지와 아들의 의의 증인으로 제자를 세웠다. 제자는 예수의 증인이 되었다. 증인이 되기 위해서 무리 가운데서 나오지 않았지만 제자는 예수의 증인이 되었다. 무리들은 예수가 제자를 아버지와 아들의 의의 증인으로 세운 것을 본 증인이다. 이제 무리는 제자를 다

른 시각으로 보게 되었다. 예수를 바라보던 시각으로 제자를 바라보게 된 것이다. 무리 가운데는 바리새인과 서기관이 같이 있다.

예수는 제자를 바라보고, 무리를 바라본다. 무리는 예수를 바라보고 제자를 바라보면서 자기들의 서기관을 바라본다(마 7:28-29). 무리는 제자를 자기들의 서기관과 바리새인과 비교한다. 서기관과 바리새인의 의로움은 율법과 장로들의 전통에 의한 기준에 의해서 무리에게 인식된다. 제자의 의로움도 무리들에 의해서 인식된다. 제자가 예수의 가르침을 따른다면 제자는 무리에게 의로운 존재로 인정된다. 제자는 무리에게는 예수의 증인으로서 의로움을 증명해 보이라는 무언의 요구를 받게 된다. 아버지와 아들의 의로움의 증인으로서 의로운 존재인 것을 증명하라는 것이다. 무리는 서기관과 바리새인들을 향해서 의로움을 증명하라는 요구를 하지 않는다. 율법의 전통이 그들의 의로움을 무리에게 각인시켜 놓았기 때문에 그들에 대해서 아무런 요구를 하지 않는다.

그러나 제자는 그렇지 않다. 제자는 증인으로서의 의로움을 입증해야 한다. 예수가 선언하는 것의 진위는 제자들의 순종에 온전히 달려 있다. 제자들이 증인으로서의 의로움을 드러내지 못하면 예수의 말씀은 거짓이 된다. 제자들은 온전히 시선을 예수에게 고정해야만 한다. 무리들에게 시선을 두거나 다시 그들 중의 하나로 되기 위해서 무리로 돌아가서는 안 되는 것이다. 예수는 제자를 무리 가운데서 불러내서 무리와 구별되게 만들었다. 이제 모든 것은 제자들에게 달려 있다. 제자들이 말씀을 순종하면 예수의 제자로서 인정받게 되고 아버지와 아들의 의가 세상에 알려진다. 제자가 예수의 말씀에 순종하지 않으면 제자로서 인정받지 못하고 결국에는 아버지와 아들의 의가 감춰진다.

증인된 제자의 삶은 예수 때문에 미움받고 핍박받고, 거짓된 말에 시달린다. 나치 독일에 저항하다 순교한 신학자 본회퍼는 여기에서 말하는 '너희를'을 나치에 저항하는 제자를 의미하는 것으로 읽어냈다.[2] 모든 그리스도인들이 다 예수 때문에 고통받거나 핍박받는 것이 아니기 때문이다. 나치 독일의 치하에서도 많은 그리스도인들은 제3세계를 지지했다. 그들은 전쟁에 대해서 승인했고, 애국심을 고취시켰으며, 유태인에 대한 학살을 묵인했다. 모든 그리스도인이 '너희'의 범주에 포함되지 않는 것은 당연한 것이다.

예수가 '너희를'이라고 말한 것은 누구를 대상으로 한 것일까? 산상설교나 평지설교나 한결같이 증언하는 것은 현 시점에서는 예수 때문에 제자들이 고통받거나 핍박받는 상태에 있지 않다는 것이다. 제자들에게 고통과 고난이 오는 것은 미래에 일어날 일이라는 것이다. 따라서 "나 때문에 고통 받는 너희들"은 지금의 너희들이 아니라 미래의 너희들인 것이다. 그 너희들의 범주에는 말씀을 듣는 제자들이 포함되고 또 제자에게 말씀을 가르치는 예수의 말을 듣고 있는 무리들과 기록된 말을 읽는 우리들도 포함되는 것이다. '나 때문에'가 그렇기 때문에 조건문이 되는 것이다. 나 때문에 고난을 받는다면 기뻐하라는 것이고 선지자들이 그렇게 고통을 받았다는 것이다.

'나 때문에' 고통을 받는다는 것은 무엇일까? 여기서 예수는 자신과 하나님을 동일한 존재로 말하면서 자기 때문에 고통 받는 '너희'를 선지자와 동일시한다. 선지자가 고통 받은 것은 하나님의 말씀을 선포했기 때문이다. 그들이 전한 하나님의 말씀은 당시 매우 경건한 사람들이 생각하며 믿어왔고, 확신했던 하나님에 대한 모든 것을 부정하는 것이었다. 선지자의 하나님과 매우 경건한 사람들의 하나님은 달랐다. 루터가 믿은 하나님과 로마 가톨릭 성직자가 믿은 하나님이 달랐다. 루터는 그들의 신학을 영광의 신학이라고 불렀고

2) 디트리히 본회퍼, 《나를 따르라》, 허혁 역(대한기독교서회, 1995).

자기의 신학을 십자가의 신학이라고 불렀다. 선지자가 믿은 하나님과 당시의 경건한 사람들의 하나님이 달랐기 때문에 선지자는 고통과 고난을 받았다. 예수가 하나님을 모욕했다고 당시의 종교 지도자들은 예수를 고발했다. 예수가 말하는 하나님과 종교 지도자가 말하는 하나님은 다른 하나님이었다. 동일한 하나님이라는 말을 사용하고 있으나 다른 하나님을 갖고 있었다.

'나 때문에'는 예수의 하나님을 자신의 하나님으로 갖고 있는 '너희를' 전제하고 있다. 너희와 내가 하나님에 대해서 일치한다면, 나의 하나님과 너희의 하나님이 같고 너희는 고통을 받고 비난을 받게 된다. 그것은 약속이다. 그것은 예언이다. 그것은 절망이다. 그것이 약속이기 때문에 지켜질 것이고, 하늘에서는 상이 클지 모르지만 땅에서는 아무런 것도 주어지지 않기 때문에, 심지어 고통이 경감되지 않기 때문에 절망인 것이다. 그것이 예언인 것은 모든 사람에게 그러한 약속을 한 것이 아니기 때문이다. 너희와 선지자가 동일시된 것은 선지자가 소수인 것처럼 매우 적은 사람만이 너희가 될 것이기 때문이다. 선지자와 너희가 동일시된 것은 선지자의 운명처럼 하늘에서는 보상이 있을지라도 땅에서는 아무런 보상이 없고, 하나님이 해 줄 일이 없기 때문이다. 선지자가 자신의 운명을 선택할 수 없었던 것처럼 너희도 자신의 운명을 선택할 수 없다. 그래서 절망인 것이다. 내가 선택할 수 있는 여지가 남아 있지 않다. 선택은 하나님이 하시는 것이다. 고통받고 비난받는 자에게 요구되는 한 가지 사실은 그럼에도 불구하고 "기뻐하고 즐거워 하라는 것이다".

우리에게 부과된 삶의 여정에서 필연적으로 만나게 되는 외적 고통과 비난에 직면해서 내적인 기쁨과 즐거움이 우리가 해야 할 몫이다. "내적 기쁨과 즐거움"이 하늘에서의 보상을 확실케 하는 증표이며 언약이다. 산상설교는 예수 때문에 갖게 되는 외적 고통과 내적 기쁨과 즐거움을 총괄적으로 표현한다.

C. 제자의 신분: 세상의 빛과 소금 (5:13-15)

13 너희는 세상의 소금이니 소금이 만일 그 맛을 잃으면 무엇으로 짜
게 하리요 후에는 아무 쓸데없어 다만 밖에 버리워 사람에게 밟힐 뿐
이니라 14 너희는 세상의 빛이라 산 위에 있는 동네가 숨기우지 못할
것이요 15 사람이 등불을 켜서 말 아래 두지 아니하고 등경 위에 두나
니 이러므로 집안 모든 사람에게 비취느니라

나와 동일시되는 너희가 빛과 소금이라고 선언한다. 모든 그리스도인이 빛과 소금이라는 선언이 아니다. 나(예수)와 동일시될 때에만 빛과 소금이다. 귀하다는 뜻도 아니다. 단지 드러나 있다는 뜻이다. 많이 쓰이는 것도 아니다. 언제나 필요한 것도 아니다. 음식을 만들 때만 필요하며, 어둠이 있을 때만 필요한 것이다. 밝은 때는 필요치 않으며 음식을 만들지 않을 때는 필요하지 않다. 그렇다고 찾지 못할 곳에 놓아두는 것도 아니다. 늘 손이 닿을 만한 곳에, 언제나 찾을 수 있는 곳에 그렇게 놓여 있다는 것이다. 필요한 순간에 기능을 발휘하지 못하면 버려지는 것이 빛과 소금이다. 그렇게 사람들이 필요한 순간에 거기에 늘 있다가 자신의 본질을 드러내라는 것이다. 빛과 소금은 그런 뜻이다.

그리스도인은 세상의 빛과 소금이다. 필요한 순간에만 본질이 드러난다. 예수는 필요한 순간에 자신이 그리스도임을 드러낸다(마 26:55, 64). 그는 언제나 무리들과 함께 있었다. 그리스도인도 언제나 무리와 함께 있다. 무리와 그리스도인은 떨어져 있지 않다. 무리가 그리스도인을 필요로 할 그때에야 그리스도인은 쓸모 있는 존재가 된다. 무리와 그리스도인은 그렇게 따로 또 함께 가야 하는 존재요 함께 묶여진 운명체인 것이다.

D. 주제 선포: 너희의 빛을 비추고 착한 행실을 통해 사람들이 너희 하나님께 영광을 돌리게 하라 (5:16)

16 이같이 너희 빛을 사람 앞에 비취게 하여 저희로 너희 착한 행실을 보고 하늘에 계신 너희 아버지께 영광을 돌리게 하라

빛을 비추라고 말하고, 착한 행실을 하라고 말하며, 사람들이 너희 하나님께 영광을 돌리게 하라고 말한다. 사람들이 너희가 (우리가) 갖고 있는 본래의 모습을 필요로 할 때만이 아니라 언제나 드러내 놓고 있어야 한다고 말한다. 그들이 필요할 때에만 우리의 존재가 드러나는 것이 아니라 그들로부터 떨어져 있기 때문에 그들의 필요성의 유무와 관계없이 우리의 존재를 드러내라는 것이다. 그들과 함께 있지만 따로 또 있음을 상기시킨다. 함께 있어서 차이와 다름을 느낄 수 없다면 그리스도인의 빛 됨은 그 가치를 상실한 것이다. 따로 또 있어서 착한 행실을 하는 것이 우리에게 요청되는 것이다.

빛으로서 착한 행실을 하는 것과 그들이 우리에게서 기대하는 빛 됨은 동일한 것이 아니다. 그들이 우리에게서 빛 됨을 바라는 것은 그들에게 필요한 것을 의미하는 것이기 때문이다. 그들의 필요성이 없다면 우리가 빛이고 소금이라는 말은 의미가 없는 것이다. 우리 빛을 비추라는 것은 그들의 필요성과 무관하게 우리 자신이 갖추어야 할, 드러내야 할 분량이며 몫인 것이다. 그렇기 때문에 우리가 드러낼 빛이 착한 행실과 동일한 것으로 나타난다. 착한 행실이 우리의 빛인 것이다. 그들에게 우리가 빛이고 소금이 되는 것은 착한 행실을 반드시 의미하지 않지만 그들과 무관하게 우리가 빛이 되는 것은 착한 행실 때문이다. 우리가 반드시 착한 행실을 해야 할 필요가 여기에 있다. 그것은 우리의 착한 행실을 보고 그들이 그들의 하나님이 아니라 우리의 하나님께 영광을 돌리게 되기 때문이다.

우리가 하나님께 영광을 돌리는 것이 중요한 것이 아니라 그들이 우리가 하는 것을 보고 우리의 하나님께 영광을 돌리는 것이 중요한 것이다. 그래서 우리들은 제자들을 바라보고 있다. 앞으로 제자들이 어떻게 하는지 바라볼 것이다. 예수의 말씀을 듣고 그대로 제자들이 준행한다면 그들은 예수님이 병자를 고친 것을 보고 하나님께 영광을 돌린 것처럼 하나님께 영광을 돌리게 될 것이다(마 9:8). 그렇게 될 때 예수와 제자들이 일치가 되고, 예수와 우리가 일치하고, 제자와 우리가 일치하게 된다.

어떻게 하는 것이 착한 행실을 하는 것인가? 무엇이 착한 행실인가? 우리가 하는 행위가 사람들이 생각하는 착하다는 관념의 기준에 적합한 경우 착한 행실이 되는 것인가?

행실이 행위가 착한 것이 되는 것은 기준을 동반할 때 착한 행실이 된다. 산상설교는 그 기준으로 율법을 지칭한다. 율법의 기준에 맞춰서 행동할 때 착한 행실이 된다. 율법의 기준에 맞게 착한 행실을 할 때 그들은 그들의 하나님께 영광을 돌릴 것이다. 예수는 율법이 정한 기준을 월등히 능가할 때 착한 행실이 된다고 가르친다. 그럴 때 사람들이 우리의 하나님께 영광을 돌리게 된다고 가르친다. 율법은 그리스도인과 무관하게 주어진 것이지만 그 율법은 그리스도인이 함께 걸어가야 할 행위의 지침이 된다.

E. 율법과 제자와의 관계 (5:17-20)

1. 예수와 율법과의 관계 (5:17-18)

17 내가 율법이나 선지자나 폐하러 온 줄로 생각지 말라 폐하러 온 것
이 아니요 완전케 하려 함이로라 18진실로 너희에게 이르노니 천지가

없어지기 전에는 율법의 일점일획이라도 반드시 없어지지 아니하고
다 이루리라

예수는 율법이 필요하다고 옹호한다. 단지 필요하다고 말하는 것을 넘어서서 율법을 철저히 지키기 위해서 왔다고 강조한다. 예수의 행위와 가르침은 여러 가지 면에서 율법의 조문을 어기는 것이 많았다. 안식일 논쟁이 그것의 전형적인 실례이다.

예수는 자신의 말과 행위가 율법을 부정하는 것처럼 인식된다는 것을 알고 있다. 그래서 예수는 자신의 말과 행위가 율법을 부정하는 것이 아니라 더욱 철저히 지키는 것이며 완전케 하는 것이라고 말한다. 예수의 말과 행위에서 율법은 완성된다. 율법의 조문을 다 지키는 것이 율법을 완성하는 것이 아니라 예수의 말과 행위를 따르는 것이 율법을 완성하는 것이다. 예수의 말과 행위가 율법을 율법 되게 하는 것이다. 그래서 예수는 세상이 다 없어진다 하더라도 율법은 없어지지 않을 것이며 모든 것이 다 이루어진다고 선언한다. 예수의 말과 행위에서 율법은 그 근거가 다시 놓여진다. 예수의 말과 행위가 예수를 따르는 사람들에 의해서 이어진다. 아니 이어져야만 한다. 예수의 말과 행위를 이어서 하는 사람들이 제자며, 너희며, 우리다. 예수의 말과 행위가 우리 앞에서 우리의 말과 행위를 인도하며, 그것들을 율법의 완성으로 이끈다. 예수의 말과 행위가 율법을 완성하는 것처럼 우리의 말과 행위가 율법을 완성해야 하다. 그래서 예수는 율법을 동반한다.

2. 우리와 율법과의 관계 (5:19–20)

19 그러므로 누구든지 이 계명 중에 지극히 작은 것 하나라도 버리고
또 그같이 사람을 가르치는 자는 천국에서 지극히 작다 일컬음을 받

을 것이요 누구든지 이를 행하며 가르치는 자는 천국에서 크다 일컬음을 받으리라 20 내가 너희에게 이르노니 너희 의가 서기관과 바리새인보다 더 낫지 못하면 결단코 천국에 들어가지 못하리라

율법은 우리의 동반자이다. 율법을 통해서 천국에 가는 것은 아니지만 천국에서 그의 가치는 율법의 준수 문제와 밀접한 관계를 가지고 있다.

예수를 따르는 사람들 중에 누가 가장 큰 자인가 제자들이 논쟁을 벌였다(눅 9:46). 모든 사람 중에 가장 작은 자가 큰 자이다(눅 9:48).

그렇다면 천국에서 가장 큰 자는 누구인가? 율법을 지키고 또 사람들을 가르쳐서 지키게 하는 자가 가장 큰 자이다. 율법을 지키는 것은 예수의 말과 행위에 자신의 말과 행위를 일치시키고 또 사람들이 그들의 말과 행위를 예수의 말과 행위에 일치시키는 것이라고 가르치는 자이다. 모든 사람 중에 가장 작은 자는 예수를 영접하는 자이며 예수를 보낸 하나님을 영접하는 자이다. 하나님을 영접하는 자는 예수를 영접하고, 율법을 지키는 자는 예수의 말과 행위를 준행하는 자이다. 하나님과 예수가 일치하고, 예수와 율법이 일치한다. 천국에서건 지상에서건 가장 큰 자는 자신을 예수와 일치시키는 자이다.

예수에게 우리를 일치시키는 것은 율법을 통해서 드러난다. 율법을 통해서 우리의 행위가 착한 행실인지 그릇된 행실인지 판가름난다. 율법이 없다면 행위를 판단할 근거가 없다. 행위를 판단할 근거가 없다면 우리의 행위가 다른 사람으로 하여금 우리의 하나님께 영광을 돌리는 행위인지 아닌지를 분간할 수 없게 된다. 우리가 하나님께 영광을 드리는 것이 중요한 것이 아니라 그들이 우리의 하나님께 영광을 돌리는 것이 중요한 과제이다. 율법이 우리와 무관하

게 주어진 것이지만 예수가 완성한 율법을 이어가야만 하는 것이 우리에게 주어진 피할 수 없는 운명인 것이다. 우리의 말과 행위는 율법의 시각에서 조명되어야 행위의 진위가 분별된다. 그렇게 그리스도인은 율법과 함께 걸어가야 할 운명을 부여받은 것이다.

그러나 그리스도인만 율법과 함께 걸어가야 할 운명을 부여받은 것은 아니다. 바리새인과 서기관도 율법과 함께 걸어가는 운명을 부여받았다. 바리새인과 서기관들은 율법을 철저하게 준수하기 위해서 그들의 모든 힘을 기울였다. 비록 예수가 그들이 거짓된 자라고 지적하기는 했지만 그들이 율법에 적힌 것을 지키려고 애썼던 것은 부인하지 않았다. 예수가 모든 율법 조문을 지키지 않은 것처럼 그들도 모든 율법의 조문을 지키지 않았다. 그럼에도 불구하고 그들은 자신들이 지켜야 할 율법을 지켜는 일을 게을리 하지 않았다. 율법을 지켰기 때문에 의로운 자라고 인식된다. 율법의 규정에 의해서 의와 불의가 결정된다. 그들은 율법의 규정대로 행위를 했고 매우 엄격한 종교생활을 살아왔다. 그리스도인의 말과 행위가 율법의 규정에 의해서 의로운 행위로 판결되는 것처럼 바리새인과 서기관도 율법의 규정에 의해서 의로운 행위로 판결된다. 그리스도인, 바리새인, 서기관의 말과 행위 모든 것이 율법의 규정에 비추어서 누가 더 의로운 것인가 판정받는다.

무리들이 그리스도인, 바리새인, 서기관을 바라본다. 누가 더 의로운가? 누가 더 율법을 지키는가? 누가 더 말과 행위에 있어서 신실한가? 무리들이 바라본다. 제자와 바리새인, 서기관 무리를 바라보면서 예수는 제자들에게 말씀한다. 너희들이 지켜야 할 율법은 바리새인, 서기관들이 지켜야하는 율법보다 더 엄격하다고. 바리새인, 서기관들이 지킨 기준을 갖고는 천국에 들어가지 못한다고 그렇게 말씀한다. 바리새인과 서기관이 생각할 수 없는 그런 율법을 예수가 제자들에게 주신 것이다.

바리새인, 서기관의 율법은 사람이 지킬 수 있는 율법이다. 그러나 예수가 주는 율법은 인간이 지킬 수 없는 불가능한 그런 율법이다. 이루어질 수 없는 그러나 반드시 이루어야만 하는 율법을 예수가 제자들, 그리스도인에게 지키라고 요구하신다.

그들의 율법과 우리의 율법이 그렇게 갈라진다. 지킬 수 있는 것과 지킬 수 없는 율법으로, 지킬 수 있기 때문에 지키지 않는 율법과 지킬 수 없기 때문에 지켜야 하는 율법으로. 지킬 수 있지만 지키지 않기 때문에 위선과 거짓으로 포장된 그들을 분노의 눈으로 예수가 바라보고(마 23:23-36), 지킬 수 없기 때문에 지켜야 하는 자신의 제자들을 측은한 눈으로 바라본다(마 11:28). 예수가 제자들을 위해서 해 줄 것은 아무것도 없다. 단지 그들을 위해서 기도해 주는 것과(요 17:8-26) 그들과 세상 끝날까지 함께 있어 주는 것 이외에는(마 28:20).

F. 서기관보다 나은 의 (5:21-48)

1. 살인 법에 대해서 (5:21-26)

21 옛 사람에게 말한 바 살인치 말라 누구든지 살인하면 심판을 받게
되리라 하였다는 것을 너희가 들었으나 22 나는 너희에게 이르노니
형제에게 노하는 자마다 심판을 받게 되고 형제를 대하여 라가라 하
는 자는 공회에 잡히게 되고 미련한 놈이라 하는 자는 지옥불에 들어
가게 되리라 23 그러므로 예물을 제단에 드리다가 네 형제에게 원망
들을 만한 일이 있는 줄 생각나거든 24 예물을 제단 앞에 두고 먼저
가서 형제와 화목하고 그 후에 와서 예물을 드리라 25 너를 송사하는
자와 함께 길에 있을 때에 급히 사화하라 그 송사하는 자가 너를 재
판관에게 내어 주고 재판관이 관예에게 내어 주어 옥에 가둘까 염려

하라 [26] 진실로 네게 이르노니 네가 호리라도 남김이 없이 다 갚기 전
에는 결단코 거기서 나오지 못하리라

살인하지 말라. 십계명에 기록된 여섯 번째 계명이다. 하나님에 대한 네 가지 계명과 인간에 대한 여섯 가지 계명들 중 두 번째로 기록된 계명이다.

예수는 모세가 전해 준 십계명을 그리스도인이 어떻게 대해야 하는지를 분명히 보여 준다. 이것은 옛 사람에게 말한 것이다. 옛 사람에게 말한 것은 옛 사람에게만 유효하다. 옛 사람에게 말한 것을 지키는 것은 옛 사람에게 매이는 것이다. 안식일은 사람을 위해서 있는 것이며, 인자가 안식일의 주인이다(막 2:27–28). 그래서 예수는 영생을 물어오는 청년에게 십계명을 지키는 것이 결정적인 것이 아니라고 지적한다. 부자 청년도 그것을 알고 있다. 그래서 예수께 영생에 대해서 물어보는 것이다(마 19:16–22). 모든 소유를 버리고 자기를 따르라는 말씀에 청년은 근심하며 돌아갔다. 새로운 사람으로 되길 원했던 청년은 그렇게 옛 사람으로 돌아간 것이다. 옛 사람은 살인하지 않으면 계명을 지킨 것이고 그것으로 그 계명에 대해서 의로운 사람으로 판명된다. 살인한 자는 그에 합당한 심판을 받게 됨으로 살인하지 말라는 계명은 그 의를 확립한다. 옛 사람은 살인하지 말라는 문자에 매여 있다.

새로운 사람인 그리스도인은 옛 사람처럼 문자에 매여있지 않다. 새로운 사람에게는 새로운 계명이 주어진다. 형제에게 노하는 것, 라가(바보라고 욕하는 것)라고 하는 것, 미련한 놈이라고 하는 것이 살인하는 것이다. 생물학적인 의미에서 사람의 생명을 멈추게 하는 것이 살인이 아니라 인격적인 모욕을 가하는 것이 살인이라는 말이다. 인격적인 모욕이 생물학적 살인보다 더 무섭고 무거운 결과를 갖게 된다는 것이다. 형제에게 노하는 것과 살인하는 것이 같은 것

이기 때문에 사법적 재판을 받고, 라가라고 욕하면 공회에 끌려가 종교재판을 받고 미련한 놈이라고 말하면 하나님으로부터 최후 심판을 받게 된다. 이것은 인간이 지켜낼 수 있는 계명이 아니다. 지킬 수 없는 그러나 지켜야만 하는 새로운 계명은 그렇게 무겁고 가혹한 것이다. 새사람은 그런 계명에 묶인 것이다.

새사람을 그렇게 묶어 놓은 새 계명은 옛 사람을 묶어 놓은 옛 계명처럼 문자에 묶인 것이 아니다. 예수가 부자 청년에게 요구한 것은 그를 묶어놓은 계명과 물질을 벗어버리고 예수에게 묶이라고 한 것이었다. 예수에게 묶이는 것은 그의 말과 행위를 자신의 말과 행위로 전환하는 것을 의미한다. 예수의 삶의 여정과 목적이 자신의 삶의 여정과 목적으로 전환되어야 한다는 것을 말한다. 묶여야 할 것은 문자가 아니라 정신이며 존재이다. 만약 그리스도인이 새로운 계명의 문자에 묶인다면 모두 불의한 자가 되고 만다. 새로운 계명이 새사람을 불의한 자로 만들려고 주어진 것이 아니다. 새로운 사람에게는 새로운 것이 주어져야 한다. 새로운 것은 형제를 사랑하라는 것이다. 그것도 적극적으로 완전하게 사랑하라는 것이다. 형제에게 노하지 말고, 라가라고 말하지 말고, 미련한 자라고 부르지 말라는 것은 형제를 그 모습 그대로 사랑하라는 말을 역설적으로 표현한 것이다. 형제를 사랑하되 있는 그대로 사랑하라는 것은 그를 완전한 사랑으로 사랑하라는 것이다. 새로운 사람에게 주어진 새로운 명령은 형제를 사랑하되 완전하게 사랑하라는 것이다. 그것이 그리스도인이 살인하지 말라는 계명을 지키는 것이요 그에게 의가 되는 것이다.

형제를 완전하게 사랑하는 데 있어서 형제를 사랑하는 나의 태도가 가장 중요하다. 하지만 사랑하는 감정을 느끼는 것으로 머물면 사랑이 아니다. 사랑은 그 사랑의 대상인 형제가 사랑으로 느껴져야 사랑이 된다. 형제에게서 내 사랑의 진위가 판명되는 것이다. 형제에 대한 내 사랑이 거짓이 없다고 해도 형제가 그것을 사랑으로 느끼지 않으면 그 사랑은 완전한 사랑이 되지 못한다. 그렇기 때문에 하나님께 예물을 드리러 오다가 형제가 나에 대해서 원망을 한다면 그 예물 드림이 온전하지 않다고 말씀한다. 하나님께 아무리 온전한 마음으로 예배를 드린다고 하더라도 그 형제에 대한 나의 사랑이 형제에게 사랑으로 여겨지지 않았다면 하나님께 예배드림은 거짓된 예배드림이다. 하나님은 그런 예배를 거절하신다. 하나님에 대한 예배드림은 의무가 아니라 사랑이기 때문이다.

형제를 사랑하지 않는 자는 하나님을 사랑할 수 없다(요 14:21). 여기서 하나님은 우리가 하나님에 대해서 갖는 사랑과 형제에 대해서 갖는 사랑을 동일한 것으로 여기신다. 하나님의 사랑과 형제의 사랑은 다른 사랑이 아니다. 하나님의 사랑과 형제의 사랑은 같은 사랑의 원천에서 나온다. 한 우물에서 쓴물과 단물을 동시에 낼 수 없듯이 하나님의 사랑과 형제의 사랑은 같은 사랑의 원천에서 나온다. 그래서 하나님에 대한 우리의 사랑이 완전한 사랑과 헌신의 발로이듯이 형제에 대한 사랑도 완전한 사랑과 헌신의 발로이어야 한다. 하나님을 사랑하면서 형제가 나에 대해서 혹시라도 갖고 있는 감정의 상함이 있다고 하면 그 형제에 대해서 내 사랑이 완전하지 않았음을 보여준다. 그 감정의 상함이 풀릴 때까지 하나님에 대한 예배를 멈추는 것이 하나님 사랑의 바른 구현인 것이다.

형제의 감정이 풀릴 때까지 정해진 기간은 없다. 비록 형제의 감정이 풀리지 않았다고 하더라도 이만큼 노력했으면 할 만큼 했다라고 인정할 만한 것도 없다. 형제의 감정이 상한 것에 대한 책임 소재를 밝히는 것도 정당한 것이 아니다. 형제가 잘못해서 감정의 상함을 가졌다고 하더라도 그것을 풀어 주기 위해 일곱 번 노력했다고 충분한 것이 아니다. 일곱 번의 일흔 번을 해도 부족한 것이다.

평소에 내가 인식하지 못하면 하나님께 예배드리러 오는 일에 거리낌이 없을 수 있다. 그러나 형제가 나에 대해서 갖고 있는 사소한 감정이 떠올랐다면 그 감정이 해결될 때까지 예배드림을 중지하는 것이 올바르다. 그렇기 때문에 이러한 문제를 법적인 문제로 비화한 것의 심각성은 두말할 필요도 없다. 분쟁을 해결하기 위해서 법정에 간다면 모든 것을 다 잃게 된다고 경고한다. 한 호리라도 다 갚기 전에 감옥에서 풀려날 길이 없을 것이라고 명백히 선언한다. 재판에 질 경우에 그렇다는 말이 아니다. 불의를 저질렀기 때문에 그렇다는 것도 아니다. 잘못을 했을 경우, 형사 책임을 지고 그에 상응하는 벌을 받는 것이 올바른 것이다. 그것은 서기관과 바리새인의 기준으로도, 사람들의 유리의식에 비춰 봐도 정당한 것이고 전혀 놀라운 것도 아니다. 그것은 새로운 가르침이 될 수 없다. 예수가 옛 사람과 대비해서 새사람에게 요구하는 것은 율법의 기준과 윤리의 기준을 초월하는 완전한 사랑의 기준에 근거한 가르침이다. 잘못을 했기 때문에 내가 지불해야만 하는 모든 것을 다 지불하는 고통을 받는 것이 아니다. 잘못을 하지 않았지만 그 누가 나에게 법적인 문제를 제기할 경우 내가 지불할 수 있는 모든 것을 다 지불할 때까지 고통을 받을 것이라는 선언이다. 이것은 그렇게 될 것이라고 미리 예고하는 예언이 아니다. 이것은 약속이며 꼭 그렇게 만들겠다는 하나님의 의지인 것이다.

그렇기 때문에 어떻게 해서든지 법정까지 가지 말고 문제를 해결하라고 권고한다. 법정에 가는 중간에라도 문제를 해결하는 것이 보다 나은 선택이라고 말씀한다. 예배를 드리지 않는다고 해서 크게 고통받을 일은 없다. 예배드림을 잠시 유보하고 상한 마음을 달래주는 것이 크게 손해 볼 일은 아니다. 하지만 법정에 가는 사실만으로도 받게 될 고통은 우리의 한계까지 다다를 것이라고 그렇게 말씀한다. 내가 옳고 상대방이 그릇되었어도 주어진 상황을 전환할 수 없다. 윤리적인 관점에서 옳음과 상식이 개입될 여지가 없다. 법적인 문제로 들어갔다는 것은 내가 완전하게 그를 사랑하지 못했다는 것을 드러낼 뿐이다. 그가 나를 법적인 문제로 끌고 가는 것에 대해 예수는 내가 불완전한 사랑을 하고 있다고 하나님의 사랑의 법정에 상고하고 있기 때문이다.

하나님의 사랑의 법정에서는 정의가 내 사랑의 분량과 정도에 달려 있는 것이 아니다. 비록 법적, 윤리적, 율법적으로 내가 정당하다고 하더라도 나와 분쟁하는 사람이 내 정당성에 대해서 불만을 품는다면 그가 정의로운 것이다. 하나님의 사랑의 법정은 그렇게 그를 사랑하고 나를 심판한다. 그래서 하나님의 사랑의 법정에 소환되지 말라고, 어떠한 일이 있어도 거기까지 가지 말라고 엄중히 경고한다. "결단코 네게 이르리니 네가 호리라도 남김이 없이 다 갚기 전에는 결단코 거기서 나오지 못하리라."

형제 사이에서는 형제가 내게 갖고 있는 감정의 분량의 정도가 내가 지불해야 할 대가를 치르게 하는 것이 아니다. 그 문제 때문에 하나님이 나에게 부여하는 고통은 기껏해야 외면하시는 것이다. 그 외면도 나의 삶에 크게 영향을 미치지 않는 미약한 외면인 것이다. 단지 내 예배를 받아들이시지 않을 뿐이다. 내 인생의 여정에서 얽히는 사람과의 사이에서 일어나는 일은 그렇지 않다. 얽힌다는 그 이유 하나만으로도 내가 만나게 되는 운명은 가혹한 것이다. 내가 분쟁과 시비에 말려들었다는 이유 같지 않은 이유 때문에 하나님이 나에게 부과하는 형벌은 내가 감당할 수 있는 것이 아니다.

형제가 갖는 감정의 고리는 합리적으로 생각해 볼 때 그럴 만한 충분한 이유를 찾을 수 있다. 그래서 하나님의 외면을 이해할 만하고 받아들일 수 있다. 그렇지만 주변인들에 의해서 분쟁과 시비에 말려드는 것 때문에 하나님으로부터 징벌을 받는 것은 합리적으로 이해하기 힘들고 받아들일 수 없는 것이다. 살아가는 동안에 분쟁과 시비에 말려들지 않을 수는 없는 일이기 때문이다. 내가 아무리 정당하다 하더라도 분쟁에 말려들었다는 이유만으로 우리를 징벌한다면 그것은 새로운 사람이 살아갈 수 있는 근거 자체를 허무는 것이다. 현실에서는 실현 불가능한 삶을 예수가 새사람인 그리스도인에게 요구하는 것이다.

실현 불가능한 것을 요구하는 예수는 정당하다. 왜냐하면 우리는 빛과 소금이기 때문이다. 형제 사이에서 우리는 빛과 소금이 아니다. 단지 형제일 뿐이다. 형제 사이에는 사소한 감정의 상함 외에 발생할 만한 아무런 문제도 없다. 형제 사이에서 사소한 감정의 상함 외에 다른 문제가 발생하면 형제가 아니다. 그렇기 때문에 형제 사이의 문제에 하나님은 외면이라는 방식으로 개입하고 우리로 하여금 적극적으로 감정의 상함을 해결하라고 한다. 사소한 감정의 상함보다 더 큰 문제가 발생하면 더 이상 둘 사이는 형제가 아니기 때문에 하나님의 개입은 심각한 결과를 낳게 된다. 하나님의 적극 개입은 피할 수 없는 고통과 고난이기 때문에 예수는 형제 사이에서 아무런 문제도 발생하게 만들지 말라고 말씀한다. 하나님이 형제 사이에 개입하게 되시면 그리스도인은 형제에 대해서 그리고 얽힌 사람에 대해서 빛과 소금이 아니기 때문에 버리고 밟히게 만드신다. 얽힌 사람에 대해서 그는 빛과 소금의 역할을 하지 못했기 때문에 버려지고 밟힌다. 형제 사이에서 분쟁이 발생하면 그 순간부터 그는 분쟁을 일으킨 형제에 대해서 빛과 소금이 되며 동시에 빛과 소금으로서 역할을 하지 못했기 때문에 버리고 밟히게 된다. 하나님의 개입과 징벌이 정당한 것은 우리가 다른 사람에게 빛과 소금으로서 여겨지지 않았기 때문이다. 빛을 잃어버린 빛과 맛을 잃어버린 소금은 버려지는 것이 정당한 것이다.

버려지고 밟히는 운명을 지닌 것이 새사람에게 놓여진 피할 수 없는 숙명이다. 지금은 버려지지 않고 밟히지 않지만 언젠가는 버려질 것이고 밟힐 것이기 때문이다. 버려지고 밟히는 것, 그것이 우리 앞에 놓인 운명이며 예수가 짊어진 숙명인 것이다. 그래서 예수는 우리에게 묻는다. "나의 마시는 잔을 마시며 나의 받는 세례를 받을 수 있느냐"고(막 10:38).

예수는 살인하지 말라는 법을 새롭게 주면서 자신의 운명을 우리에게 얹어 놓는다. 예수의 운명과 우리의 운명이 살인하지 말라는 계명을 통해서 하나가 된다. 하나님이 그 운명에 대해서 해주실 것은 아무것도 없다. 고통을 줄여 주시지도 않는다. 운명을 피해갈 수 있도록 만들어 주시지도 않는다. 단지 그 고통을 바라보실 뿐이다. 그래서 예수는 연민의 눈으로 우리를 바라보는 것이다. 왜냐하면 결국 우리도 그가 마시는 잔을 마실 것이며 그가 진 것 같은 십자가를 질 것을 알기 때문이다(마 10:38).

2. 간음 법에 대해서 (5:27-30)

> 27 또 간음치 말라 하였다는 것을 너희가 들었으나 나는 너희에게 이
> 르노니 여자를 보고 음욕을 품는 자마다 마음에 이미 간음하였느니라
> 29 만일 네 오른눈이 너로 실족게 하거든 빼어 내버리라 네 백체 중
> 하나가 없어지고 온몸이 지옥에 던지우지 않는 것이 유익하며 30 또
> 한 만일 네 오른손이 너로 실족케 하거든 찍어 내버리라 네 백체 중
> 하나가 없어지고 온몸이 지옥에 던지우지 않는 것이 유익하니라

십계명 중 일곱 번째 계명이다. 일곱 번째 계명을 끝으로 예수는 십계명과 그리스도인의 관계를 정리한다. 다섯 번째 계명에 대해서 예수는 언급하지 않는다. 부모를 공경하는 것은 계명을 통해서 주어질 것이 아니기 때문이다. 계명이 없어도 부모를 공경하는 것은 본능이다. 부모에 대한 공경이 인간 됨의 근본이기 때문에 계명의 유무는 불필요한 것이 된다. 계명을 줌으로 말미암아 부모를 공경하게

된다면 그것은 의무가 된다. 부모 공경은 의무가 될 수 없고 되어서도 안 되는 것이다. 나머지 계명에 대해서도 예수는 언급하지 않는다. 예수가 나머지 계명을 언급하지 않는 것은 계명들을 사소하게 보아서 그런 것이 아니다. 나머지 계명들은 일곱 번째 계명 안에 포함되는 것이기 때문이다. 일곱 번째 계명을 언급하면서 예수는 새사람에게 간음하지 말라고 들었다고 말하면서 여자를 보고 음욕을 품은 사람은 이미 간음했다고 말한다.

옛 사람의 시각에서 본다면 간음은 행위에 의해서 결정된다. 행위를 하지 않았으면 간음하지 않은 것이고 계명을 지킨 것이다. 새사람의 시각에서 본다면 행위의 유무가 간음을 결정하는 것이 아니다. 마음에 여자에 대한 욕망을 가졌으면 간음한 것이다. 행위가 간음을 결정하는 것이 아니라 욕망이 간음의 유무를 결정한다. 도둑질도 행위의 유무와 관계없이 욕망을 가지면 도둑질한 것이다. 거짓증거의 유무와 관계없이 이웃에 대해서 나쁜 맘을 가지면 거짓 증거한 것이다. 이웃의 소유에 대해서 욕망과 시기가 발생하면 계명을 어긴 것이다. 옛 사람이 지켜야 할 계명은 행위의 결과가 있지 않게 하는 것이다. 새사람이 지켜야 할 계명은 마음에 아무런 욕망이 존재하지 않게 하는 것이다. 마음에 욕망이 없게 만드는 것, 그것이 일곱째 계명에서 요약되는 나머지 십계명에 대해서 새사람인 그리스도인이 지켜야 할 계명이다.

예수의 가르침인 마음에 아무런 욕망이 존재하지 않게 하는 것에 대해 마음을 비우는 것으로 생각한 사람들이 있었다. 그들은 마음을 비우는 것은 마음에 아무것도 담지 않는 것이라고 생각했고, 마음에 아무것도 담지 않기 위해서 눈에 담을 수 있는 모든 것에서부터 떠나는 것이 최선의 방식이라고 믿었다. 또 어떤 사람들은 마음에 욕망이 존재하게 되는 것은 몸이 존재하기 때문이라고 생각했다. 그들은 마음에 아무런 것도 담지 않기 위해서 산으로, 사막으로 깊이 들어갔다. 또 다른 사람들은 몸을 부정하고 학대함으로 마음에서 욕망을 떠나보낼 수 있다고 믿었었다. 그들은 자신을 세상으로부터 격리시키고 자기 자신이 만들어 놓은 울타리 안으로 들어감으로써 새 계명을 지키기 위한 싸움을 시작했다. 그러나 마음에 아무런 욕망이 없게 하는 것이 세상으로부터 자신을 격리하라는 말이었는가? 세상으로부터 자신을 격리시키고, 몸을 부정했기 때문에 그들은 자신들의 마음에서 욕망을 완전히 떠나 보내었는가?

예수는 자신을 세상으로부터 격리하고 자기의 몸을 부정함으로써 자신이 준 계명을 지킨 것이 아니었다. 그는 세상으로부터 멀어진 것이 아니고 세상 안으로 더 깊이 들어갔다. 그는 자기 몸을 부정한 것이 아니라 몸을 위해서 먹고 마시고 일하고 쉬었다. 마음에서 욕망이 존재하지 않게 하라는 계명은 자기 부정과 고행을 의미하는 말이 아니다. 그것은 하나님과 같은 마음을 유지하라는 말이다. 하나님의 마음과 우리의 마음이 일치하도록 만들라는 명령이다. 하나님은 세상을 바라보지만 그의 바라봄 때문에 하나님의 마음이 혼탁해지지 않는다. 하나님이 세상을 바라보는 그의 눈은 세상에 대해서 아무런 감정 없이 바라보는 것이 아니다. 하나님은 세상을 사랑과 연민의 눈으로 바라본다. 세상을 보는 하나님의 마음은 아무것도 없이 텅 비어 있는 것이 아니다. 하나님의 마음은 비어 있는 것이 아니라 사랑과 연민으로 꽉 차 있다. 사랑과 연민으로 하나님의 마음이 꽉 차 있기 때문에 그의 마음에는 욕망이 들어 있을 공간이 없는 것이다. 예수는 인간의 본성에서 발생하는 모든 감정과 모든 욕구를 다 부정하는 것이 아니다.

자식에 대한 부모의 사랑은 본능에서 발생한다. 부모에 대한 자식의 순종과 사랑 또한 본능에서 발생한다. 부모 자식간의 사랑의 욕구는 계명을 줌으로 말미암아 유지될 수 있는 것이 아니다. 계명 때문에 존재하는 것도 아니다. 부모 자식간의 사랑은 자연적인 것이며 당연한 것이기 때문에 계명이 필요없다. 하나님을 사랑하는 것도, 하나님이 우리를 사랑하는 것도 계명이 필요한 것이 아니다. 부모와 자식 사이의 사랑처럼 본능적인 것이다. 본능적인 사랑으로 우리를 온통 채우고 있기 때문이다. 욕망이 들어앉을 자리를 허락하지 않는 것이다.

예수가 마음에서 욕망을 존재하지 못하게 하라는 것은 역설적으로 우리의 마음을 본능적인 사랑으로 가득 채워 넣으라는 말인 것이다. 본능적인 욕구와 원초적인 욕구, 또한 사회적인 욕구는 함께 공존할 수 없다. 쓴물과 단물이 한 우물에 같이 있을 수 없는 것처럼 본능적 욕구와 원초적, 사회적인 욕구는 한마음에 같이 있을 수 없다. 한마음에 그 둘이 같이 있다면 그 마음은 하나님의 마음과 일치하지 않는다. 하나님의 마음에 있지 않은 것이 우리의 마음에 있다면 우리에게 그런 마음을 일으킨 것을 철저히 제거해야 한다.

하나님의 마음과 우리 마음이 일치하고, 우리 마음이 하나님의 마음과 똑같다면 하나님이 우리를 보는 것처럼 우리는 하나님을 볼 것이고 천국을 소유하게 될 것이다. 마음이 깨끗한 사람이 하나님을 보게 되고 가난한 마음이 천국을 소유하기 때문이다. 우리의 마음이 깨끗한 것은 하나님의 마음처럼 사랑으로 꽉 차 있기 때문이며 우리의 마음이 가난한 것은 다른 것이 전혀 없기 때문이다. 우리의 마음을 깨끗하게 못하고 가난하게도 못하게 만드는 것이 있다면 그것이 눈이라도, 팔이라도 잘라내야 한다. 그렇게 잘라내는 아픔을 가지더라도 하나님의 마음과 우리의 마음이 일치하는 것이 더 중요한 일이기 때문이다.

눈이 범죄하거든 눈을 빼내고, 손이 범죄하거든 손을 자르라는 말은 문자 그대로를 의미하는 것이 아니다. 눈이 없다고 해서, 손을 자른다고 해서 욕망이 우리의 마음에서 완전히 사라지는 것이 아니기 때문이다. 또한 이 명령에 따라 어느 누구도 자신의 눈을 빼내고 손을 자른 사람이 없다는 것은 문자 그대로 실행하라는 말이 아니라는 것을 반증한다. 원초적 욕망을 일으키는 생식기의 거세 문제가 이혼의 문제와 관련해서 설명되고 있다는 것도 글자 그대로의 해석이 바른 해석을 의미하지 않는다는 것을 말해 준다(마 19:9-12).

비움으로 비워지는 것이 아니다. 채움으로 비워지는 것이다. 그래서 우리의 마음에서 욕망이 존재하지 않게 하라는 말씀은 하나님의 마음에 우리의 마음이 일치하게 하라는 명령이며, 하나님의 마음이 사랑으로 가득 차 있어 다른 것이 들어 있을 공간이 없는 것처럼 우리의 마음을 하나님의 사랑으로 가득 채워 욕망과 욕구가 들어앉을 공간을 만들지 말라는 말이다. 하나님이 세상과 함께 계시지만 세상의 것이 자기의 마음을 더럽히지 못하게 하는 것처럼 우리가 세상과 함께 살아가지만 세상의 것이 우리의 마음에 욕망과 욕구를 갖고 들어오지 못하게 만들라는 것이다. 세상과 그렇게 살아가는 우리가 하나님의 마음처럼 사랑을 우리 마음에 깃들이면 우리의 시선이 머무는 곳으로부터, 우리의 손끝이 닿는 그곳으로부터 오는 욕망과 욕구가 우리의 눈길을 따라서, 우리의 손길을 따라서 되돌아올 그런 자리가 없게 된다는 말이다.

너희의 마음을 하나님의 마음과 일치하게 하라. 하나님의 마음이 사랑으로 넘쳐 나서 다른 무엇이 깃들 수 없는 것처럼 너희 마음이 사랑으로 가득 차고 넘쳐 나게 만들어라. 예수는 그렇게 역설적으로 우리에게 말씀한다. 살인하지 말라는 계명을 통해 예수는 자신의 운명에 우리의 운명을 일치시키라고 말하며, 간음하지 말라는 계명을 통해 하나님의 마음에 우리의 마음을 일치시키라고 명령한다. 그것이 새사람인 우리에게 주어진 계명이다. 그 계명을 실행하는 것이 우리가 해야 할 과제며 우리의 의이다.

3. 이혼 법에 대해서 (5:31-32)

> 31 또 일렀으되 누구든지 아내를 버리거든 이혼 증서를 줄 것이라 하
> 였으나 32 나는 너희에게 이르노니 누구든지 음행한 연고 없이 아내
> 를 버리면 이는 저로 간음하게 함이요 또 누구든지 버린 여자에게 장
> 가드는 자도 간음함이라

이혼 법에 대한 말씀은 간음 법의 말씀과 별개로 설정될 수 없다. 산상설교의 문맥에서 볼 때 이혼은 간음 법의 범주에 묶여 있다. 이혼에 대한 말씀이 간음에 대한 규정과 맹세에 대한 규정의 옛 사람과 새사람의 대비 구조 사이에 놓여 있다는 것과 이혼한 사람과 결혼하는 것을 그 사람으로 하여금 간음하는 것으로 명시하는 것을 볼 때 이혼에 대한 말씀은 간음에 대한 말씀의 연장선에 놓여 있다는 것을 알 수 있다. 현실적인 면에서 볼 때 간음과 이혼이 매우 밀접한 관계에 놓여 있다는 것을 감안한다면, 이혼이 간음의 테두리에서 이해되어야 한다는 것은 타당하다. 그럼에도 불구하고 이혼을 간음과 별개로 구분해서 다루는 것은 이혼에 대한 규정이 십계명에 명시되지 않았기 때문이다. "살인하지 말라"와 "간음하지 말라"로 요약되는 십계명에 대한 새로운 계명에 비해서 이혼에 대한 규정은 하위 계명으로 존속한다. 즉, 이혼에 대한 계명이 십계명에 대한 예수의 새로운 이해와 해석을 덧붙이는 것이 아니라 십계명에 대한 예수의 해석과 설명이 이혼에 대한 계명을 새롭게 재해석한다.

이혼에 대한 계명 같은 하위 계명을 제시하는 이유는 매우 분명하다. 십계명과 그 밖에 지켜야 할 계명의 구분이 없다면 십계명은 현실에서 존속할 수 있는 근거를 상실하기 때문이다. 예수는 이혼에 대한 계명을 가져옴으로 말미암아 자신이 요약한 십계명 중 두 번째인 "간음하지 말라"를 현실에 근거시킨다. "간음하지 말라"의 계

명을 줌으로써 새사람인 그리스도인이 획득할 의는 추상적이다. "이혼하지 말라"에서 새사람이 획득할 의는 구체적이고 현실적이다. "간음하지 말라"는 "이혼하지 말라"에서 실제적인 것이 된다. 마치 "살인하지 말라"가 '복수 법'과 '이웃사랑'에서 실제적인 것이 되는 것처럼.

이혼 법에서 옛 사람과 새사람은 모두 간음 법에 묶여 있다. 옛 사람이 묶여있는 이혼 법은 이혼증서의 유무에 있다. 이혼증서를 써 주면서 이혼하면 계명을 어기는 것이 아니다. 이혼하는 것이 불법적인 것이 아니라 이혼증서 없이 이혼하는 것이 불법적인 것이고, 하나님의 계명을 어긴 것이 된다. 새사람이 묶여 있는 이혼에 대한 계명은 이혼증서의 유무가 아니다. 새사람에게 이혼증서 없이 이혼하는 것만이 계명을 어긴 것이 아니라 이혼하는 것 그 자체가 계명을 어긴 것이다. 옛 사람에게는 혼인이 법의 문제이지만 새사람에게는 법 이전의 문제이다. 옛 사람에게 혼인은 계약법의 테두리에서 유지되고 합법적이 되지만 새사람에게는 혼인이 하나님에 의해서 합법적인 것과 유효성이 유지된다. 옛 사람에게는 계약법에 명시된 것처럼 이혼에 이르면 정당하지만 새사람에게 이혼은 불가한 것이 된다. 새사람에게는 "하나님이 짝지워 준 것을 사람이 나눌 수 없기 때문이다"(막 10:9).

사람이 나누어서는 안 된다는 말이 아니다. 사람이 나눌 수 없다는 말이다. 사람들이 나누지 않아서 나눌 수 없다는 말이 아니다. 그때나 지금이나 결혼이 계속되는 것처럼 이혼도 계속되고 있다. 사람이 합법적으로 이혼한다고 해도 나누어진 것이 아니라는 말이다. 따라서 음행한 연고 없이 아내를 버리면 간음하게 함이요, 또 누구든지 버린 여자에게 장가드는 자도 간음했다는 말이 합법적인 이유가 있다면 이혼을 허락하는 것을 의미한다고 읽지 말아야 한다.

첫째는 옛 사람이 이혼을 하게 되는 적법한 이유 가운데 음행이 들어 있기 때문이다. 새사람에게 이혼을 허락하는 이유를 준다면 새사람은 옛 사람이 묶여 있는 율법의 문자에 귀속하게 된다. 옛 사람과 새사람이 이혼하게 되는 한 가지 이유에서 일치하고 나머지 이유에서 불일치한다 해도 옛 사람과 새사람의 의는 결국은 같은 의가 된다.

둘째는 새사람에게 허락된 한 가지는 자신의 마음과 존재를 완전한 사랑으로 채우는 것밖에 없다는 것을 상기할 때 분명해진다. 아내를 완전한 사랑으로 대하는 것만이 남편에게 허락된 것이고 남편을 완전한 사랑으로 대하는 것만이 아내에게 허락된 것이기 때문에 하나님은 우리가 사랑하는 모습을 문제 삼는다.

하나님처럼 우리 자신을 완전한 사랑으로 채워 서로를 바라보지 않는다면 간음한 것이기 때문에 옛 사람의 기준에서 합당한 이유에 근거해서 이혼을 할 경우 나는 그로 하여금 간음하게 만들고, 그와 결혼하는 사람도 간음하게 만든 것이 되고 새사람의 기준에 근거해서 이혼할 경우 나는 그에게 간음한 것이 된다. 그에 대한 나의 사랑이 완전하지 못했기 때문에 그로 하여금 다른 사랑을 찾게 만든 죄를 내가 지은 것이다.

완전한 사랑은 그 사랑으로 가득 채운 나에 의해서 구현되는 것이 아니라 내 눈길이 닿는 곳과 내 손길이 닿는 그에게서 구현되기 때문이다. 내 눈길과 손끝이 닿는 그곳에서 완전한 사랑을 느끼지 못한다면 내 눈길과 손끝에서 표현되는 사랑은 하나님의 사랑에 일치한 사랑이 아니라는 것을 증명한다.

새사람에게 이혼이 허락된 것이 아니다. 새사람에게 허락된 것은 완전한 사랑을 그가 느끼고 알게 하는 것만이 허락되었다. 사랑은 사랑하는 사람의 느낌에서 드러나는 것이 아니라 그 사랑을 받는 사람에게서 드러난다. 사랑은 주는 사람에 의해서 사랑이 되는 것이 아니라 받는 사람에게서 사랑이 된다. 옛 사람에게는 이혼이 허락되었으나 새사람에게는 이혼이 허락되지 않는 것은(막 10:5) 하나님의 마음과 우리의 마음이 일치하는 것, 우리의 사랑이 하나님의 사랑과 같아지는 길을 지시하기 위해서이다. 너의 삶의 모든 것을 통해서 사랑이 되게 하라. 그렇게 하는 것만이 우리와 하나님 사이에 다름과 차이가 끼어들 수 없게 만드는 유일한 방법인 것이다.

4. 맹세 법에 대해서 (5:33-37)

> 33 또 옛 사람에게 말한 바 헛 맹세를 하지 말고 네 맹세한 것을 주께
> 지키라 하였다는 것을 너희가 들었으나 34 나는 너희에게 이르노니
> 도무지 맹세하지 말지니 하늘로도 말라 이는 하나님의 보좌임이요 35
> 땅으로도 말라 이는 하나님의 발등상이요 예루살렘으로도 말라 이는
> 큰 임금의 성임이요 36 네 머리로도 말라 이는 네가 한 터럭도 희고
> 검게 할 수 없음이라 37 오직 너희 말을 옳다 옳다, 아니라 아니라 하
> 라 이에서 지나는 것은 악으로 좇아 나느니라

맹세 법에 대한 예수의 어조와 논조는 매우 단순하다. 맹세를 하지 말라는 것이다. 지금까지 지켜왔고 또 지켜야 하는 것으로 모두가 믿고 있는 맹세 법은 이와는 반대로 맹세한 것은 반드시 지켜야 한다는 것이다. 아니, 그 이상이다. 필요하다면 하나님의 이름을 걸고라도 맹세하라는 것이다. 일차적으로 사람이 맹세를 하는 것은 자신이 옳기 때문이다. 자기가 옳기 때문에 그 옳음을 입증하기 위해서 맹세한다. 이차적으로는 약속을 확실히 하기 위해서 맹세를 한다. 약속의 맹세를 하는 것은 지금의 자기를 믿어 달라는 요청이다. 이러한 맹세의 뒷면에는 맹세하는 자가 맹세하는 사람으로부터 충분히 신뢰감을 얻지 못했다고 하는 불안의 인식이 깔려 있다. 맹세하는 자는 타인이 자기를 전적으로 신뢰하지 않는다는 것을 알기

때문에 맹세를 한다. 맹세하는 자는 맹세를 통해서 타인에게서 신뢰를 획득하려고 한다. 신뢰를 충분히 받는다면 맹세하는 행위는 불필요한 것이다. 맹세는 신뢰의 결핍에서 발생하는 것이다.

신뢰를 획득하기 위해서 맹세는 반드시 지켜져야 한다. 이미 맹세를 했다면 반드시 지켜야 한다. 만약 이미 한 맹세를 지키지 않는다면 그 다음에는 신뢰를 획득할 수가 없기 때문이다. 만약 이미 한 맹세가 없지만—그래서 지켜야 할 것도 없지만—타인으로부터 신뢰를 얻어야만 하는 절박함이 우리에게 있다면 하나님의 이름을 걸고서라도 맹세를 해야 한다. 왜냐하면 하나님의 이름을 건다는 것은 내 진술이 옳다고 증언하는 마지막 보루인 것이다. 나의 옳음에 대해서 내 옆에 있는 사람들이 신뢰를 주지 않는다면 내가 그들에게 신뢰를 얻을 수 있는 마지막 방법은 하나님을 내 진술의 증인으로 요청하는 것밖에 없다. 그렇기 때문에 필요하다면 하나님을 내 맹세의 증인으로 요청하는 것이 옛 사람에게 허락된 것이다.

그러나 맹세에 대한 예수의 태도는 단호하다. 맹세를 하지 말라는 것이다. 그냥 맹세를 하지 말라는 말이 아니라 하나님의 이름을 걸고 하는 맹세를 하지 말라는 것이다. 옛 사람들이 하나님의 이름을 두고 맹세하는 행위에서 예수는 여호와의 이름을 망령되이 부르는 죄를 범하는 그들의 숨겨진 모습을 바라본다. 또한 그들의 맹세에 대한 가르침 속에서 불신받는 자신을 인식하여 맹세하는 적극적인 행위 속에 감추어진 위선자의 모습을 직시하는 것이다. 맹세하는 자는 맹세를 통해서 자신의 위선을 감추고 하나님과 함께 있다고 자신을 포장한다. 그러나 예수는 그들이 겉은 화려하고 깨끗하게 포장했으나, 속은 썩은 것이 가득 담겨져서 더러운 냄새를 풍겨내는 회칠한 무덤인 것을 본능적으로 알아본다(마 23:27). 예수는 그들의 숨겨진 진실을 직시한다. 그들은 타인에게서 신뢰받지 못할뿐 아니라 자기 자신조차도 믿지 못하는 불신에 사로잡힌 자인 것이다. 그래서 그들은 하나님의 이름을 두고 맹세한다.

그들이 하는 맹세에 의해서 하나님의 이름이 망령되이 불리고, 하나님이 그들의 자리에까지 내려가고 낮아지는 현실을 예수는 개탄한다. 그들이 하나님의 이름을 두고 하는 맹세는 아담이 하나님처럼 되려고 범한 죄보다 더 무겁고 죄질이 악한 행위이다. 아담은 하나님의 존재와 위치를 그대로 두고 자신의 존재와 위치를 하나님처럼 고양하려고 했다. 그들이 하는 것은 하나님의 존재와 위치를 자신의 존재와 위치만큼 낮춰 하나님을 자신과 같은 존재로 만드는 행위인 것이다. 아담의 죄보다 더 죄질이 나쁜 그들의 맹세는 하나님이 모세를 통해서 그렇게도 하지 말라고 말했던 십계명 중 세 번째 계명을 범하는 죄를 짓는 것이다.

그래서 예수는 새사람에게 말한다, 맹세하지 말라고. 하나님의 이름을 두고 맹세를 하면 여호와의 이름을 망령되이 말하는 죄를 짓는 것이라고. 또 예수는 말한다. 하늘을 걸고도 하지 말고, 땅을 두고도 하지 말고, 예루살렘을 두고도 하지 말라고. 그 이유는 명백하다. 하늘을 걸고 맹세를 하거나 땅을 걸고 맹세를 하거나 예루살렘의 이름을 걸고 맹세를 하면 하나님을 하늘로 형상화하고, 땅으로 형상화하고, 예루살렘으로 형상화하는 것이기 때문이다. 하나님을 하늘로, 땅으로, 예루살렘으로 형상화하는 것은 십계명 중 두 번째 계명을 범하는 행위를 저지르는 것이기 때문이다. 예수에 의하면 하늘과 땅과 예루살렘은 하나님과 동일시 될 수 없다. 왜냐하면 하늘은 하나님의 자기 존재와 위엄을 드러내는 형식에 지나지 않으며, 땅은 하나님이 딛고 서 있는 디딤돌에 불과하고, 예루살렘은 하나님이 자기 대신에 예루살렘에 세운 대리자의 도시이기 때문이다. 따라서 하나님의 이름을 직접적으로 부르는 대신에 하늘이라는 말로, 땅이라는 이름으로, 예루살렘이라는 명칭으로 간접적으로 표현해서 하는 맹세는 하나님의 이름을 망령되이 부르지 말라는 계명을 어기는 행위보다 더 죄질이 나쁜 행위인 것이다. 하나님의 이름을 부르는 행위에서 적어도 하나님은 인격적인 존재로서 인식되었다. 그러나 하나님을 하늘, 땅, 예루살렘으로 형상화하면 하나님은 인격적인 존재에서 비인격적인 존재로 전락된다. 그래서 예수는 말씀한다, 맹세하지 말라고. 절대로 맹세하지 말라고. 하나님의 이름을 간접적으로라도 불러서 맹세하지 말고, 너 자신을 관련시켜서도 맹세를 하지 말라고 금지한다.

새사람이 들어야 할 맹세에 관한 예수의 가르침은 단순하다. 너와 타자 사이에 하나님을 놓지 말라는 것이다. 옛 사람들이 들어 왔던 맹세에 대한 가르침은 너와 타자 사이에 하나님을 세워 놓고 하나님 뒤에서 타인과 만나라는 것이다. 그렇게 해서 나와 현실 사이에 놓인 하나님의 존재와 인격이 모독당하고 하나님에 관련된 네 개의 계명 중 두 개의 개명이 범해지는 것을 예수는 직시한다. 그래서 예수는 자기 사람들이 직접 만나야 할 현실과 자신 사이에 하나님을 세워놓고 하나님 뒤에 숨어서 현실을 만남으로 인해 하나님에 대한 모독의 행위를 할 수 있는 가능성을 근원적으로 차단한다. 너와 현실 사이에 놓을 수 있는 것은 없다. 왜냐하면 자기 사람인 새사람에는 오직 옳은 것은 옳다고 하고 아닌 것은 아니라고 하는 것 외에 할 수 있도록 허락된 것이 없기 때문이다.

옳고 그름만의 양자택일 앞에서 예수에게 속한 사람들이 해야 하는 것은 자기 자신의 몸으로 현실을 대면하는 것이다. 예와 아니오 중 하나만을 선택하게 함으로서 예수는 자기 사람들이 자신의 선택에 대해서 책임을 지며 스스로 자신에 대해서 증인이 되는 것과 모든 현실에 대해서 오직 진실로만 맞설 것을 강력히 요청한다. 자신이 자신에 대해서 증인이 되고, 모든 현실에 진실을 갖고 맞설 것을 요구하는 예수의 강력한 명령에 의해서 십계명 중 두 번째, 세 번째 계명은 서기관들의 지킴보다 더욱 더 철저히 지켜진다. 그래서 맹세에 대한 예수의 가르침은 율법을 더욱 율법되게 만든다.

5. 정의 법에 대해서 (5:38-42)

> 38 또 눈은 눈으로, 이는 이로 갚으라 하였다는 것을 너희가 들었으나
> 39 나는 너희에게 이르노니 악한 자를 대적지 말라 누구든지 네 오른
> 편 뺨을 치거든 왼편도 돌려대며 40 또 너를 송사하여 속옷을 가지고
> 자 하는 자에게 겉옷까지도 가지게 하며 41 또 누구든지 너로 억지로
> 오 리를 가게 하거든 그 사람과 십 리를 동행하고 42 네게 구하는 자
> 에게 주며 네게 꾸고자 하는 자에게 거절하지 말라

모든 현실에 자신의 몸으로 맞설 것을 요구받는 예수의 사람들은 정의를 실현하는 방법과 정의에 대한 인식에서 서기관의 정의 세움과 대비된다. 서기관의 정의 세움과 실현은 "이에는 이, 눈에는 눈"이라는 율법의 기준에 의해서 설정된다. "이에는 이, 눈에는 눈이라는 표현이 주는 잔혹함과는 달리 율법의 정의 세움은 매우 합리적인 특성을 갖고 있다. 문자 그대로 적용한다면 율법의 정의 세움은 인간의 도덕성에 깊은 상처와 침해를 준다. 하지만 문자가 아니라 그 의미를 고찰한다면 합리적이다. 불법에 의해서 정의가 손상되었을 때 정의를 세우는 것은 불법에 의해서 침해받기 전의 상태에 있게 하는 것이 정의 실현이 된다. "눈에는 눈, 이에는 이"로 표현되는 동률 복수 법은 정의를 실현할 때, 또는 정의를 세움에 있어서 지나침과 모자람 없이 균형을 유지하는 경계선을 명확히 구분해 준다.

정의 세움은 정의를 어긴 자와 정의를 실현하는 자 사이에서 발생한다. 이때 정의를 세우는 자가 정의를 어긴 자에게 정의를 세우게 될 때 자신이 받은 피해보다 낮게 정의를 실현하고자 하거나 자신이 받은 피해보다 훨씬 더 많은 것을 실현하려고 하는 마음이 자

연스럽게 발생한다. 그러한 마음이 사람에게 발생하는 것을 근본적으로 차단하는 장치가 동률 복수법인 것이다. 여기서 정의는 균형을 지키는 것임이 드러난다. 정의를 세움에 있어서 균형을 시키는 것은—피해를 받기 전과 동일한 상태와 조건으로 회복하는 것—정의를 세울 때 넘침과 모자람이 정의라는 이름으로 끼어들지 못하게 만드는 필요충분조건이다.

정의 세움에 있어서 모자라게 세우는 것은 세우는 자가 자신을 나은 사람으로 여기는 교만의 근거가 된다. 또한 정의를 넘치게 세우는 것은 정의를 세우는 자가 자신의 분노나 지배욕을 정의라는 이름으로 충족시키는 결과로 이어질 수 있다. 정의 세움, 즉 피해를 받은 자가 피해를 준 자에게 가하는 합법적인 억압이나 폭력이 모자람과 넘침이 없는 균형의 원리에 입각해서 이루어질 때 율법적인 의미에서 정의는 실현이 된다. 그러나 율법적인 의미에서의 정의 실현은 불가능하다. 왜냐하면 율법의 정의 실현은 인간 본성에 대한 깊은 이해를 결여했기 때문이다. 인간의 본성은 율법이 요구하는 것처럼 정의 실현에 있어서 균형을 유지할 수 없다. 정의 실현은 강자가 약자에게 가하는 합법적인 폭력이나 억압이기 때문에 강자가 약자에 대해서 지배하고자 하는 욕망의 충동을 억제하고 평형 상태로 유지하기란 거의 불가능하기 때문이다. 따라서 서기관의 동률 복수법에 의한 정의 실현은 구현될 수 없는 이상인 것이다.

이에 반해서 예수가 자기 사람에게 요구하는 정의 실현의 방법은 정의를 세우는 자의 욕구를 충족시켜 주는 방식을 채택하고 있다. 예수는 만족을 동반하지 않을 경우 정의가 회득된 수 없다는 것을 분명히 인식한다. 합법적으로 힘을 가진 자가 자신의 힘을 조절하기란 쉽지 않은 일이다. 따라서 정의를 세우는 자가 정의를 실현할 때 또는 복수를 할 때 교만이나 지배하고자 하는 마음이 들어서지 못하게 하는 것보다 그의 모든 욕구를—교만한 마음이나 지배하고자 하는 마음—충족시켜 주는 것이 보다 더 현실적이다.

피해를 본 자가 자신이 받은 피해에 대한 보상을 충분히 받았다고 느껴졌을 때—통상적으로는 자신이 받은 피해의 분량을 넘어서는 것이지만—그때서야 정의가 실현되었다고 생각되는 것이 일반적인 사실이다. 그래서 정의를 세우는 자가, 즉 합법적으로 약자에게 가하는 강자의 폭력이나 억압을 통해서 정의를 세우는 자의 만족이 충분히 달성되었을 때에만 정의는 이루어진다.

"악한 자를 대적지 말라. 누구든지 오른편 뺨을 치거든 왼편도 돌려대며, 또 너를 송사하여 속옷을 가지고자 하는 자에게 겉옷까지도 가지게 하며, 또 누구든지 너로 억지로 오 리를 가게 하거든 그 사람과 십 리를 동행하고, 네게 구하는 자에게 주며, 네게 꾸고자 하는 자에게 거절하지 말라"고 예수는 가르친다. 예수의 이러한 가르침의 핵심은 단순하고도 분명하다. 정의를 요구하는 자가 만족할 때까지 그의 욕구를 충족시켜 주라는 것이다.

서기관들이 율법에 근거해서 가르친 것처럼 정의를 요구하는 자의 맘에서 교만과 지배욕을 배제시키려는 것과는 달리 자신에게 가해지는 폭력과 억압을 저항 없이 받음으로, 그의 교만과 지배하고자 하는 욕구를 충족시켜 줌으로 더 이상 그러한 욕구가 발생하지 않도록 하라는 것이다. 정의를 요구하는 자에게 충족되지 않은 욕구가 남아 있는 한 정의는 구현되지 않는다. 따라서 예수는 자기 사람들에게 요구한다. 그들이 요구하는 것이 무엇이든지 거절하지 말고 적극적으로 응하라고. 아니, 그들이 만족할 수 있는 것 이상으로 그들의 욕구를 충족시켜 주라고 명령한다.

정의 실현의 필요충분조건을 정의를 구현하는 당사자의 인격적 조건에 근거시킨 서기관의 가르침에 비해서 정의 실현의 필요충분조건을 정의 세움에 관련된 당사자인 쌍방에 근거시킨 예수의 가르침은 두 가지 면에서 새롭다. 첫째는, 서기관의 정의 세움에서 발생하는 강자가 약자에게 합법적으로 가하는 억압과 폭력이 발생하지 않는다. 왜냐하면 약자가 자기에게 요구되는 것 이상으로 적극적으로 강자의 요구에 응하기 때문에 상사의 요구가 억압이나 폭력으로 인식되지 않기 때문이다. 둘째는, 서기관이 요구하는 정의 세움은 이루어질 수 없는 이상인 데 반해서 예수가 요구하는 정의 세움은 이루어진 현실이다. 왜냐하면 예수는 정의 세움에서 자기 자신을 직접 개입시키기 때문이다. 예수가 자기 사람들에게 요구하는 정의는 예수의 운명에서 실현된 객관적인 사실이다. 예수가 받은 고난과 십자가에서 예수는 정의 세움의 필요충분조건을 실현시킨다. 예수는 자기 몸에 폭력을 가하는 자들의 교만한 마음과 지배욕을 충족시킴으로써 정의 세움의 필요조건을 만족시킨다. 동시에 예수는 자기에게 가하는 폭력에 대해서 자발적으로 자신을 내어줌으로써 정의 세움의 충분조건을 만족시킨다. 그래서 예수는 자신에게 폭력을 가하는 자들에 대해서 폭력으로 저항하는 베드로를 꾸짖고, 자신이 가진 영적인 힘의 사용을 거부한다(마 26:47-56).

실현된 현실과 실현할 수 없는 이상의 정의 세움의 차이는 분명하다. 예수는 자기 자신 안에서 정의를 세웠고 서기관은 자기 자신 안에서 정의 세움을 구현하지 않았다. 자기 자신 안에서 그렇게 정의를 세웠기에 예수는 자기의 사람에게 정의를 그렇게 세우라고 요구한다. 그러나 자기 자신 안에서 정의를 세울 수 없었기 때문에 서기관은 율법의 요구 사항을 단지 되풀이할 뿐이다. 예수의 사람은 율법을 보는 것이 아니라 예수의 운명 안에서 완성된 율법을 만난다. 예수의 사람들은 예수만 바라본다. 그러나 서기관들은 율법과 사람들 사이에 자기를 놓지 않고 비껴 서 있다. 그래서 옛 사람은 완성할 수 없는 율법에 직면하게 되었다. 이렇게 옛 사람들은 율법의 조문에 매여 있고 새사람들은 예수에게 묶였다. 율법의 조문에 묶였기 때문에 실현될 수 있는 정의가 실현될 수 없는 정의가 되었지만 예수에게 묶인 사람에게는 실현될 수 없는 정의가 실현할 수 있는 정의가 된다. 예수의 정의 세움은 자기 사람과 지켜야 할 율법 사이에 자신을 놓은 데서 비롯된다. 그래서 예수의 정의 세움과 서기관의 정의 세움은 그렇게 갈라진다.

6. 사랑 법에 대해서 (5:43-47)

> 43 또 네 이웃을 사랑하고 네 원수를 미워하라 하였다는 것을 너희가
> 들었으나 44 나는 너희에게 이르노니 너희 원수를 사랑하며 너희를
> 핍박하는 자를 위하여 기도하라 45 이같이 한즉 하늘에 계신 너희 아
> 버지의 아들이 되리니 이는 하나님이 그 해를 악인과 선인에게 비취
> 게 하시며 비를 의로운 자와 불의한 자에게 내리우심이니라 46 너희
> 가 너희를 사랑하는 자를 사랑하면 무슨 상이 있으리요 세리도 이같
> 이 아니하느냐 47 또 너희가 너희 형제에게만 문안하면 남보다 더 하
> 는 것이 무엇이냐 이방인들도 이같이 아니하느냐

사랑에 관한 가르침은 정의에 관한 가르침의 연장선에서 이해된다. 정의에 대한 가르침이 소극적인 면에서 사랑에 대한 설명이었다면, 사랑에 대한 가르침은 적극적인 면에서 정의에 대한 설명이다. 서기관과 예수의 사랑에 대한 가르침이 정의에 근거하고 있다는 면에서 형식적으로는 같다. 그러나 내용적인 면에서 바라볼 때 서기관의 가르침이 기초하고 있는 정의와 예수의 가르침이 근거하는 정의는 다른 정의이다. 서기관의 사랑이 근거하는 정의는 합리적인 이성에 일치하는 정의이다. 이웃을 사랑하고, 자신을 사랑하는 사람을 사랑하고, 형제를 사랑하는 것은 바른 것이다. 따라서 이것은 지켜야 할 것이다. 원수를 사랑하고 용서하는 것이 더 큰 사랑인 것을 이성적으로는 알지만 감정적으로 사랑할 수 없고 용서가 되지 않기 때

문에 원수를 사랑하지 못하는 것이 현실이다. 그래서 서기관이 말한 것처럼 이웃을 사랑하고 원수를 미워하는 것이 현실적으로 지킬 수 있는 합리적인 가르침이다.

그러나 예수의 사랑이 근거하는 정의는 합리적이고 보편적인 이성에 근거한 것이 아니다. 그것은 예수 자신의 인격과 삶과 운명에 근거한 것이다. 받은 것과 동일한 것을 상대방에게 주는 것이 정의인 서기관의 정의 개념에 의하면 사랑을 받았기 때문에 사랑을 주고 미움을 받았기 때문에 미움을 주는 것이 정당한 것이다. 예수의 정의는 대상에 상관없이 사랑을 주는 것만이 정의이기 때문에 무엇을 내가 받은 것은 정의의 조건이 될 수 없다. 예수에 의하면 사랑만이 정의의 조건이고 정의만이 사랑의 실체이다. 사랑만이 정의를 세우며 정의만이 사랑을 드러낸다. 사랑은 정의의 내연이며 정의는 사랑의 외연이다. 그래서 예수는 자기 사람들에게 말한다. 원수를 사랑하고 너희를 핍박하는 자를 위해서 기도하라고. 예수에게 있어서 사랑은 서기관에게 있어서 정의가 아니고 서기관에 있어서 사랑은 예수에게 있어서 정의가 못되는 것이다.

예수에 의하면 정의와 사랑은 각기 다른 무엇이 아니다. 정의가 사랑이고 사랑이 정의이다. 예수는 십자가에서 자신을 핍박하는 자들을 사랑하고 기도함으로써 사랑과 정의가 동일한 것임을 보여주었다. 원수를 사랑하고 핍박하는 자를 위해서 기도하는 것은 예수의 사람에게는 구현할 수 없는 이상이 아니다. 예수가 구현한 현실이기 때문에 예수의 사람들도 구현할 수 있고 또 구현해야하는 현실인 것이다. 예수의 사람들이 그것을 구현하기 위해서는 예수에게만 모든 시선과 초점이 맞추어져야 한다. 예수에게서 우리의 시선이 멀어지면 서기관의 사랑이 우리에게 들어온다. 서기관의 사랑 법은 합리적인 이성에 근거한 사랑이기 때문에 슬그머니 어느 누구에게나 끼어들어 온다. 합리적인 이성에 근거한 사랑은 우리가 그 사랑을 구현하는 데 있어서 아픔이나 힘든 그 무엇을 요구하지 않는다. 서기관의 사랑은 쉬운 사랑이다. 그런 사랑은 세리도, 이방인도, 누구도 다 할 수 있는 사랑인 것이다.

그러나 예수의 사람이 구현해야 할 사랑은 쉬운 사랑이 아니다. 그것은 운명을 걸어야만 하는 사랑인 것이다. 예수가 십자가에서 흘려야만 했던 피와 물의 분량만큼 흘려야만 하는 사랑인 것이다. 그런 사랑을 구현해야만 보상이 주어진다. 거기까지 가야만 하나님의 아들이라는 이름을 부여받는 보상이 주어진다. 거기까지 가기 위해서는 예수에게서 잠시라도 우리의 시선이 떨어져서는 안 된다. 우리의 시선이 그에게서 떨어지지 않기 위해서 그가 우리에게서 자신의 시선을 떼어놓지 않는다. 예수가 산에 올라가 앉았을 때 제자들이 나아왔고, 예수가 제자들을 바라본 것을 생각해 보라. 예수가 제자들에게 자신의 시선을 고정시키고 있다. 그래서 예수는 서기관처럼 옆에 서 있는 것이 아니라 자기 사람 앞에 서 있다.

예수는 자기 외에 다른 그 무엇을 우리 앞에 놓지 않았다. 따라서 우리 앞에 예수 외에 다른 이를 있게 해서는 안 된다. 만약 예수 외에 다른 이를 우리 앞에 있게 하면 서기관과 바리새인들의 누룩이(그들의 가르침, 마 16:12) 제자들에게 다가오고 예수에게서 시선이 떨어지면 밀어치는 파도에 두려움이 엄습하여 죽음에 대한 공포에 사로잡히고(막 4:35-40) 불어오는 바람을 보고 두려워하여(마 14:27-31) 물에 빠지고 만다. 그런 제자들을 향해서 예수는 믿음이 없는 자라고 책망한다. 믿음은 예수가 우리에게 자신의 시선을 고정한 것처럼 우리의 시선을 예수에게 고정시키는 것이다.

예수가 우리 앞에 자신 외에 다른 이를 두지 않은 것처럼 우리도 우리 앞에 예수 외에 다른 이를 두지 말아야 한다. 우리가 예수 외에는 그 어느 누구도 우리 앞에 있게 하지 않는 것이 제1계명을 지키는 것이다. 그래서 하나님을 보여 달라는 빌립의 질문에 대해서 예수는 자기를 본 자는 아버지를 보았는데 어찌하며 또 아버지를 보이라고 하느냐고 말씀하신다(요 14:8-9). 따라서 "나 외에 다른 신을 네게 있게 하지 말라"는 제1계명은 예수의 시선에서 우리의 시선이 떨어져 나가지 않고 우리의 시선에서 예수의 시선이 옮겨가지 않을 때에만 지켜진다.

7. 하나님의 온전하심과 같이 온전하라 (5:48)

> 48 그러므로 하늘에 계신 너희 아버지의 온전하심과 같이 너희도 온전하라

하나님의 온전하심 같이 우리도 온전하라는 말은 그리스도인의 의에 대한 예수의 가르침의 총체적인 요약을 의미한다. 여기서 하나님의 온전하심이라는 문구는 자기 사람들의 의로운 삶의 외적 모습에서 예수가 그 모습의 내면을 읽어가고 드러내는 근거이다. 하나님의 의가 내적, 외적으로 온전한 것처럼 그리스도인의 의가 내적, 외적으로 온전해야만 예수가 인정하는 삶이 된다는 것이다. 여기서 예수가 인정하는 그리스도인의 삶과 의는 서기관의 가르침에 따라서 살아가는 삶과 의를 도외시한 삶이 아니다. 예수가 자기 사람에게 요구하는 삶과 의의 온전함은 서기관의 가르침에 따라서 살아가는 삶과 의의 분량과 내용을 외연으로 동반하는 삶의 모습이다. 서기관에게 있어서 율법에 맞춰서 살아가는 삶은 의로운 삶이었다. 예수가 자기 사람들에게 요구하는 삶의 의로움 역시 율법에 맞추는 것이었다. 서기관도, 예수의 사람들도 율법은 지켜져야만 하는 삶의 가치인 것이다. 그러나 서기관의 율법과 예수의 율법은 같은 것이 아니었다.

서기관의 율법은 여러 세대를 거쳐 내려오는 동안에 만들어진 수

많은 규례와 규칙들로 둘러싸인 것으로서 사람들의 삶을 무겁게 한다. 예수의 율법은 이와는 반대로 단순한 것으로서 사람들의 삶을 가볍게 한다. 왜냐하면 서기관이 율법을 통해서 사람들 위에 군림하려고 한 반면에 예수의 율법은 사람들을 섬기고 자신을 주기 때문이다. 서기관의 율법은 사람들을 전통과 문자에 얽매이게 하고 예수의 율법은 그러한 전통과 문자의 얽매임으로부터 해방과 자유를 준다.

서기관의 삶과 의가 그리스도인의 삶과 의의 온전한 모습을 드러내는 외연인 것처럼 하나님이 햇빛을 악인과 선인에게 똑같이 비추게 하며 의로운 자와 불의한 자에게 똑같이 비를 내리는 것이 그리스도인의 삶과 의의 온전한 모습의 내연이다. 예수는 하나님이 그 사랑의 대상을 구별하지 않고 누구나 같은 사랑으로 사랑하시는 것처럼 우리도 하나님처럼 대상을 구별하지 않고 사랑하라고 말씀하신다.

예수의 가르침에 따르면 하나님은 그 사랑하심에 있어서 사랑과 사랑 아님의 구별이 없다. 하나님의 온전하심에 일치하는 우리의 온전함은 하나님의 사랑처럼 우리의 사랑이 사랑과 사랑 아님의 구별 없이 사랑함에 있다. 우리가 사랑함에 있어서 사랑과 사랑 아님을 구별하게 될 경우 우리의 사랑은 하나님의 사랑처럼 온전한 사랑이 아니며, 그러한 사랑이 드러난 의의 모습은 하나님의 의와 일치하는 온전한 의가 아니다. 하나님의 의와 일치하지 않는 의는 서기관의 의에 일치하는 의가 된다. 따라서 우리의 의가 하나님의 의와 일치할지 또는 서기관의 의와 일치할지는 우리에게서 사랑과 사랑 아님이 없게 만드는 조건에 달려 있다. 만약 우리가 사랑과 사랑 아님의 구별을 갖고 있으면 서기관의 의의 본질을 드러내는 것이다. 반면에 우리가 사랑과 사랑 아님의 구별을 우리 안에서 없이 하면 우리의 의는 하나님의 의와 일치하게 된다. 예수는 우리에게 사랑과 사랑 아님을 없게 하라고 말씀하신다. 우리 사랑이 사랑의 대상에 따라서 예가 되고, 또는 아니오가 되는 것을 사라지게 하라고 말씀한다. 그렇게 할 경우 우리가 하늘에 계신 우리 아버지의 아들이 된다고 말씀한다.

하나님에게는 예와 아니오의 구별이 없다. 하나님의 사랑이 완전한 사랑이 되는 것은 사랑의 대상을 먼저 보고 사랑하는 것이 아니라 사랑하는 자신만을 보고 사랑하기 때문이다. 자기 사랑이 먼저고 그 사랑이 자신 앞에 놓인 대상에 닿는 것은 그 다음이다. 우리가 예수에게 눈을 맞추고 거기서부터 떠나지 않아야 하는 것은 하나님과는 달리 우리 사랑은 우리 자신으로부터 시작해서는 안 되기 때문이다. 만약 우리 사랑이 우리 자신을 보고 시작하면 대상에 따라 사랑의 모양과 내용을 달리하게 된다. 우리 자신에 대한 사랑은 하나님의 자기 사랑과 달리 우리를 위한 이기적인 사랑이기 때문이다. 따라서 우리 사랑이 온전한 사랑이 되려면 예수의 눈을 통해서 사랑이 흘러나가야 한다. 예수의 눈을 통해서 우리가 세상을 보면 우리 자신의 이기적인 본성에서 나오는 사랑이 아닌 예수의 본성에서 흘러나오는 사랑이 우리에게서 흘러나온다. 그 사랑은 우리의 사랑을 동반한다. 그렇기 때문에 예수의 사람들이 예수와 눈맞춤을 한다는 것은 그와 일치한다는 것을 의미한다.

예수와 율법은 분리되지 않는다. 아니, 율법이 예수에게 귀속된다. 예수는 안식일 날 병자를 고치는 일을 통해서 자신이 안식일의 주인이라고 말하면서 율법이 자신에게 귀속된다는 사실을 명백하게 밝혔다. 예수에게서 율법이 다시 놓인다. 서기관들이 가르쳐왔고 지켜왔던 율법의 의 대신에 그리스도인이 지켜야할 의를 설정하면서 율법, 즉 십계명을 다시 설정한다. 서기관의 의를 대체하는 그리스도인의 의를 설정할 때 십계명 중 4계명을 다시 설정하지 않는다. 그 이유는 명백하다. 예수는 자신의 삶을 통해서 네 번째 계명을 이미 다시 설정하였기 때문이다.

예수는 율법을 자신 안으로 옮겨 놓는다. 그리고 제자들에게 눈을 맞추고 있다. 예수는 제자들이 자기에게서 다른 곳으로 눈을 옮겨가지 않는 한 그들이 하나님의 아들이 될 것임을 확신한다. 하나님의 온전하심처럼 우리가 온전하게 되는 것이 도달할 수 없는 불가능의 영역에 속한 것이 아니다. 예수 안에서 구현된 현실이고 또 우리가 예수에게서 떨어지지 않는 한 구현하게 될 현실인 것이다. 이렇게 우리가 예수로 화육된 율법을 지키고 그에게서 시선을 옮겨 놓지 않는다면 그는 오늘도 우리에게서 자신의 시선을 옮겨 놓지 못하신다.

II. 6장: 바리새인보다 나은 의

(6:1–34)

A. 의의 드러남에 대해서 (6:1)

[1] 사람에게 보이려고 그들 앞에서 너희 의를 행치 않도록 주의하라 그렇지 아니하면 하늘에 계신 너희 아버지께 상을 얻지 못하느니라

자기 자신 안에서 율법을 품으신 예수는 그 율법의 바른 드러남에 대해서 자기 사람들에게 가르침을 준다. 율법의 드러남은 율법대로 살아가는 사람들의 삶과 행위에 의해서이다. 삶과 생활에서 율법이 드러나게 하는 역할을 맡은 사람이 바리새인들이다. 예수는 바리새인들이 드러내는 율법의 드러냄을 자기 제자들이, 자기 사람들이 뛰어넘어 드러내길 원하신다. 바리새인들이 드러내는 율법의 드러냄은 서기관이 붙잡고 있는 율법의 외형에 근거한 것이다.

예수가 자기 제자들에게 드러내라는 율법은 서기관처럼 외형으로서의 율법이 아니라 율법의 내용, 즉 예수에게서 드러난 하나님의 드러냄에서 근거한다. 예수는 자기 자신이 율법이 됨은 제자들의 삶과 행위가 하나님을 드러내게 하는 실제가 되게 하기 위해서, 다시 말해서 하나님의 의를 드러내는 것은 예수의 제자들의 삶과 행위 속에 반드시 동반되어야만 하는 필요한 전제라는 것을 안다. 자기 안에서 화육된 율법이 전제되어 있었기에 예수는 자기 제자들에게 자기 삶과 행위를 이어가는 것이 자기 안에 있는 하나님의 의를 드러내는 것이라고 가르쳤다. 이제 필요한 것은 그 의의 드러냄을 체득하는 과정이다. 예수는 자기 사람들이 의를 바르게 드러내기를 원한다. 그래서 구체적으로 가르친다.

예수가 가르치는 의의 드러남은 바리새인들의 의의 드러남과 대조를 이룬다. 바리새인들이 드러내는 의의 드러냄은 사람들을 향한 것이다. 예수의 사람들이 드러내는 의의 드러냄은 하나님을 향한 것

이다. 바리새인들은 사람에게 인식되는 바른 삶과 행위를 그들의 의로 인식했다. 예수는 자기 사람들의 바른 삶과 행위가 사람에게 인식되지 않고 하나님에게 인식되는 것을 자기 사람들이 드러내야 할 의로 규정했다. 의의 드러남과 숨겨짐이 예수와 바리새인들 사이에 첨예하게 갈라지고 대립한다. 사람에게 드러나는 의는 하나님에게는 숨겨진다. 하나님에게 드러나는 의는 사람들에게는 숨겨진다.

바리새인들은 사람들이 인식하게 하기 위해서 그의 바름을 드러낸다. 예수는 제자들에게 하나님만이 인식하게 하기 위해서 사람들에게 그의 바름을 숨기라고 한다. 의의 드러남과 숨겨짐은 행위자와 그 행위를 목격하는 목격자의 다름과 차이만큼 존재한다. 자기 행위의 바름을 알고 있는 자는 자기 행위의 드러남에 관심한다. 자기 행위의 바름을 인식하지 않는 자는 자기 행위의 숨겨짐에 관심한다. 자기 행위의 바름을 아는 자는 자기 앞에 있는 사람들이 자기 행위의 바름을 알아주는 데 기쁨을 느낀다. 자기 행위의 바름을 인식하지 않는 자는 하나님에게만 자기 행위의 바름이 인식되는 것을 좋아한다. 바리새인은 자기 행위의 드러남을 통해서 사람들에게 자기의 바름을 인식하게 하라고 말한다. 예수는 자기 행위를 숨김으로 인해서 하나님에게 자기 바름이 드러나게 하라고 한다.

바리새인이 자신의 바름을 드러내는 것이 잘못된 것은 아니다. 바른 행위를 하지 않는 것이 잘못된 것이다. 그런 면에서 예수는 바리새인들의 의, 그들의 바름을 부정하지 않는다. 예수가 지적하는 것은 그들이 자신의 바름을 드러내는 데 있어서 목격자를 필요로 한다는 것이다. 목격자가 있을 때에만 그들은 바른 행위를 한다. 목격자가 없으면 바리새인은 그들의 바른 행위가 드러나지 않기 때문에 바른 행위를 하지 않는다. 그들이 목격자를 앞에 두고 바른 행위를 하는 것은 목격자로부터 자신의 행위에 대한 찬사를 기대하기 때문이다. 목격자가 그들의 행위를 알아주는 것이 그들에게 보상이 된다. 바리새인들은 사람들이 율법의 조문을 엄격하게 지키고 있는 자신들을 알고 있을 때 자기의 의로움에 대한 보상을 받았다고 안다. 왜냐하면 그들의 의로움의 드러남이 다른 사람들의 의의 드러님의 척도가 되기 때문이다.

예수는 바리새인의 의의 드러남을 앞에 두고 자기 제자들에게 드러낼 의에 대해서 말씀한다. 바리새인의 드러냄보다 더 높은 드러냄을 제자들에게 드러내라고 예수는 가르친다. 그것은 하나님을 자기 행위의 바름의 목격자로 하는 드러냄이다. 그것이 바리새인의 드러냄보다 더 높은 드러냄이 되는 것은 (1) 하나님의 의의 드러냄을 지향하는 드러냄이고 하나님의 의의 드러냄의 척도에 맞춰진 드러냄이기 때문이며 (2) 그 드러냄이 오직 하나님에게만 인식되기 때문에 하나님이 그 드러냄에 대해서 보상하시기 때문이다. 하나님은 자신이 드러내는 의로운 행위를 하는 당사자시며 동시에 유일한 목격자시다. 사람들은 인식하지 않지만 하나님은 선인이나 악인이나 다 햇빛을 비춰주시고, 의로운 자나 불의한 자에게도 똑같이 비를 내려주신다. 그것을 인식하시는 이는 오직 하나님이다. 제자들의 드러냄이 하나님의 드러냄의 척도에 맞춰진 드러냄이라는 것은 하나님 자신만이 자기 행위의 목격자인 것처럼 제자들이 드러내는 의로움의 유일한 목격자가 하나님이기 때문이다. 하나님은 자기에게 맞춰진 의의 드러남을 외면하지 않으신다. 아니, 자신에게 맞춰진 드러냄의 힘듦을 알기 때문에 적극적으로 그 행위에 대해서 보상해 주신다.

하나님이 해 주시는 보상은 제자들이 드러내는 바른 행위를 알고 있다는 것을 의미하지 않는다. 하나님은 제자들이 무엇을 어떻게 하는지 미리 알고 계시기 때문이다. 하나님이 제자들에게 주시는 보상은 제자들의 시간 및 그 너머 내일의 시간에서 확인될 제자들의 모습이며 상태이다. 예수의 팔복 선언은 그것을 의미한다. 예수는 팔복을 선언함으로 제자에게 그 모습과 상태를 약속했다. 그리고 그것은 아직까지 약속의 형태로 남아 있다. 약속이 제자들에게 실재가 되려면 제자들이 자기의 바른 행위를 사람들에게 감춤으로 인해서 하나님에게만 드러나도록 행해야만 한다. 그래서 예수는 바리새인들처럼 너희들도 너희의 바름을 사람들이 알기를 원한다면 너의 아버지인 하나님으로부터 아무런 것도 받을 것이 없을 것이라고 자기 제자들에게 엄중히 경고한다.

예수는 바리새인들을 앞에 두고 구제, 기도, 용서, 금식, 재물, 내일에 대한 염려와 자신의 기도문 및 하나님 나라와 의를 제자들에게 바르게 구하라고 제시한다. 예수가 제자들에게 제시하는 드러내야할 바른 행위의 모습들은 구체적이며 실질적인 것들이다. 또한 그것은 경쟁적인 것이기도 하다. 예수에게는 자신의 제자들이 드러내야 할 바른 행위가 구체적이고 실질적이어야만 할 구체적인 이유가 있다. 그것은 예수와 그의 제자들이 처한 사회적 환경에서 힘들게 살아가는 사람들의 삶을 지탱하며 희망을 주는 기능을 하기 때문이다. 지금과 내일의 삶에 관계하지 않는 제자들의 바른 행위란 행위하는 당사자뿐만 아니라 그 행위를 바라보는 사람조차 삶을 지속할 희망을 빼앗아 버리고 그들로 하여금 허황되고 과장된 몽상 속에서 정신적인 도피를 하게끔 만든다.

이 세상에 대한 적극적이고 실제적인 개입으로부터의 도피가 가져다주는 삶의 피폐는 사람들로 하여금 더욱 더 비현실적이고, 과대망상적인 증후군을 갖게 만들어 준다. 미래에 대한 과대망상적 기대와 자신의 현재 모습이 가져다주는 괴리감이 깊어 갈수록 삶의 피폐는 더욱 증가된다. 깊어 가는 삶의 피폐는 피폐된 삶을 더욱 피폐하게 만들고 하나님의 의에 대해서도 왜곡된 관념을 갖게 한다. 비현실적이고 과대망상적인 기대는 하나님이 자신의 바름을 드러내는 것과 자기 기대가 갖고 있는 현실에 대한 왜곡의 다름과 차이를 인식하지 못하게 만든다. 피폐한 현실은 하나님이 드러내는 바름이 사람의 됨됨이와 상관없이 똑같이 햇빛과 비를 내리는 자비로움 속에 담긴 모든 생명에 대한 하나님의 어루만짐과 지금 여기에서 그들과 함께하는 그의 어우러짐인 것을 알지 못한다.

예수는 철저히 현실에 관심한다. 현실을 떠난 그의 삶과 가르침이 그에게 존재하지 않는다. 사람들이 실천하기에 너무나도 높고 어려운 것처럼 보이는 그러한 가르침도 그에게는 현실적인 것이다. 예수는 자기와 제자를 구분하지 않기에 예수에게 현실적인 것은 제자들에게도 현실적인 것이 된다. 예수가 삶을 긍정하기에 제자들도 지금 여기에서의 삶을 긍정한다. 예수는 구제, 기도, 용서, 금식, 재물, 내일에 대한 염려에 대한 자신의 가르침을 통해서 제자들과 사람들이 살아가는 현실을 더 적극적이고 더 긍정적이며 더 차원 높게 참여하길 원하신다.

예수는 자기 제자들이 참여할 현실에 유일한 참여자가 아닌 것을 안다. 사람들의 피폐된 삶의 현실 그곳은 구제, 기도, 용서, 금식, 재물, 염려에 대한 자신들의 행위를 통해서 오랜 세월에 걸쳐 그들의 바름을 드러내는 바리새파 사람들이 참여하고 있는 삶의 현장인 곳이다. 예수는 자기 제자들을 사람들의 피폐된 삶의 현실로 보낼 때 그들이 만나게 될 삶의 모순성을 인식한다. 제자들은 자신들도 모르는 사이에 의혹과 의심 및 호기심이 뒤섞인 눈으로 자신들을 바라보는 사람들을 만날 것이며, 자신의 의로움을 드러내는 삶의 무대에 자기들과 같은 바름의 형식을 갖고 뛰어드는 제자들에 대해서 노골적인 적대감과 경쟁심을 드러내는 바리새인들과 대면할 것이다. 제자들이 만나게 될 삶이 모순된 것은 예수 안에 있는 하나님의 드러내심에 근거해서 제자들이 자신들의 의를 드러냄에도 불구하고 사람들이 의심과 의혹의 눈길을 쉽사리 거두지 않을 뿐만 아니라 동시에 제자들이 드러내는 바름의 드러냄에 대해서 호기심을 갖고 바리새인들이 드러내는 바름과 비교하는 것을 멈추지 않을 것이기 때문이다.

사람들에게 제자들은 의혹과 의심의 대상이면서 동시에 비교와 대조를 통해서 참됨이 확인되어야 할 대상인 것이다. 제자들이 만나게 될 현실이 모순된 것은 자신들이 바리새인들의 경쟁자로 서 있지 않음에도 불구하고 바리새인들이 그들을 경쟁자로 인식하고 있고 자신들이 율법의 바른 전수자임에도 불구하고 율법을 어기는 자로 여겨지기 때문이다. 그러나 제자들이 마주치게 될 의혹과 의심, 호기심 및 적대감 그런 것보다 더 제자들을 곤란하게 만드는 이는 예수이다. 예수는 제자들이 만나게 될 삶의 모순성에 모호성을 더해 준다.

예수는 제자들에게 바리새인들의 기준과 같으면서도 다른 것을 범례로서 제시했다. 구제, 기도, 용서, 금식, 재물, 염려는 바리새인에게 익숙한 의의 드러냄이다. 또 그것들은 사람들에게도 익숙한 의의 드러남이다. 예수는 제자들에게 바리새인들과 사람들에게 익숙한 그 익숙함을 낯설고 익숙하지 않은 방식으로 드러내라고 말씀하고, 바리새인들과 사람들에게 낯선 기도문과 하나님의 나라와 의를 그들에게 익숙해지고 친숙해지도록 드러내라고 말씀한다. 예수의 말씀에 의해서 바리새인과 사람들에게 친숙함이 제자들에게 낯섦이 되고 그들에게 낯섦이 제자들에게 친숙함이 된다. 또한 제자들에게도 친숙했던 것이 낯섦이 되고 낯섦이 되었던 것이 친숙함이 된다. 아니, 되어야만 한다. 왜냐하면 예수가 제자들에게 드러내라고 명령하는 드러냄은 제자들이 지금까지 한 번도 들어 본 적도 없고 실행해 본 적도 없는 낯선 드러냄이기 때문이다. 제자들 또한 무리들과 마찬가지로 바리새인들의 드러냄에 익숙해져 있다. 이제 제자들은 무리에게서 벗어나면서 그 낯섦을 친숙함으로 만들어야 할 과제를 예수로부터 부여받았다. 그리고 그 옆에서 정말 비움으로 채워지고, 낮아짐으로 높아지고, 감춤으로 드러나고 낯섦으로 익숙해지는지 지켜보면서 바리새인들이 무리와 함께 서 있다.

B. 구제에 대해서 (6:2-4)

> [2] 그러므로 구제할 때에 외식하는 자가 사람에게 영광을 얻으려고 회
> 당과 거리에서 하는 것같이 너희 앞에 나팔을 불지 말라 진실로 너희
> 에게 이르노니 저희는 자기 상을 이미 받았느니라 [3] 너는 구제할 때
> 에 오른손의 하는 것을 왼손이 모르게 하여 [4] 네 구제함이 은밀하게
> 하라 은밀한 중에 보시는 너의 아버지가 갚으시리라

구제는 제자들이 반드시 드러내야 할 의로운 행위이다. 구제를 통해서 가난한 자가 삶에 대한 희망을 갖게 된다. 예수는 제자들이 바르게 드러내야 할 의의 모습으로서 첫 번째 가르침을 구제로 선택했다. 예수가 구제하는 것을 의로운 행위의 첫 번째로 간주할 수밖에 없는 이유를 어렵지 않게 알 수 있다.

복음서는 예수의 삶이 가난했을 뿐 아니라 가난으로 둘러싸여 있다고 알려준다. 갈릴리로부터 시작해서 예루살렘에서 마무리한 예수의 삶의 동반자는 가난이었다. 예수의 가난한 삶은 돌아갈 집도, 잠시 머리를 기대고 쉴 만한 장소도 없으며, 길가에 나 있는 보리 이삭을 주인의 허락도 없이 잘라서 먹어야 할 만큼 처참했으며, 자기에게 허락된 허름한 옷마저 그의 죽음의 순간에 벗겨져서 남의 손에 넘겨지는 모습에서 절정을 이룬다. 누군가가 자기를 위해서 미리 만들어 놓은 무덤을 그를 안장하기 위해서 내놓지 않았다면 예수는 땅에 묻히지도 못하고 그렇게 방치되었을 것이다.

복음서는 예수가 광야에서부터 갈릴리로 돌아가기 직전에 받은 첫 번째 시험이 자기 자신의 주린 배를 채우라는 것이었으며, 부활한 후 제자들에게 부탁한 것이 먹을 것이었다고 기록한다(눅 24:41-43). 배고픔은 예수의 삶에서 떠난 적이 없으며 예수가 만난 삶의 현실이었다. 예수는 자기가 받은 첫 번째 시험을 사람이 떡으로

사는 것이 아니라 하나님의 말씀으로 사는 것이라며 물리치셨지만 사람이 떡이 있어야 사는 것을 부정하신 것은 아니었다. 예수가 만난 현실은 떡이 있어야 살아갈 수 있는 현실이었다. 예수는 그 현실에서 떡을 주는 것이 하나님의 말씀을 주는 것과 동일한 것으로 인식했다. 안식일에 예수가 그렇게 병자를 만난 것도 예수가 가는 곳마다 수많은 병자와 가난한 자들이 따라다닌 것도 예수가 그들에게 떡을 준다는 것을 몸으로 체득했기 때문이었다. 예수는 사람들이 하루하루를 연명해 가기 위해서 떡이 절실히 필요한 것을 누구보다 더 분명하게 아셨다.

예수가 사람들에게 떡이 필요하다는 것을 누구보다 더 깊이 인지하고 있다는 사실을 가장 확실하게 보여주는 기록이 떡 다섯 개와 물고기 두 마리로 오천 명을 먹인 사건이다. 이 기적은 예수가 사람들에게 먼저 먹을 것이 필요하다고 생각해서 제자들에게 그들의 먹을 것을 주라고 말하는 데서 시작한다. 마태는, 제자들이 예수께 사람들로 하여금 마을로 가서 먹을 것을 사 먹게 하자고 말하자 예수가 사람들에게 먹을 것을 주라고 제자들에게 말하여 제자들이 갖고 있던 것들을 내놓는 것으로 기록했다(마 14:15-21).

마가는 너희들이 먹이라는 예수의 말에 어떻게 이 많은 사람들이 먹을 떡을 살 수 있냐고 반문하면서 자신들이 내놓을 수 있는 것을 내놓는 것으로 기록했다(막 6:35-44). 누가 역시 마태, 마가와 마찬가지로 자신이 갖고 있는 것을 내놓았다. 요한은 예수가 빌립을 시험하기 위해서 사람들을 어떻게 해야 먹일 수 있는가 하고 물어보는 것으로 이 기적은 시작되었고 한 어린아이가 떡 다섯 개와 물고기 두 마리를 내놓은 것으로 기록했다.

예수의 많은 기적과 사건 가운데 드물게 사복음서 모두에 기록된 이 기적은 기록상에서 약간의 차이가 있지만 다음과 같은 면에서 근본적으로 일치한다. (1) 예수가 전한 말씀의 내용은 한 자도 보도하지 않고 예수가 사람들을 먹인 것만 보도한다. (2) 사람들이 먹을 것을 달라고 한 것이 아니라 예수가 제자들에게 사람들을 먹이라고 명령했다. (3) 사람들이 스스로 사서 먹을 것은 자기가 챙기게 해야 한다는 제자들의 말과 우리가 가진 것은 우리에게도 부족하다면서 예수의 말씀을 거절하는 제자들의 거절은 수용되지 않는다. (4) 제자들은 자신들이 갖고 있는 것을 내놓아야만 한다.

예수는 사람들이 떡으로 살아가야만 하는 현실을 외면하지 않는다. 예수는 그들에게 하나님의 말씀만 갖고 살라고 강요하지도 않는다. 그들이 처해 있는 삶의 피폐성을 외면하기에 예수는 너무나도 여린 마음을 가졌고, 그들에게 하나님의 말씀만 갖고 살라고 할 만큼 예수는 모진 마음을 소유하지도 않았다. 예수는 자신이 떡만 갖고 세상에 온 것이 아닌 것을 분명히 알고 있다. 예수는 자신이 세상에 올 때 갖고 온 것이 하나님의 말씀이며, 세상에 주고 싶은 것이 하나님의 말씀인 것을 너무나도 잘 알고 있다. 하지만 예수는 사람들이 떡으로 사는 것을 알기에 사람들이 떡을 위해서 자신을 찾아오는 것을 알면서도 슬퍼하지도, 분노하지도, 좌절하지도 않는다. 예수는 떡을 찾아다닐 수밖에 없는 사람들의 현실이 안타까워 심지어 자기 자신을 떡이라고 말하면서 먹으라고까지 한다(요 6:35-58). 예수는 떡을 부정하지 않았다. 예수가 부정한 것은 자기 자신을 위해서 떡이 있어야 한다는 것이었다.

예수가 사람들에게 떡 다섯 개와 물고기 두 마리로 수많은 사람들의 굶주림을 일시적으로 해결해 주었다고 해서, 떡의 문제가 근본적으로 해결된 것은 아니었다. 예수를 만난 사람들이 예수에게서 그들의 아픔이 치유되었다고 해도 그것이 곧바로 떡의 문제에 대한 해결을 의미한 것도 아니었다. 그들이 떡을 얻기 위해서 살아가야만 하는 현실은 변화되지 않았으며, 여전히 떡은 그들의 삶을 짓누르고 있는 일상인 것이다. 구제는 사람들이 당면한 문제를 근본적으로 해결해 주지는 못한다. 하지만 구제가 없다면 사람들은 자신을 짓누르는 삶의 무게를 지탱할 힘조차 갖지 못할 것이다. 구제는 예수가 만난 현실에서 사람들이 기댈 수 있는 마지막 보루 같은 것이었다. 그런 면에서 구제는 좋은 것이고 반드시 필요한 것이다.

바리새인들의 구제도 좋은 것이고 필요한 것이다. 바리새인들의 구제가 없다면 예수가 만난 사람들은 그때까지의 삶을 지탱하기조차 힘겨워 했을 것이다. 그들이 남루하고 초라한 예수에게서조차 무엇인가를 얻고자 했던 것도 바리새인들이 나누어주었던 떡 조각이 여울져 있었기 때문이었다. 아무도 그들에게 내일을 기약할 수는 없지만 오늘 하루를 연명할 수 있는 떡 조각을 나누어 준 적이 없다면 그들이 예수를 향해서 손을 내미는 것은 꿈에서라도 생각할 수 없는 일일 것이다. 바리새인들로부터 무엇인가를 얻었던 경험을 갖고 있는 그들이 바리새인들이 랍비라고 부르는 예수를 만나게 될 때 예수에게서 떡을 얻고자 했던 것은 매우 자연스러운 일이다.

바리새인들의 구제는 사람들의 삶을 지탱시키는 사회적인 기능을 담당한다. 그들은 자신들이 무엇을 하는지 잘 알고 있다. 단순한 동정심에 기인해서 사람들에게 떡을 주는 것이 아니다. 그들이 하는 것은 동정심에 근거해서 자신의 것을 나누는 것 그 이상이다. 바리새인들은 자신들의 구제가 사회적 차원의 돌봄인 사회복지의 기능을 수행하고 있는 것을 잘 알고 있다. 그래서 자신들의 구제를 보다 효과적으로 수행하는 방법을 사용한다. 사람들이 많이 모이는 거리에서 나팔을 부는 것이다.

사람들이 많이 모이는 거리는 가난한 자들도 많이 모이는 법이다. 그러나 사람들이 다니는 거리에 가난한 사람들은 모여 있지 않고 흩어져 있다. 만약 그들이 모여 있으면 사람들은 경계심을 갖게 될 것이고, 결국에는 그들이 사람들로부터 하루를 연명할 떡을 얻기가 수월치 않을 것이다. 그래서 그들은 흩어져 있다. 그들이 흩어져 있을 때 사람들은 자신들 옆에 다가와 구걸을 하는 사람에 대해서 우월감과 경멸감을 동시에 지닌 눈빛을 보내면서 큰 자선을 베푸는 것처럼 그들에게 떡 쪼가리를 건네 줄 것이다. 그러면 그 떡 쪼가리를 받는 사람은 다음에 또 떡 쪼가리를 얻기 위해서 큰 은혜를 받은 것처럼 과장된 몸짓과 말 짓으로 감사를 표할 것이다.

바리새인들은 개인적 차원의 건네줌이 빚어내는 과장을 잘 알고 있다. 또 사람들이 자신들에게 보내는 경외의 태도에 익숙해져 있다. 뿐만 아니라 자신들이 한 일에 대해서 과장된 몸짓과 말 짓으로 표현하는 것이 매우 자연스럽다. 그들은 과장된 것을 과장된 것으로 느끼지 못하는 불감증에 걸려버렸다. 이제 그들은 개인적 차원의 건네줌에서 공공적인 차원의 건네줌으로 나아갈 때 그들에게 보내질 경외의 시선을—물론 과장된 것이지만—의식한다. 사람들 또한 바리새인들이 의식하는 것을 의식한다. 그래서 그들은 바리새인들이 나팔을 불기를 기다린다.

나팔소리는 그들에게 떡이 생긴다는 신호이면서 동시에 바리새인들이 그들을 향한 존경의 눈빛과 만나는 것을 알려주는 약속인 것이다. 나팔소리가 들려옴과 더불어 흩어져 있던 사람들은 바리새인들 주변으로 모여든다. 마치 연못 속에 있는 물고기가 누군가가 던져준 물 위에 떨어진 빵 조각을 향해서 몰려드는 것같이 바리새인들 주변으로 벌 떼처럼 모여든다.

예수는 바리새인들이 구제하는 것 자체를 비난하는 것이 아니다. 예수는 바리새인들의 구제가 비록 충분하지는 않다고 해도 있어야만 하는 것을 인정한다. 예수가 제자들에게 경각심을 갖게 하는 것은 그들의 구제 방식이다. 바리새인들의 구제는 사람들을 인격적으로 대하는 것이 아니다. 그들은 거리에서 사람들에게 누가 구제하며 누가 구제를 받는지를 분명하게 드러낸다.

바리새인들의 구제는 구제하는 자신들과 자신들의 자비심에 의존하는 사람들과 그들을 바라보는 사람들이 함께 어우러져 있을 때 일어난다. 따라서 바리새인들의 구제가 일어나는 충분조건은 구제하는 자신과 자신의 구제를 받는 대상이며, 필요조건은 바리새인들의 의로운 행위를 목격하는 제3자인 것이다. 반드시 목격자를 동반하는 바리새인들의 의로운 행위는 두 가지 면에서 그들의 숨겨진 욕망을 충족시킨다. 첫째는, 목격자들이 그들에게 보내는 찬양과 칭송을 향유하는 것이며, 둘째는, 그들의 구제에 의존하는 자들에 대한 지배 욕구를 만족시키는 것이다.

예수는 자기 제자들이 바리새인처럼 구제하는 것을 경계한다. 그들의 눈에는 구제에 대한 예수의 가르침보다 바리새인들의 구제가 매우 효율적인 것처럼 보일 수 있다. 실지로 바리새인들의 구제는 매우 효율적이다. 그들 주위로 구제받을 사람들이 모여들기 때문에 일일이 그들을 찾아가는 수고를 할 필요가 없다. 구제할 내용만 갖춰져 있다면 얼마든지 구제의 손길을 기다리는 사람들이 스스로 찾아온다. 사람들이 찾아오기 때문에 구제하는 사람들은 자기들의 구제 방식과 내용에 대해서 좀더 개량된 프로그램을 기획할 수 있고, 그들의 구제에 동참할 대상을 확대할 수도 있다. 개인적인 자비심의 차원에서 벗어나 보다 많은 사람들을 구제하는 사회복지의 기능을 수행하려면 바리새인들의 구제 방식이 왼손이 한 것을 오른손이 모르게 하라는 예수의 구제방식보다 더 효율적인 것은 자명한 일이다.

그럼에도 불구하고 예수는 제자들에게 바리새인들의 가르침을 주의하라고 말한다(마 16:5-12). 예수의 눈에 비친 바리새인들의 구제는 심각한 문제를 안고 있다. 첫째로, 바리새인들이 사람들의 삶을 아파하는 마음에서 구제를 하는 것이 아니라 자신들의 의로움을 사람들에게 알리기 위해서 구제를 한다는 데 있다. 둘째로, 그들의 구제는 사람들의 자존감을 회복시키고 삶에 대해서 적극적인 태도를 고양하는 인격적인 구제가 아니라 사람들을 그들의 시스템에 맞추고 길들여가며 그 자리에 머물게 하는 행위이다.

나팔소리가 울리면 그날 생존에 필요한 최소한의 떡을 얻는데 누가 힘들게 일해서 떡을 구하겠는가. 바리새인들의 구제는 사람들로 하여금 의존적으로 만들고 자신의 삶을 개선시킬 의욕을 서서히 빼앗아 버린다. 그러나 예수에게는 구제의 효율성보다 더 중요한 가치가 선결되어 있다. 사람들의 자존감을 회복시키고, 인격을 고양시키며, 자신의 삶의 현실과 세상에 대해서 긍정적으로 바라보게 만들어 자신과 타인의 삶을 개선하기 위해서 적극적으로 개입하도록 만드는 전인적인 회복이다.

예수는 바리새인들이 하는 구제의 방식에서 나타나는 결과를 잘 인지하고 있기에 획기적인 구제의 방식을 제자들에게 요구한다. 왼손이 하는 것을 오른손이 모르게 하라는 것이 바로 그것이다. 예수는 왼손이 하는 것을 오른손이 모르게 하라는 자신의 가르침이 제자들에게 가져다 줄 당혹감을 잘 알고 있다. 그 당혹감은 어떻게 왼손이 하는 것을 오른손이 모를 수 있는가 하는 것과 예수 자신도 구제할 때 공개적으로 구제를 했다는 사실에서 온다.

예수는 자신이 사람들을 먹일 때 공개적으로 했다. 그러나 제자들에게는 비공개적으로 하라고 요구한다. 예수는 자신이 사람들에게 떡을 주는 자로 인식되는 것을 부인하지 않았다. 그러나 제자들에게는 그들이 사람들에게 떡을 주는 자로 인식하지 못하게 하라는 것이다. 더 나아가서 자기 자신조차도 떡을 주는 것을 인식하지 말라는 것이다. 어떻게 그런 것이 가능한 것인가. 사람들이 떡을 준 사람이 누군지 모르게 하는 것은 가능하다고 해도 떡을 준 자기가 그 사실을 모르는 것이 가능한 일인가. 예수의 가르침을 문자 그대로 적용하는 것은 이성을 희롱하고 상식을 조롱한다. 예수의 가르침을 문자 그대로 해석하는 것은 예수에게 맞지 않는 일이다(마 16:5-12). 예수의 안식일 논쟁이나 누룩에 대한 예수의 말씀은 예수 자신이 성서를 문자 그대로 해석하지 않았다는 것과 자신의 말을 제자들이 문자 그대로 받아들이는 것을 예수 자신이 거부하고 있음을 의미한다.

왼손이 한 것을 오른손이 모르게 하라는 예수의 가르침의 참뜻은 바리새인들의 구제와 대비할 때 드러난다. 바리새인들의 구제는 구제를 받는 자와 목격자를 동반한 공개적이며 사회적인 차원의 구제이다. 예수의 구제는 누가 구제를 했는지 아무로 모르게 하는 비공개적이고 개인적인 차원의 구제이다. 즉, 바리새인은 사람들을 거리로 불러 모아 구제를 하고 예수가 요구하는 구제는 그들을 찾아가서 삶을 지탱할 수 있는 떡을 주라는 것이다.

바리새인과 예수의 구제는 불러 모음과 찾아감, 사람들이 보는 앞에서 구제를 하는 것과 아무도 모르게 구제하는 것, 주는 자와 받는 자가 서로를 확연히 알고 있는 것과 주는 자는 알되 받는 자는 모르는 것, 받는 자가 주는 자에게 의존적이 되고 좀더 얻기 위해서 비굴해지는 것과 주는 자가 누군지 모르기 때문에 주는 자에게 의존적이 될 수 없고 자존심을 손상 받지 않게 되고 인격을 존중받게 되는 것, 언제나 그곳에서 그 시간에 최소한의 먹을 것을 얻을 수 있기 때문에 그 자리에 머물게 하는 것과 기대하지도 않았던 상황에 누군가 자신의 것을 나누어 놓은 것을 발견하고 누군지 놓아준 그 사람에 대해서 깊은 고마운 마음을 갖고 하나님께 감사를 드리고 자신의 삶을 다시 일으키는 용기를 갖게 되는 것, 자신에게 의존적인 사람들을 경멸의 눈빛으로 바라보는 것과 그들이 자신의 삶을 세워 가는 것을 바라보면서 보람을 느끼는 것, 사람들을 목격자로 세워 놓고 구제를 하기 때문에 사람들로부터 칭송을 받는 것과 보이지 않는 하나님만이 목격자이기 때문에 보이지 않는 하나님이 타인에게는 제자들만 들을 수 있는 음성으로 칭찬해 주는 것만큼의 다름과 차이가 있다. 그만큼의 다름과 차이는 은밀하게 구제하라는 문구에 의해서 드러난다.

구제할 때 은밀히 하라는 말은 왼손이 하는 것을 오른손이 모르게 하라는 예수의 말이 허황된 말이 아니라 실질적으로 현실에서 실현 가능한 말이 되게 한다. 은밀하게 해서 아무도 너에게 감사를 돌리지 않게 하라, 은밀하게 해서 하나님에게만 감사와 찬양을 돌리게 하라, 은밀하게 하기 때문에 구제할 대상에 대해서 지속적인 관심을 갖고 지켜보라, 은밀하게 하기 때문에 그가 자신의 자리에서 일어서는 과정을 지켜보면서 그에게 격려와 지지를 보내라, 은밀하게 하기 때문에 그에게 너의 구제와 나눔이 그의 인생에 있어서 대반전을 가져올 대사건이 되게 하라. 은밀하게 보시는 하나님이 너의 은밀함을 보고 너에게만 들리는 음성으로 너에게 보상해 주신다. 그러니까 은밀하게 하라. 이 모든 것들이 "은밀하게"라는 단어에 귀착된다.

예수의 삶에서 '은밀하게'라는 단어는 매우 특별한 의미가 있다. 예수는 자신이 하나님의 아들인 것을 감추셨다. 예수가 하나님의 아들임을 알아본 것은 귀신들이었고 예수는 귀신들이 그를 공개적으로 알리는 것을 금지시키셨다. 예수는 자기 앞에 놓인 운명에 대해서 결정적인 순간이 오기까지 제자들에게 감추셨다. 예수는 또한 제자들에게 자신의 재림에 대해서 아무도 예기치 않을 때 도둑이 오는 것처럼 그렇게 은밀하게 온다고 말씀하셨다(마 24:36-42; 눅 12:35-40). 사람들 앞에서 드러난 예수의 삶은 그 은폐됨에 의해서 깊이가 더해졌다. 예수는 자신이 누구인지 고백하는 베드로에게 네가 나를 아는 것은 성령의 능력으로 말미암은 것이라고 말씀하신다. 엠마오로 가는 두 명의 제자들도 함께 길을 걸어가고 있는 분이 사라진 후에야 그가 예수인 것을 알게 된다. 예수의 삶은 하나님의 삶과 마찬가지로 은밀하게 드러난다.

이제 예수는 6장 전체를 통해서 제자들에게 하나님의 은밀하심에 대해서 말씀을 준다. 은밀한 가운데 보시는 하나님께서 너희의 의로움에 대해서 은밀하게 갚으신다고. 따라서 은밀은 하나님이 자신을 드러냈음에도 불구하고 드러내심을 사람들이 알 수 없게 만드는 그의 존재 방식과 그가 하시는 일을 설명하는 단어이다. 예수는 하나님의 은밀하심과 자신의 은밀함에 근거해서 바리새인들의 공개적이고 사회적인 구제를 은밀하게 이루어지는 개인적이며 종교적인 구제로 전환해서 제자들에게 건네주었다. 이제 공은 제자들에게 넘어갔다. 은밀하게 다가갈 것인지, 아니면 나팔을 불면서 요란스럽게 다가갈 것인지. 바리새인들과 서기관과 사람들이 그것을 지켜볼 것이다.

C. 기도에 대해서 (6:5–15)

5 또 너희가 기도할 때에 외식하는 자와 같이 되지 말라 저희는 사람
에게 보이려고 회당과 큰 거리 어귀에 서서 기도하기를 좋아하느니라
내가 진실로 너희에게 이르노니 저희는 자기 상을 이미 받았느니라 6
너는 기도할 때에 네 골방에 들어가 문을 닫고 은밀한 중에 계신 네
아버지께 기도하라 은밀한 중에 보시는 네 아버지께서 갚으시리라 7
또 기도할 때에 이방인과 같이 중언부언하지 말라 저희는 말을 많이
하여야 들으실 줄 생각하느니라 8 그러므로 저희를 본받지 말라 구하
기 전에 너희에게 있어야 할 것을 하나님 너희 아버지께서 아시느니
라 9 그러므로 너희는 이렇게 기도하라 하늘에 계신 우리 아버지여
이름이 거룩히 여김을 받으시오며 10 나라이 임하옵시며 뜻이 하늘에
서 이룬 것같이 땅에서도 이루어지이다 11 오늘날 우리에게 일용할
양식을 주옵시고 12 우리가 우리에게 죄 지은 자를 사하여 준 것 같이
우리 죄를 사하여 주옵시고 13 우리를 시험에 들게 하지 마옵시고 다
만 악에서 구하옵소서 (나라와 권세와 영광이 아버지께 영원히 있사
옵나이다 아멘) 14 너희가 사람의 과실을 용서하면 너희 천부께서도

너희 과실을 용서하시려니와 15 너희가 사람의 과실을 용서하지 아니
하면 너희 아버지께서도 너희 과실을 용서하지 아니하시리라

사람들이 바라보기 때문에 하나님이 외면하는 것과 사람들이 외면하기 때문에 하나님이 바라보는 것만큼의 다름과 차이가 있는 바리새인의 의로움과 예수의 의로움의 차이는 단지 누가 누구에게 인식되는가의 다름만을 의미하지 않는다. 표면적인 면에서 바라본다면 누가 누구에게 인식되는 것이 다름과 차이를 구분하는 방식이 된다. 그러나 내면적인 면에서 바라본다면 행위가 사회적인 것과 종교적인 행위에 대한 개념에는 근본적인 이해의 차이가 있다. 바리새인들은 종교적인 행위를 사회적인 행위로 인식했다. 그들에게 있어서 구제라는 수단을 통해서 드러내는 의로움은 이스라엘 사회에서 소외된 약자를 향한 사회적 행위였다. 예수에게 있어서 의로움의 드러냄은 사회적인 행위가 아니라 하나님을 향한 개인적인 행위이다. 사회적인 행위이기 때문에 외면적인 것과 개인적이기 때문에 내면적인 행위는 그 행위가 지향하는 대상이 누구인가를 분명하게 드러낸다.

바리새인들에게는 사람들이 의로움을 드러내는 대상이다. 예수에게는 하나님이 의로움을 드러내는 대상이다. 바리새인에게는 사람들이 행위가 지향하는 대상이기 때문에 하나님이 그들의 행위에서 가려진다. 예수에게는 하나님이 행위가 지향하는 대상이기 때문에 사람들이 가려진다. 누가복음 18장 9-4절에서 세리와 같이 성전에서 기도하는 바리새인의 모습에서 그 차이가 분명하게 드러난다. 자신을 세리와 같지 않다고 말하는 기도를 드리는 바리새인은 세리를 의식한다. 자신의 가슴을 치고 통회하는 기도를 드리는 세리는 하나님만 의식한다. 바리새인은 세리를 대동하고 하나님께 기도를 드리기 때문에 자신이 얼마나 의로운 사람인가를 세리에게 각인시킨다. 세리는 바리새인을 동반하지 않기 때문에 자신을 바리새인과 비교

하지 않고 그냥 죄인임을 고백한다. 같은 시간, 같은 장소에 같이 있으면서 바리새인의 시선은 세리를 향하고 있고, 세리의 시선은 하나님을 향하고 있다. 바리새인은 하나님에 대한 종교적인 행위를 사람들을 지향하는 사회적인 행위로 만들었다. 예수는 바리새인들이 지향한 사람들을 향한 사회적인 행위를 하나님을 향한 종교적인 행위로 돌려놓는다.

바리새인에게나 예수에게 기도는 의로움이 드러나는 형식이다. 바리새인들에게는 사람들에게 의로움이 드러나고 예수에게는 하나님에게 의로움이 드러난다. 바리새인들에게는 저 세리와 같지 않고 율법이 정한 대로 계명을 지켰다는 자부심이 의로움이다. 예수에게는 세리처럼 감히 하늘을 우러러보지 못하고 가슴을 치면서 자책하는 마음이 의로움이다. 바리새인에게 있어서, 의로움은 다른 사람과의 비교 우위에서 갖게 되는 우월감이다. 예수에게 의로움이란 세리의 경우처럼 하나님 앞에서 갖게 되는 죄책감과 죄인의 인식이다.

바리새인에게는 우월의식이 의로움의 내용이기 때문에 사람들에게 보이는 장소에서 기도하기를 좋아한다. 예수에게는 하나님 앞에 죄를 참회하는 죄인의 인식이 의로움이기 때문에 온전히 하나님만 대면할 수 있는 곳에서 기도한다. 회당이나 큰 거리는 사람들의 눈에 잘 띄는 곳이기 때문에 바리새인들이 선호하는 곳이다. 골방이나 어둠이 깃든 후의 한적한 곳은 사람들의 눈에 띄는 곳이 아니기 때문에 예수가 제자들에게 기도하러 가라는 곳이다. 사람들이 모이는 곳에서는 하나님이 감추어진다. 사람들에게 감추어진 곳은 하나님에게 개방되어 있는 곳이다. 바리새인들에게 기도는 우월감을 만끽할 수 있는 사회적인 행위이기 때문에 드러난 환경을 좋아한다. 세리처럼 제자들에게 기도는 하나님께 죄를 참회하는 종교적인 행위이기 때문에 감춰진 환경을 선호한다.

예수는 사람들의 눈에 띄지 않는 한적한 곳과 어둠을 벗삼아 하나님과의 만남의 시간을 선호했다. 그리고 제자들에게 기도하기 위해서 골방으로 들어가라고 명령한다. 사람들의 시선이 전혀 닿지 않는 골방에 들어가서 참회의 기도를 할 때 단 하나의 시선이 기도하는 제자들에게 머물러 있는 것을 알기에 그렇게 말한다. "너는 기도할 때 네 골방에 들어가 문을 닫고 은밀한 중에 계신 네 아버지께 기도하라. 은밀한 중에 보시는 네 아버지께서 갚으시리라." 바리새인들은 자신의 의로움이 우월감에서 비롯된 것임을 알기에 많은 시선이 그들 곁에 머물기를 바란다. 제자들은 자신의 의로움이 하나님의 자비로우심과 용서하심에 기인한 것을 알기에 더욱더 골방으로 찾아든다. 바리새인들은 자신들의 우월감에 자부심을 느끼기 때문에 하나님의 의로우심을 가리고 제자들은 자신들의 의로움을 부끄러워하기 때문에 하나님의 의로우심이 드러난다.

바리새인들이 거리로 나오는 것은 자신을 드러내기 위한 것이며, 예수께서 제자들로 하여금 골방으로 들어가라고 하는 것은 하나님을 드러내기 위한 것이다. 사람들의 눈에 바리새인들이 드러나면 하나님이 감춰진다. 사람들의 눈에 제자들이 감춰지면 하나님이 드러난다. 하나님의 드러나심은 제자들의 감춤에 기인하고 그의 감춤은 제자들의 드러남에 기인한다. 제자들이 바리새인처럼 드러남에 관심하면 역설적으로 하나님은 더욱더 자신을 숨기시고, 제자들이 예수처럼 자신을 숨기는 일에 관심하면 하나님은 자신을 드러내신다. 따라서 예수가 제자들에게 골방으로 들어가라고 말하시는 것은 하나님을 세상의 전면에 나서게 하시는 그의 요청인 것이다.

그래서 예수는 제자들이 해야 할 기도에 대해서 말씀한다. 주기도문으로 알려져 있는 기도문이 그것이다. 예수가 제자들에게 의탁하는 기도는 하나님이 세상의 전면에 나서시게 하고, 그의 드러내심을 모두에게 알게 하는 요청이기 때문에 그 기도의 내용과 형식에 있어서 바리새인 및 이방인들이 하는 기도의 내용과 형식과 구별된다. 바리새인들이 드리는 기도의 내용은 세리와 같이 성전에 올라가서 기도를 드린 바리새인의 기도에서 나타난 것처럼 율법 준수와 관련되어 있다. 이방인의 기도의 내용은 예수가 지적한 것처럼 삶을 풍요하게 만드는 조건과 관련되어 있다. 바리새인의 기도가 율법의 자구를 준수함으로서 자신이 율법 없는 자와 비교해서 율법을 준수하는 자신이 얼마나 감사한지 표현하는 것을 그 주된 내용으로 갖고 있기 때문에 예수는 제자들의 기도가 바리새인처럼 율법의 자구 준수에 매일까 봐 경고한다. 예수의 경고는 그들은 이미 받을 상을 다 받았기 때문에 하나님이 그들에게 줄 상이 없다는 것이다.

예수는 율법의 준수 여부가 기도의 내용에 포함되는 것을 부인하지 않는다. 바리새인들이 상을 받았다는 것을 선언하는 것은 일상적인 면에서 기도는 하나님의 계명을 준수함에서 오는 감사와 세리의 기도에서 나타난 것처럼 계명을 준수하지 못함에서 오는 깊은 죄의식을 포함한다. 바리새인과 세리의 기도를 두고 예수가 제자들에게 세리가 바리새인보다 더 의롭다 하심을 받았다고 함으로 율법과 계명의 실천의 유무에 따라서 기도하는 자의 깊은 자의식이 기도의 내용으로 표현되는 것을 예수는 인정한다(눅 19:14).

그러나 예수는 제자들에게 골방으로 들어가라고 하면서 제자들이 바리새인이나 세리가 드린 기도를 갖고 들어가는 것을 경계한다. 왜냐하면 제자들에게 의탁하는 기도는 율법과 계명의 실천 유무에 따른 기도하는 자의 깊은 자의식이 동반되는 그런 기도가 아니기 때문이다. 또한 예수는 제자들에게 이방인의 기도의 내용과 방식에 대해서 경계하라고 말씀한다. 이방인이 하는 기도는 인간의 본성에 입각한 기도이다. 이방인은 하나님의 율법과 계명에서 제외된 자들이다. 그래서 율법이 그들의 삶의 척도가 되지 못한다. 바울은 양심이 율법 대신 그들의 삶의 저울대가 된다고 증언하고 있다(롬 2:14-15). 바울의 설명에 의하면 양심의 증거는 본성에 기인하고 생각에 의해서 그 본성이 표출되어 율법의 행위를 나타낸다고 한다. 바울의 설명은 이방인이 하는 기도와 같은 기도를 제자들이 하는 것을 경계하는 예수의 생각에 잘 일치한다. 바울의 설명의 틀에서 이방인의 기도에 대한 예수의 생각을 읽어본다면 이방인의 기도는 그의 생각이 반영된 율법의 행위이며 본성의 드러남이다. 인간의 본성은 삶의 풍요와 안정을 요구한다. 이방인의 기도는 그러한 인간의 본능에 매우 충실하게 되어 있다.

예수는 제자들의 기도가 삶에서 필요한 것을 요청하는 기도가 되는 것을 금지시킨다. 제자들의 기도가 삶에 대한 간구일 경우 그 기도는 이방인의 기도와 동일한 본능에 입각한 기도이기 때문이다. 따라서 예수가 제자들에게 경계하라고 말하는 기도는 그 형식뿐만 아니라 내용에도 미친다. 중언부언하지 말라, 많은 말을 하지 말라는 것과 구할 것을 미리 아시기 때문에 그런 것을 간구하지 말라는 금지 사항은 경계해야 할 본능에 입각한 기도의 형식과 내용을 잘 알려 준다. 경계해야 할 기도의 형식은 중언부언하는 것과 많은 말을 하는 것이다.

본능에 입각한 기도가 중언부언하게 되는 것과 많은 말을 하는 것으로 귀착되는 것은 기도를 주문을 외우는 것과 같은 것으로 인식했기 때문이다. 기도할 때 같은 말을 계속 반복하는 것과 뜻 모를 말을 계속해서 하거나 많은 말을 계속해서 하는 동안 기도하는 사람은 자신도 모르는 가운데 무엇인가 신비한 경험 같은 것을 하게 된다. 단순한 말을 반복해서 외우거나, 자기도 모르는 말을 계속해서 읊조릴 때 사람들은 종교적인 황홀감에 빠져드는 경우가 종종 있다. 중언부언하지 말라는 말은 한 말을 또 하고 한 말을 또 다시 하는 가운데 인간의 심리가 만들어낼 환상에 대해서 경계하라는 말이다.

경계해야 할 기도의 내용은 복과 안정을 간구하는 것이다. 인간의 본능은 자신의 행복을 추구한다. 인간의 본능은 욕구의 충족을 추구한다. 행복감과 욕구의 만족은 물질적인 풍요로움을 동반할 때 증가된다. 이방인들이 기도할 때 그들은 본능이 요구하는 내용을 끊임없이 간구한다. 그렇게 함으로써 기도하는 그들에 의해서 기도의 내용과 형식이 하나로 통합된다. 예수는 자기 제자들을 골방으로 안내하면서 바리새인의 기도와 이방인의 기도를 경계하라고 제자들에게 말한다. 하지만 예수는 바리새인의 기도보다는 이방인의 기도를 더욱 경계한다.

바리새인의 기도는 율법에 근거한 기도이다. 바리새인의 기도는 자신의 의를 세우는 기도이다. 자신의 의는 세리와 같지 않고 율법의 절대 명령을 지켜냈다는 자부심이 깃든 기도 문구를 통해서 표출된다. 하나님 앞에서 자신의 의를 세웠다는 면에서는 올바른 기도라고 할 수는 없지만 이방인의 기도처럼 중언부언하는 가운데 황홀경에 빠지는 것에 비하면 나은 기도이다. 바리새인의 기도에서는 최소한 하나님이 그 앞에 서 있는 존재로서 인정되지만 이방인이 드리는 기도에서는 그의 심리가 빚어낸 황홀경에서 하나님의 인격성이 사라진다. 기도하는 바리새인에게 깊은 만족감을 주는 것이 하나님 앞에 당당히 서서 율법을 지켜냈다고 증언하는 것을 세리가 보고 듣는 것을 아는 것이라면 중언부언하는 이방인에게 깊은 만족감을 주는 것은 신비적 황홀감에 도취되는 것이다.

그래서 예수는 골방에 제자들을 밀어 넣으면서 기도할 내용을 주는 것이다. 골방에서는 하나님 앞에 당당히 서 있을 수 없다. 더구나 제자들의 당당함을 보아줄 사람조차 없다. 하나님 앞에서 엎드린 자신을 바라보기 때문에 이방인이 기도하는 것처럼 황홀경의 감정을 경험할 수 없다. 본능이 요구하는 대로 물질적 풍요와 몸의 안정을 간구할 수도 없다. 그러므로 예수의 기도문의 내용은 하나님에 대한 진지한 청원과 살아가는 데 있어서 최소한의 것만을 담고 있다. 예수가 주는 기도문이 짧고 간결하면서도 중언부언이 될 수 없는 것은 하나님 앞에서 엎드려 있을 수밖에 없는 골방을 예수가 지정해 주기 때문이다. 제자들은 몰랐지만 예수는 제자와 나누고 싶은 자신의 인생이 있다. 예수는 나누고 싶어하는 자신의 인생을 그의 기도문에 실렸다. 그래서 그의 기도문은 바리새인처럼 우월감을 만끽하고 싶은 마음도, 이방인처럼 행복해지고 싶은 욕망도 담겨 있지 않은 그의 순수한 바람과 그의 삶에서 실현된 현실이 담겨 있다.

골방은 제자들의 정신과 삶을 자신에게 일치시키기 위해서 예수가 띄우는 승부수이다. 예수는 골방에서 자신의 정신과 삶이 제자들의 정신과 삶에 덧입혀져 면면히 이어지기를 원한다. 예수는 갈릴리에서 시작한 자신의 삶의 여정이 가버나움을 거쳐 예루살렘에서 머잖아 멈추는 것을 알지마는 제자들이 골방에서 골방을 이어갈 것을 알기에 자신의 삶의 영속성을 바라본다. 예수는 제자들의 삶을 통해서 세상에서 다시 살아간다. 예수의 기도문에 담겨진 바람과 그의 삶에서 실현된 현실을 제자들이 자신의 삶의 여정에서 구현한다면 예수는 그들의 인생을 통해서 그의 삶의 여정을 계속해 가는 것이다. 골방에서 골방으로 이어지는 제자들의 삶의 여정은 예수가 여전히 살아 있는 주님으로서 현실에 존재하는 것을 사람들에게 알리는 이정표이다. 그렇게 예수의 기도문은 인생을 다시 살아가고자 하는 그의 매우 소박한 바람도 담고 있는 것이다.

예수의 기도문에 담겨진 바람과 구현된 현실은 하나님에 대한 세 가지 청원과 인간에 대한 세 가지 청원 그리고 하나님을 향한 고백을 마무리로 하고 있다. 하나님에 관한 세 가지 청원은 이름이 거룩히게 여김을 받으며, 나라가 임하옵시고, 뜻이 땅에서도 이루어지게 해달라는 것이다. 우리에 대한 세 가지 청원은 일용할 양식을 구하는 것과 죄를 사해 달라는 것과 시험에 들게 말고 악에서 구해 달라는 것이다. 하나님에 대한 청원에 담겨져 있는 예수의 바람은 하나님에 대한 단순한 요청이 아니다. 인간에 대한 청원 역시 평범한 요청이 아니다. 예수는 자신이 세상에 온 것이 하나님에 의해서 이루어진 매우 특별한 사건인 것을 알기에 그가 바라보는 내일 역시 평범한 것이 아니다. 시간이 흘러가서 만나게 될 그런 내일에 대한 바람과 소망을 자신의 기도문에 담기에는 내일의 시간을 거슬러 다가오는 하나님에게 사로잡힌 예수가 인식하는 현실의 긴박함과 긴장감이 용납하지 않는다. 자연스럽게 흘러가는 시간의 흐름에서 만나게 될 내일에 대한 사람들의 소박한 인식도 예수에게는 하나님의 결정적 행위가 일어나는 시간이기에 더 이상 내일로서 존재하지 않는다.

사람들이 인식하는 오늘과 내일의 구분이 예수에게는 들어앉을 자리가 없다. 자신에게 주어진 오늘이라는 시간에서 내일의 하나님이 결정적으로 행위하는 것을 예수가 인식하기에 오늘은 오늘에 드리운 내일의 그림자요 전조로서 여겨진다. 예수에게 있어서 오늘과 내일의 구분은 시간의 흐름에서 인식되는 것이 아니라 하나님의 결정적 행위에서 인식된다. 오늘의 시간에 감추어진 하나님의 행위를 예수가 바라보기 때문에 그의 시간 인식은 사람들의 시간 인식과 틀어진다. 사람들의 인식에는 오늘과 내일은 서로 만나지 않는 별개의 영역으로 존재한다. 예수의 인식에는 오늘과 내일이 별개가 아니라 하나로 인식된다. 예수는 오늘의 시간에서 내일이 드리워진 그림자를 바라보고 내일의 시간에서 실현된 오늘의 모습을 직시한다.

예수가 인식하는 오늘과 내일의 하나 됨은 오늘이 내일이 되거나 내일이 오늘이 되어 버리기 때문에 오늘과 내일의 구분이 사라져 버리는 그런 하나 됨이 아니다. 내일이 드리워진 오늘에 대한 인식과 내일에 드러난 오늘의 실체가 하나로 통합되는 것은 오늘과 내일 모두 동시에 현존하신 하나님의 존재 때문이다. 오늘과 내일을 하나가 되게 만드는 하나님의 행위는 예수에게만 드러난 현실이다. 예수는 자기의 삶의 여정에서 그것을 명백하게 인식한다. 그러나 예수를 제외한 다른 사람들에게는 오늘과 내일을 하나 되게 만드는 하나님의 행위는 감추어진다. 예수에게 명백하게 드러난 사실은 사람들에게는 감추어신 비밀이나. 하나님이 자기의 존재 안에서 오늘과 내일을 하나로 묶어 놓은 것을 예수만이 또렷이 바라본다. 그래서 예수는 하나님의 존재 안에서 하나 된 오늘과 내일의 하나 됨과 오늘에 대한 하나님의 행위와 내일에 있을 하나님의 행위에 의해서 오늘과 내일의 하나 됨이 같아지는 것이 지금 여기에 있는 모든 사람에게도 명백하게 드러나기를 간구한다.

예수가 제자들에게 건네준 기도문에 담은 바람이 바로 그것이다. 예수는 자기의 삶에서 드러난 하나님의 명백하심을 모든 사람들도 명백하게 알게 되기를 소망한다. 예수의 바람이 소망인 것은 하나님이 묶어놓은 오늘과 내일의 하나 됨의 명백한 사실을 사람들이 알게 하는 것은 하나님만이 하실 수 있는 일이기 때문이다. 예수의 기도 요청에 의하면 거기, 즉 하늘에서는 하나님의 뜻이 이미 이루어져 있다. 그의 이름도 거룩하게 여김을 받고 있다. 그의 나라도 이미 임해 있다. 여기서만 그의 이름이 거룩하게 여김을 받고 있지 못하고 있고, 그의 나라가 임하지 못하고 있으며, 그의 뜻이 이루어지지 않고 있다. 거기에서 이루어진 사실이 여기서도 이루어지게 해 달라고 예수는 요청한다. 예수가 요청하는 대로 여기서도 그것이 이루어지기 위해서는 시간이 멈추어져야만 한다. 그래야만 하나님의 드러내심에 의해서 알게 된 하나님의 하나님 되심의 우리의 앎이 지나간 시간과 지나가는 시간과 지나갈 시간으로 이루어져 있는 우리의 시간의 지나가 버림의 미학에 묻혀서 왜곡되어 버리는 결과를 막을 수 있다. 시간이 멈추어져야만 한다.

하나님을 제외하고 그 누가 시간을 멈추게 할 수 있겠는가. 지나간 시간과 지나갈 시간과 앞으로 지나갈 시간으로 구분된 과거와 현재와 미래의 시간을 영원히 지나가지 않는 시간으로 묶어 놓는 일을 하나님 외에 그 누가 할 수 있는가. 하나님만이 지금 여기를 영원한 여기와 그곳이 되게 하실 수 있다. 하나님만이 오늘에 드리워진 내일의 그림자의 실체를 거둬내고 내일의 오늘 됨과 내일에서 드러 날 오늘의 내일됨의 모든 실체를 사람들의 눈앞에 펼쳐내실 수 있다. 예수가 제자들에게 부탁하는 하나님에 대한 기도가 종말론적인 기도가 될 수밖에 없는 이유가 그것이다. 하나님이 오늘과 내일로 구분되어 있는 인간의 시간에서 오늘과 내일이 하나의 오늘이 되게 만드는 것은 이 세상의 지나가는 모든 시간을 멈추게 하지 않고서는 일어날 수 없는 일이기 때문이다.

이름을 거룩하게 하는 것, 나라가 임하는 것, 뜻이 이루어지는 청원이 실현되는 시간과 공간이 그때와 거기에서 이루어질 것이 아니라 지금 여기라는 현실에서 이루어져야만 한다. 그의 이름이 거룩하게 여김을 받지 않아서 그런 것이 아니다. 그의 나라가 임하지 않아서 그런 것도 아니다. 그의 뜻이 이루어지지 않아서 그런 것도 아니다. 하나님의 이름이 거룩하게 된 것은 이미 이루어진 현실이다. 그의 나라가 임한 것도 이미 된 사실이다. 그의 뜻도 이 세상에서 이미 알려졌다. 예수의 삶에서 이미 실현된 현실이다.

하나님이 창조한 모든 것에는 이름이 붙여졌다. 존재가 먼저 있고 그 후에 하나님이 이름을 명명한 것이 아니다. 하나님이 이름을 부름으로 말미암아 존재가 있게 된 것이다. 하나님이 빛이라는 이름을 부름으로 말미암아 빛이 된 것처럼 이름이 불림을 받는다는 것은 존재하지 않음에서 존재함으로 불려 나오는 것이다. 이름을 부르는 행위는 존재를 부여하는 행위인 것이다. 하나님의 이름을 부르는 행위가 금지될 수밖에 없다. 하나님이 우리에 의해서 세상으로 불려 나온 것이 아니기 때문이다. 우리가 그를 불러 나오게 만든 것이 아니라 우리가 그에 의해서 불려나온 것이다.

하나님을 존재하게 하는 분은 하나님밖에 없다. 하나님의 이름을 부르는 분도 하나님밖에 없다. 존재됨은 부름에 기인하기 때문에 부름만이 존재를 존재되게 한다. 우리의 우리 됨은 우리의 부름에 있는 것이 아니라 그의 부름에 있다. 하나님의 하나님 됨은 우리의 부름에 있는 것이 아니라 하나님의 부름에 있다. 하나님이 자신의 이름을 부름으로 말미암아 하나님의 하나님 됨은 드러난다. 하나님이 우리의 이름을 부름으로 말미암아 우리의 우리 됨이 드러난다.

그러나 우리의 우리 됨의 드러남과 하나님의 하나님 됨의 드러남은 단지 부름의 차이만 있는 것이 아니다. 하나님의 부름에 의해서 우리의 우리 됨의 드러남이 내일의 시간에 우리에게 드러날 때까지 감추어져 있는 반면에 하나님의 부름에 의해서 하나님의 하나님 됨의 드러남은 내일의 시간에 하나님에게 감추어져 있는 것이 아니다. 하나님에게 내일의 시간은 내일로 존재하는 것이 아니라 현재로 존재한다. 내일이 우리의 시간 개념에서 지나가 버릴 그런 내일로 하나님에게 존재하는 것이 아니라 영원히 현재인 채로 멈추어서 그렇게 존재한다. 예수가 하나님의 이름을 부르고 사람들에게 그 사실을 알림으로 하나님의 하나님 됨은 우리의 시간 개념에서 현재의 시간으로 존재한다(요 17:6). 예수가 하나님의 이름을 부르고 사람들에게 알게 하신 것은 그분 안에 하나님이 계시고 그분이 바로 하나님이시기 때문이다(요 14:8-12). 하나님의 하나님 되심이 우리에게 알려지게 되는 것은 미래의 시간에서 일어난다.

그러나 예수의 삶과 행위는 현재로서 존재한다. 예수가 요청하는 종말론의 기도는 예수 안에 실현된 현실인 것이다. 예수는 자신에게 실현된 현실이 제자들의 시간에서도 현실이 되기를 원한다. 예수를 통해서 드러난 현실은 사람들에게는 감춰진 비밀이나 예수와 함께 하는 제자들에게는 목격된 실제이다. 사람들에게 비밀인 그 비밀을 예수는 제자를 통해서 모든 사람에게 사실이 되게 하고 싶은 것이다. 그래서 예수는 자기 안에 있는 현실이 모든 사람들에게도 드러난 현실이 되게 해 달라고 하나님께 간구하라고 제자들에게 부탁한다. 제자들은 예수 안에서 하나님의 나라가 임한 것과 하나님의 뜻이 이루어진 것의 목격자이다. 예수가 귀신을 쫓아내는 것이 하나님 나라가 임하는 것임을 목격한 것(마 12:28)도 그들이며, 태어나면서부터 시력을 상실한 자를 고치면서 그가 태어나면서부터 시력을 상실한 이유가 부모나 그의 죄 때문이 아니라 그에게서 하나님이 하시고자 하는 일을—하나님의 뜻—드러내기 위한 것이라고 말씀하시는 것을 듣고 보는 사람들도 제자들이다(요 9:3). 내일의 시간에서 드러날 하나님의 하나님 되심이 예수의 삶 안에서 실현된 현실인 것을 제자들은 목격했다. 그리고 예수 안에서 실현된 현실이 그들의 삶에서도 경험될 현실임을 약속받았다.

예수가 하나님의 나라는 너희 가운데 있다고 말씀할 때 잠정적이나마 시간이 멈춰지는 것이며, 모든 사람에게 드러날 하나님의 나라가 앞당겨져서 경험되는 현실이 된다. 예수의 이름으로 귀신을 쫓아내고 병든 사람들을 고칠 때 하나님의 이름이 거룩하게 여김을 받고 그의 뜻이 지금 여기에서 이루어진 것임을 제자들은 경험한다. 비록 예수의 존재 안에서 시간이 멈춘 것처럼 자기들의 인생 여정에서 시간이 멈춰지지 않는다고 하더라도 제자들이 경험한 시간의 멈춤은 마지막 때에 모든 사람들에게 드러날 시간의 멈춤과 본질적으로 동일한 것이다. 예수의 현존 안에서 이미 시작된 정지된 시간은 제자들의 삶과 행위를 통해서 내일로 이어져 마지막과 만나게 된다. 제자들의 삶과 행위에서 경험되는 시간의 잠정적 정지는 예수 안에 있는 시간이 마지막 때에 모두에게 드러날 시간의 영원한 정지의 본질로서 밝혀지기 위해서 건너가야만 하는 다리이며, 통과해야만 하는 터널이고, 디뎌야만 하는 징검다리인 것이다.

제자들은 자신에게 의탁된 것이 무엇인지 분명하게 안다. 자기들의 시간의 흐름에서 경험된 시간의 잠정적 멈춤이 모든 사람에게 경험될 시간의 영원한 멈춤이 되게 해 달라고 하나님께 요청하는 것이 그것이다. 다시 말해서 제자들의 삶과 행위에서 경험되는 시간의 잠정적 멈춤과 마지막 때에 모두에게 드러나는 시간의 영원한 멈춤의 간격을 좁혀 달라고 하나님께 요청하라고 예수는 요구한다. 제자들의 삶과 행위에서 경험된 시간의 잠정적 멈춤은 이미 실현된 시간의 멈춤과 미래에 드러날 시간의 멈춤의 동일함 사이에 놓인 간극의 시간이다. 두 시간의 물리적 거리는 짧아져야만 한다. 하나님이 시간을 멈추는 것이 빠르면 빠를수록 제자들의 삶이 예수의 삶에 일치해 가는 과정이 짧아지고 제자들이 예수의 제자라는 것이 사람들에게 신속하게 알려진다. 그러나 예수의 시간과 마지막 때의 시간의 간격이 길고 멀면 멀수록 제자들이 예수와 일치된 것이 드러나는 과정이 길게 늘어져만 간다. 예수는 제자들의 삶에서 시간이 늘어지는 것을 우려한다.

간극의 시간은 늘어지면 더 이상 간극의 시간이 아니다. 간극의 시간은 긴장의 시간이고 긴급의 시간이기 때문에 늘어진 간극은 긴장감과 긴급함을 상실한다. 긴장감과 긴급함이 상실된 시간에서는 예수와 제자들 사이에 다른 것이 끼어들 가능성이 언제나 있다. 예수의 삶과 행위에서 멈춰진 시간이 인간의 도덕성과 도덕률에 근거한 윤리적 행위나 율법적인 문자의 틀에 맞춰진 채로 해석될 가능성이 있다. 간극에 있는 시간의 틈바귀에 윤리와 바리새인의 율법해석이 끼어들면 예수의 삶과 행위에 대한 이해는 변질된다. 예수의 삶과 행위가 앞당겨온 종말론, 실현된 종말론의 드러남이 사라지고 인간이 추구하는 이상적인 삶의 모범과 표본이 그 자리를 대치한다. 이상이 마지막의 자리에 들어앉고 마지막은 이상으로 전환된다.

예수의 삶과 행위에서 드러난 멈춰진 시간은 이상이 도달할 수 없는 초월의 시간이다. 간극의 시간이 늘어지면 늘어질수록 사람들은 간극의 만남이 초월의 도래에 의해서 이루어지게 되는 것으로 인식하지 않게 되고 넘어설 수 있는 둔덕인 것처럼, 건너갈 수 있는 강물인 것처럼 생각하게 된다. 그러나 간극의 만남은 도달할 수 있는 이상이 아니다. 도약을 해서 넘어설 수 있는 언덕도 아니다. 간극의 시간의 만남은 하나님이 자신을 지금 여기의 시간에서 완전히 드러내시기 위해서 행하는 초월적인 행위의 결과인 것이다. 하나님만이 하나님의 드러냄을 지금 여기에서 드러낼 수 있다. 하나님만이 예수 안에서 완전하게 드러낸 그 드러냄을 예수의 제자들의 삶과 행위에서 잠정적으로 드러낸 그 드러냄과 일치시킬 수 있다.

예수는 자기 안에서 멈춰진 시간을 제자들의 삶과 행위의 연장선에서도 경험되기를 원한다. 예수가 제자들의 눈에 맞춘 자기의 눈을 옮겨 놓지 않는 한, 예수의 눈에 맞춰진 제자들의 눈이 옮겨 가서 다른 것에 머물지 않는 한 제자들이 경험하는 시간의 멈춤이 일시적이고 잠정적이라 해도 그들이 경험하는 시간의 멈춤의 본질이 다르게 인식될 수 없다. 눈과 눈이 고정된 채로 있는 한 예수와 제자들에게 간극과 사이가 끼어들지 못한다. 예수가 제자들을 자기 안으로 끌어들이기 때문에 제자들은 간극과 사이를 인식하지 못한다. 제자들과 사람들 사이에서는 간극과 사이가 본질인 것처럼 끼어든다. 예수가 자신들의 시선을 고정시킨 것처럼 사람들의 시선을 자신들의 시선에 고정시킬 수 없기 때문이다. 제자들의 눈에 사람들이 시선을 고정하는 것은 잠시이다. 제자들의 눈에서 사람들은 일시적이나마 예수의 시선을 읽어낸다. 그러나 제자들의 눈을 통해서 사람들이 예수의 시선과 만나기에는 제자들의 눈에 담겨진 예수의 시선이 강렬하지 않다.

예수는 알고 있다. 자기가 제자들과 함께하는 동안에 사람들은 제자들의 시선에서 자신의 시선을 읽어낼 수 있다는 것을, 또한 예수는 알고 있다. 자신이 떠나가면 제자들의 시선에서 자신의 시선을 읽어 내는 것이 희미해질 것을, 예수는 알고 있다. 제자들의 시선이 담아낸 자신의 시선이 제자들의 눈빛에서 흐려져 갈 것을. 자신이 없는 시간에 한때 자기에게 고정되었던 기억만을 가지고 제자들이 자신의 시선을 고정하기에는 세상에 볼 만한 것들이 너무나 많이 있다는 것을 그 누구보다도 예수는 인식하고 있다.

제자들은 자신들의 눈을 고정시켰던 그 예수의 눈에 대한 추억을 갖고서 세상에서 시간이 멈춰진 것처럼 살아가야만 하는 과제를 부여받았다. 제자들에게 의탁된 과제는 결코 쉬운 것이 아니다. 예수가 없는 시간에서 사람들에게 시간의 멈춤이 실제로 존재하는 것임을 드러내는 것과 언젠가는 멈출 시간이 이미 예수 안에서 멈춘 시간이라는 것을 확증하는 것이다. 예수는 제자들을 사이에 놓았다. 이미 멈춰진 시간과 앞으로 멈출 시간의 사이가 제자들이 서 있는 현실이다. 그 현실에서 제자들만이 시간의 멈춤에 대한 경험을 간직하고 있다. 그 현실에서 제자들만이 시간이 정지할 것을 내다본다. 자신들의 삶의 파편에서 경험된 영원히 정지된 시간에 기억을 갖고 흐르는 시간이 멈춘 것처럼, 또는 흐르는 시간을 멈추기 위해서 삶의 여정을 이어가는 것이 제자들에게 주어진 사이의 현실이다.

사람들의 삶에는 언제나 변함없는 일상만이 실제이며 전부이다. 제자들에게는 다가올 미래의 정지된 시간만이 제자들의 실제이며 전부여야만 한다. 예수와 함께한 시간에서 경험된 경험만이 예수가 없는 지금 여기에서의 시간의 본질이며 전부여야만 한다. 일상의 삶의 순환의 굴레를 예수의 시선에 사로잡힌 기억에 봉인한 채로 살아야 하는 것이 제자들에게 주어진 과제이다. 일상의 삶의 순환을 봉인한 제자들의 삶은 일상의 삶이 아니다. 일상과 종말이 더불어 하나로 묶인 일상이다. 종말이 일상이 다 지나간 끝에서 만나는 것이 아니라 일상 한가운데서 일상의 옷을 입고 만나는 일상이다. 일상이 일상이되 일상이 아닌 것은 일상에서 마지막의 모습이 덧입혀진 것을 만나고 마지막에서 일상이 일상의 옷을 벗는 것을 바라보기 때문이다.

시간에서 영원을 만나고 영원에서 시간을 확인 받기 위해서는 하나님이 세상의 전면에 나서셔야 한다. 제자에게서 제자에게로 이어지는 예수의 기도는 하나님께 세상 한가운데 나서 달라고 하는 청원이다. 하나님이 세상의 전면에 나서실 수밖에 없게 만드는 주문이 아니다. 그렇기 때문에 예수의 기도를 제자가 이어간다고 해서 하나님이 세상의 전면에 반드시 나서시는 것이 아니다. 하나님의 나서심만이 제자에게서 제자에게로 이어지는 예수의 기도를 참된 청원이 되게 한다. 하나님의 나서심이 유보되거나 지연된다면 제자에게서 제자에게로 이어지는 예수의 기도는 진실성을 의심받게 된다. 진실성이 의심받는 기도는 더 이상 그 안에 담긴 긴박함과 긴장감을 드러내지 못한다. 늘어져 가는 간극의 시간에서 긴장감과 긴박감을 담아내는 것이 제자들의 몫이다. 제자들이 예수의 기도대로 살아갈 때에 늘어져 가는 간극의 시간은 나른함을 뚫고 긴장감과 긴박감이 삶의 실제가 되어 사람들과 만나게 된다.

예수가 건네준 기도는 기도가 아니다. 그것은 삶이다. 예수의 기도는 제자들의 삶으로 태어난다. 제자들이 예수의 기도대로 살아갈 때 예수에게 구현된 현실과 제자들이 살아가는 여정에서 경험된 현실이 하나 되며, 이것은 또한 모든 사람들이 경험하는 실제가 된다. 예수의 기도대로 제자가 살아갈 때 약속된 종말과 실현된 종말이 사람들의 삶에서 같은 것으로 완성된다. 예수의 기도대로 제자가 살아갈 때 제자들에게 목격된 종말과 경험된 종말의 하나된 것이 사람들의 삶에서도 동일하게 경험된다. 제자들이 놓인 간극의 시간에서 늘어지는 시간을 시간의 늘어짐으로 경험하지 않게 되는 것도 예수의 기도대로 살아갈 때 일어난다. 예수의 기도로 살아갈 때 간극의 시간에서 시간의 늘어짐이 제자들에게는 간극의 좁아짐으로 경험되는 것이다.

간극의 시간에서 제자들이 경험하는 시간의 경험과 사람들이 경험하는 시간의 경험 사이에 역설이 존재한다. 사람들은 시간의 늘어짐을 경험하기 때문에 간극의 좁혀짐을 보지 못한다. 제자들은 간극의 좁혀짐을 경험하기 때문에 시간의 늘어짐을 인식하지 못한다. 제자들의 삶이 된 예수의 기도가 사람들의 삶이 될 때 제자들과 사람들 사이에 놓인 역설은 걷혀진다. 역설이 걷힌 후에는 제자들과 제자가 된 사람들에게 시간과 영원의 구별이 들어설 자리가 없다. 시간에서 영원을 보고 영원에서 시간을 살아가는 이들에게는 간극의 늘어짐은 늘어짐이 아니라 영원의 덮임의 넓어짐이다. 시간이 늘어지는 만큼 영원의 덮임은 넓어져 간다. 시간의 늘어짐에서 영원의 덮임의 넓어짐을 보는 것은 제자의 삶에서 사람들의 삶에로 예수의 기도가 살아날 때 일어난다. 간극의 시간은 제자들에서 사람들에게로 예수의 기도가 전환되는 사이의 시간인 것이다. 간극의 시간은 제자들이 제자로서 드러나는 시간인 것이다. 제자들이 간극의 시간에서 제자로서 드러나지 않는다면 예수의 기도가 사람들의 삶으로 전환될 수 없기 때문이다. 간극의 시간에서 제자가 되느냐 아니냐가 제자들에게 놓인 관건이다. 제자들은 간극의 시간에서 선택 앞에 서 있다.

그래서 예수는 제자들에게 요구한다. 내일이 오지 않는 것처럼 살아가라고. 오늘이 마지막 날인 것처럼 살아가라고 예수는 말한다. 내일의 양식까지 하나님께 구하지 말고 오늘의 양식만을 구하라고 가르친다. 오늘의 양식을 위해서 하나님께 간구하는 것만이 제자들에게 허락된다. 간극의 시간에서 시간이 아무리 늘어진다 해도 제자들이 간구할 것은 오늘의 양식이다. 예수가 허락한 것처럼 오늘만을 위한 양식을 하나님께 청원하면 내일을 위해서 오늘을 사는 것이 제자들에게는 근본적으로 차단된다. 오늘을 위한 양식만을 간구하기에 내일을 위해서 쌓아둘 것이 남아 있지 않다. 내일을 준비하지 않기에 제자들에게 주어진 시간은 오늘뿐인 것이다. 늘어진 시간 속에서 내일이 다가와도 제자들에게는 오직 오늘이다.

간극의 시간에서 시간이 늘어진다고 해도 제자들의 삶이 늘어질 수가 없다. 오늘만을 위한 양식을 하나님께 청원하는 제자들의 기도에는 내일의 연장이 들어앉을 자리가 없다. 제자들이 살아가는 삶은 오늘에서 영원으로 사는 삶이다. 영원을 살아가는 제자들의 삶은 오늘을 오늘에서 살고 내일을 오늘의 시간으로 살아가는 것을 말한다. 예수가 허락한 나를 위한 기도대로 살아가는 제자에게는 내일은 오늘 이후의 시간이 아니다. 내일은 오늘이 내일로 옮겨간 것뿐이다. 내일이 와도 내일은 내일이 아니라 오늘이다. 오늘이 내일의 시간에 옮겨가서 내일을 오늘로 만들어 버리기 때문에 오늘이다. 내일이 오늘에게 내일의 시간을 양보하고 오늘로 살아가기 때문에 오늘이다. 내일을 위해서 준비하지 않고 오늘만을 위해서 살아가기 때문에 내일이 와도 내일은 오늘이다. 오늘을 영원으로 산다고 해도 오늘에서 시간은 멈춰지지 않는다. 멈춰지지 않는 시간을 멈춘 것처럼 사는 것은 하나님께 오늘의 양식만을 위한 기도를 드리기 때문에 내일의 시간이 오늘에서 멈춰지는 것이다.

내일의 시간을 오늘로 가져와서 사는 것은 지금을 영원으로 사는 것이고 영원을 지금에서 사는 것이다. 오늘의 시간에서 오늘을 살고 내일의 시간에서도 오늘을 살아가는 삶은 예수가 허락한 대로 오늘만을 위한 양식을 하나님께 청원할 때 이루어진다. 오늘만을 위한 양식의 청원은 간극의 사이에서 살아가야 할 운명을 가진 제자들을 위해서 예수가 준비한 오늘을 마지막의 날로서 살아가는 유일한 방법인 것이다.

예수가 제자를 위해서 준비한 방법은 언제나 절박감을 갖고 사는 것이다. 흘러가는 삶의 흐름에서 오늘이라는 시간대에 잠시 멈춰진 것을 갖고 어제, 오늘, 내일의 일상을 오늘로 묶어놓은 것은 긴박감과 긴장감을 갖지 않고서는 일어날 수 없는 것이기 때문이다. 시간의 연장에서 영원을 만나는 것이 아니라 영원을 시간 안에서 만나는 것은 일상의 경험과 위배된다. 일상의 경험은 삶의 진전과 진보를 바라보고 내일에게 오늘이 자리를 양보하는 것이다. 내일을 위해서 오늘을 살아가는 것이며 내일은 지금보다 나은 삶을 약속하기 때문에 내일이 오늘에 우선된다. 내일은 어제가 오늘을 거쳐서 도달한 시간이기 때문에 내일을 위해서 오늘을 준비하고, 내일의 시간에서 어제와 오늘이 꿈꾸는 행복한 삶을 만나기 위해서 어제와 오늘을 살아가는 삶이 사람들이 살아가는 일상의 삶이다.

사람들이 살아가는 일상의 삶에서 내일은 어제와 오늘보다 우선되고 영원에도 우선된다. 내일의 시간에서 사람들이 꿈꾸는 행복한 삶은 영원이 들어설 자리가 없는 삶이다. 사람들이 내일의 시간에서 행복한 삶을 살게 될 경우 그 행복을 잃어버리고 싶지 않고, 영원히 그 행복을 누리고 싶은 욕망에 영원을 내일의 시간에서 지워버린다. 일상의 삶에서 만나는 내일의 시간과 그 시간에서 꿈꾸는 행복이 영원히 지속되기를 소원하기 때문에 영원은 내일이 무한히 늘어나는 것으로 바뀌어 버린다. 일상의 경험만이 전부인 사람들은 영원이, 내일이 무한히 연장된 것이 아니라 내일을 오늘에서 초월한 것임을 알지 못한다.

예수가 제자들을 위해서 준비한 방식의 성공 여부는 제자들이 긴박감과 긴장감을 갖고 지금에서 영원을 만나는 비상과 초월의 경험에 충만하게 되는 것에 달려 있다. 제자들이 충만함에 의해 비상과 초월의 삶을 살아간다면 일상의 경험에서 인식되는 시간의 흐름과 전혀 다른 새로운 시간에 대한 세계가 사람들의 눈앞에 펼쳐질 것이다. 제자들이 영원과의 만남에서 경험된 충만함이 일상의 늪에서 서서히 사라져 간다면 사람들은 새로운 세계를 향한 초월과 비상으로 인도되지 못할 것이다.

제자들은 내일이 오늘에서 초월된 것을 예수와 함께하는 시간에서 목격했다. 또한 제자들은 초월의 경험에 대한 기억을 갖고 있다. 그러나 목격한 경험과 경험된 기억의 잔재를 갖고 초월의 삶을 일상의 삶과 대비시키고 일상의 삶과 맞서기에는 일상의 삶에서의 유혹이 너무 큰 것이 현실이다. 제자들이 자신들의 삶을 철저하게 초월의 삶으로 이끌기에는 그들 앞에 놓인 현실의 장벽은 거대하다. 일상이라는 현실은 일상이 멈춰진 경험의 기억으로 멈춰지는 것이 아니다. 일상이라는 현실은 더 이상 일상이 서 있을 수 없는 멈춤의 벽 앞에 가로막히기까지 일상의 현실을 지배한다. 일상의 현실 앞에서 제자들은 일상을 멈추고 사람들의 시선을 일상을 넘어서는 세상으로 향하도록 만드는 역할을 부여받았다. 제자들은 일상의 경험이 실제이며 사실인 사람들에게 일상의 경험이 거짓이며 실제가 아니라는 것을 증명하는 수고를 해야 한다.

얼마만큼 제자들이 수고를 해야 사람들이 일상 너머의 초월과 영원을 일상에서 경험하고 바라볼 것인가? 제자들의 수고만으로 사람들은 일상을 넘어설 수 있을까? 제자들의 수고에서 사람들은 초월에 대한 눈뜸을 가질 수 있을까? 사람들은 제자들의 수고를 일상을 넘어선 수고로 인식할 수 있을까? 일상만이 전부인 사람들은 일상의 늪에서 허우적거리지 말고 초월과 영원이 지금 여기에 잇대어 있음을 바라보라는 제자들의 말을 신뢰할 수 있을까? 사람들은 자신을 일상의 늪에서 헤어 나오지 못하는 존재라고 인식할까? 사람들이 꿈꾸는 내일이 참된 내일이 아니라는 제자들의 말을 듣고 사람들은 과연 순순히 제자들의 내일을 가지고 자신들이 꿈꾸던 내일을 대면할까? 자신들과 동일한 일상의 수레바퀴에 인생을 실어 가는 제자들의 삶이 다른 영원의 수레바퀴에 인생을 실은 것으로 사람들의 눈에 보일까?

제자들이 늘어진 시간에서 긴박감과 긴장감이 느슨해진 삶을 살게 될 경우 사람들이 경험하는 삶은 제자들의 삶과 비교해서 무엇이 어떻게 다르냐고 반박한다. 느슨해진 긴장감과 해체되어 가는 긴박감에 젖어늘어 영원을 시간 안에서 느끼지 못하면서 영원을 이야기하는 제자들을 사람들이 불신의 눈으로 볼 때 제자들은 그들의 시선을 극복할 만한 그 무엇을 갖고 있는가? 불신의 시선을 넘어 거짓된 가르침으로 사람들을 미혹케 한다고 비난받을 때 제자들은 어떻게 해야 하는가? 그들의 비난이 도를 넘어서 폭력을 동반하게 된다면 제자들은 무엇을 해야 하는가? 자신들에게 가해지는 폭력과 비난을 몸으로 받아야만 하는 제자들이 할 수 있는 것은 무엇인가?

제자들이 잊혀져 가는 기억과 잃어 가는 긴박감이 실제인 것처럼 여기면서 일상이 영원처럼 지속될 것으로 알고 살아간다면 그것은 죄다. 사람들이 일상만이 실제이며 영원은 일상에서 완성된다는 것을 믿지 않고 살아가는 것은 죄가 아니다. 그들의 무지는 영원을 잃어버린 제자들의 삶에서 기인하는 것이기 때문이다. 그러나 일상에서 영원의 덮임을 보지 못하고 영원의 덮임을 사는 사람들을 비난하고 고통을 주는 것은 고통 받는 사람에게는 죄가 되는 행위이다. 제자들에게 고통을 가하는 사람은 제자들에게 죄짓는 자이다. 그러나 그들의 행위가 제자들에게 죄가 되는 것이지 하나님에게도 죄가 되는 것은 아니다. 제자들이 흘러가는 시간 속에서 멈춰진 시간을 살아가지 못하기 때문에 그들은 시간이 멈춰진 것을 알지 못하는 것이다.

흐르는 시간에서 멈춰진 시간을 살지 못하는 것은 제자들에게는 죄다. 흐르는 시간을 멈춰진 시간으로 바꾸지 못하는 것도 제자들에게는 죄다. 시간을 덮어 가는 영원을 보지 못하는 것도, 오늘에 필요한 양식을 간구하는 기도를 자신의 삶이 되는 과정에 맡기지 않는 것도 죄를 짓는 것이다. 삶이 된 기도가 사람들의 삶이 되는 것을 믿지 않는 것도 죄짓는 것이다. 삶이 된 기도가 사람들의 삶이 되는 시간을 기다리지 못하는 것은 시험에 드는 것이다. 삶이 된 기도가 사람들에게는 삶이 되지 않는다고 믿는 것은 악에 빠진 것이다. 예수의 기도가 자신에게도 삶이 된다는 것을 믿지 않고 사는 것도 악에 빠진 것이다. 제자들 서로가 시간이 멈춰진 것을 인정하지 않거나 시간이 멈춰질 것을 인정하지 않는 것은 시험에 드는 것이다. 일상의 삶을 바람직한 삶으로 인식해서 종말론적인 삶을 일상의 삶으로 전환하는 인식이 발생하는 것은 시험에 드는 것이다. 전환된 인식을 갖고 일상으로 들어가는 것은 악에 빠지는 것이다.

시험에 들지 않는 유일한 방법은 시간이 단축되는 것이다. 간극의 시간이 단축될 때 시험에 들지 않는다. 하나님만이 시간을 단축시킬 수 있다. 아들도 모르고 오직 아버지만이 그때 그 시간을 결정한다(마 24:36). 시험에 드는 것은 제자들이지만 시험에 들게 만드는 것은 하나님이다. 하나님이 시간을 단축시키지 않는다면 제자들은 시험에 들 수밖에 없다. 단축되었다는 의식만을 갖고 늘어진 시간을 지나가기에는 시간이 너무 길다. 그래서 시험에 들지 않게 해달라는 청원은 시간을 단축시켜 달라는 애절한 요청이다. 시간을 단축시키지 않는다면 제자에 대한 시험은 악으로 이어진다. 기다림에 지쳐서 시험에 들며, 지친 기다림에 익숙해져서 악에 빠진다.

하나님만이 지쳐버린 기다림과 익숙해져 가는 일상의 삶으로부터 긴장감과 박진감이 넘치는 격렬한 삶으로 제자들을 인도할 수 있다. 하나님만이 흘러가는 시간을 거꾸로 거슬러 삶을 역류하게 할 수 있다. 하나님만이 일상의 삶을 종말을 기다리는 삶으로 바꾸어 놓을 수 있다. 하나님만이 꺼져버린 마지막에 대한 기대를 마지막을 대면하는 임박함으로 바꾸어 놓으실 수 있다. 악에서 구원해 달라고 하나님께 청원하는 것은 익숙해진 일상의 삶에서부터 종말론적인 삶으로 다시 나가게 해달라는 청원이다. 지쳐버린 기다림에서 지치지 않는 기다림의 열정으로 불태워 달라는 기도이다. 하나님이 마른 뼈에 힘줄을 두르고 살을 입히고 가죽으로 덮고 생기를 두어서 다시 살아나게 한 것 같이(겔 36:5) 기다림에 지쳐서 메말라 버린 가슴을 종말에 대한 벅찬 기대감으로 온통 채울 수 있다. 하나님만이 희망이다. 하나님만이 유일한 방법이다. 하나님만이 대답이다. 하나님만이 삶의 진실을 다시 갖게 만들 수 있다.

사람들이 제자들을 믿지 못하는 것은 죄가 아니다. 사람들이 제자들의 삶에 의혹을 갖는 것도 죄가 아니다. 제자들은 본래부터 의심과 의혹의 시선을 받게끔 되어 있다. 사람들이 제자들에게 고통과 고난을 준다고 해도 죄를 짓는 것이 아니다. 제자들은 고난과 박해를 받게끔 되어 있다. 고난과 박해는 제자들의 삶의 본질을 드러낸다. 의혹과 의심이 제자들의 생활에 드려지지 않고 고난과 박해가 제자들의 몸에 새겨지지 않는다는 것은 그들이 예수의 기도문을 살아가는 대신에 바리새인의 삶의 원리를 자신의 삶의 원리로 알고 살아가는 사람과 같다는 것을 보여준다.

의혹과 의심, 고난과 박해가 그들을 예수의 제자로 만든다. 사람들의 시선에 담긴 불신의 폭력과 자기 몸에 새겨져 가는 박해의 흔적이 늘어갈 때 그들은 예수의 기도문을 살아가는 제자가 된다. 영원히 멈춰진 시간이 세상에 그 모습을 드러내기도 전에 사람들이 의혹과 의심의 시선을 거두고 자기 몸에 새겨졌던 고통과 박해의 흔적이 더 이상 남아 있지 않을 때 제자들은 사람들이 된다. 사람들이 더 이상 제자들을 다른 시선으로 보는 것을 멈추었을 때 제자는 사람들이 되어 버린다. 마지막이 오기도 전에 벌써부터 의혹과 의심이 걷히고 고통과 고난이 몸에서 사라진다는 것은 사람들과 제자들이 서로 다른 세계에 속한 사람이 아니라 같은 세계에 속해서 같은 삶을 살아가고 있다는 것을 입증한다.

제자와 사람들은 같은 사람이 되어야 한다. 제자가 속한 세계와 사람들이 속한 세계가 같은 세계이어야만 한다. 그러나 제자들이 사람들과 같아짐으로 그들이 같은 세계에 속한 같은 사람이 되는 것이 예수가 바라는 같아짐이 아니다. 사람들이 제자들과 같아짐으로서 그들이 제자들의 세계에 속한 사람이 되는 것이 예수가 바라보는 같아짐이다. 사람들과 같아짐으로 사람들의 세계에 속한 사람이 되면 제자들은 예수의 기도문을 바리새인의 삶의 원리로 대치해서 사는 것이다. 비록 제자들이 예수의 기도문을 갖고 있다고 하더라도 제자들의 삶에 슬며시 끼어든 율법의 가르침에 의해서 기도문에 담겨진 영원과 시간의 합일의 긴장감과 긴박감이 삶의 저편 저 멀리로 밀려난다. 삶의 저편 저 멀리로 밀려난 임박한 종말에 대한 기대는 제자들의 제자 됨을 박탈시킨다.

사람들은 제자들의 제자 됨을 박탈시키기 위해서 의혹과 의심, 고통과 박해를 가하는 것이 아니다. 제자들이 고통과 박해의 강을 건너가고 의혹과 의심의 구름을 뚫고 제자의 빛을 내기를 내심 바라기 때문에 박해를 가한다. 사람들은 제자들이 자신과 같아지는 것을 바라지 않는다. 자신들과 다른 사람들을 통해서 자신들이 찾아야 할 참된 인생을 발견하고 싶어서 제자들에게 의심과 의혹, 고통과 박해를 가한다. 사람들이 부가하는 의심과 의혹, 고통과 박해는 참된 제자를 찾고자 하는 사람들의 열망과 소원이 어우러진 그들만의 시금석인 것이다. 사람들은 제자들이 참된 제자가 되기를 원한다.

사람들은 자신들이 예수의 제자가 되는 것을 두려워하지만 제자들이 제자 됨을 상실하는 것을 더욱 더 두려워한다. 제자들의 삶에서 잠시나마 영원한 삶에 대한 맛봄이 있었기에 제자들이 맛을 잃을까봐 염려한다. 제자들의 제자 됨이 미우면서도 제자됨에 담긴 영원을 갈망하고 비상하고 싶은 열정을 살며시 품어 보는 것이 사람들이다. 사람들은 자신이 제자가 되는 것은 두렵지마는 제자가 품은 열정과 이상에 자신을 맡기고 싶은 모순된 충동이 자신 안에 있는 것을 발견한다. 그래서 사람들은 제자들이 자신과 같이 되는 것을 미워한다. 동시에 제자들이 자신들과 같지 않은 존재로 남아 있는 것 또한 견디기 힘들어 한다. 제자로서 남기를 바라는 마음과 자신들의 일부로 있기를 바라는 모순된 심성은 제자들에게 폭력으로 표출된다.

그 사실을 알기에 제자들은 머무는 한시적인 시간에서 그들이 주는 의심과 의혹을 휘감으며 몸에 새겨진 고난과 박해의 흔적을 기꺼이 감수하며 그들에 대한 미움과 원망의 제단을 쌓아 가지 않는 것이다. 의심과 의혹의 시선이 제자들의 몸에서 떠나지 않으며 제자들의 삶에서 고난과 제자 됨이 결별하지 않는 것을 너무나도 잘 알기에 사람들이 자신에게 가하는 폭력을 용서하는 것이다.

용서함을 받았기 때문에 용서하는 것이 아니다. 용서하기 때문에 용서함을 받는다. 제자가 되었기 때문에 불신과 의혹의 시선을 넘어서는 것이 아니다. 불신과 의혹의 시선을 넘어서기 때문에 제자가 된다. 제자가 되었기 때문에 고난과 박해를 이겨내는 것이 아니다. 고난과 박해를 견디기 때문에 제자가 된다. 자기 몸에 가하는 폭력을 허용했기 때문에 그들을 용서하는 것이 아니다. 그들을 용서했기 때문에 자기 몸에 가하는 폭력을 허용한다. 자기 몸에 가하는 모욕을 견뎌냈기 때문에 그들을 용서하는 것이 아니다. 그들을 용서했기 때문에 모욕을 견뎌낸다. 그렇게 견뎌내기 때문에 죄를 짓는 것과 시험에 드는 것과 악에 빠지는 것에 대해서 하나님께 용서를 구하는 것이다. 그리고 하나님이 그렇게 구하는 자에게 용서를 하신다고 말씀하기 때문에 용서를 구하는 것이다. "너희가 사람의 과실을 용서하면 너희 천부께서도 너희 과실을 용서하시려니와 너희가 사람의 과실을 용서하지 아니하면 너희 아버지께서도 너희 과실을 용서하지 아니하시리라."

누가가 전해 주는 예수의 기도문에는 "나라와 권세와 영광이 아버지께 영원히 있사옵니다. 아멘" 하고 끝나는 후렴부가 없다(눅 11:

2-4). 마태가 전해 주는 후렴부는 하나님을 향한 세 가지 청원이나 우리를 향한 세 가지 청원과 무관한 것처럼 보인다. 그럼에도 불구하고 나라와 권세와 영광이 하나님께 있다는 말은 제자들을 영원으로 인도하는 하나님의 현재적 활동을 보여준다. 시험에 들었을 때나 악에 빠졌을 때 하나님만이 거기서부터 제자들을 인도해 낸다. 하나님의 나라가 임하고 뜻이 이루어지고 이름이 거룩하게 여김을 받았을 때 시험에 들어 악에 빠진 제자들은 건져짐을 받는다. 이때 제자들을 건지는 하나님의 건짐은 결정적인 것이다. 더 이상 제자들이 시험에 들거나 악에 빠질 수 없는 하나님의 마지막 행위이다. 시간이 늘어지고 간극이 점점 더 멀어져 갈 때 시험이 찾아오고 삶이 변하는 과정에서 결정적인 행위 또한 유보된다면 하나님이 어떻게 제자들을 그때마다 돌려놓을 것인가.

나라와 권세와 영광이 하나님에 속했다는 것이 종말에 일어날 것을 지칭한다면 간극의 시간에서 나라와 권세와 영광과 하나님은 사이를 두고 마주 서 있게 된다. 나라와 권세와 영광이 하나님을 마주 보고 사이를 두고 서 있다면 간극의 시간에서 시험에 들고 악에 빠진 제자들이 구원을 받는 것은 일어나지 않는다. 제자를 구원하는 것은 오직 하나님의 결정적 행위가 일어날 때밖에는 없다. 그러나 간극의 시간에서 시험에 들고 악에 빠진 제자들에게도 삶의 본질은 회복되어야 한다. 제자들의 구원이 종말에 일어난다고 하더라도 간극의 시간에서 제자들의 구원은 일어나야 한다.

예수가 주신 기도문의 마지막은 간극의 시간에서 하나님과 나라와, 권세와 하나님이, 영광과 하나님 사이에 간격과 사이가 없다. 나라와 권세와 영광이 하나님께만 영원히 속한 채로 간극의 시간에서 제자들과 만난다. 시험에 들고 악에 빠진 제자들이 종말에 가서야 거기서 벗어나는 것이 아니라 이미 나라와 권세와 영광을 받은 하나님이 늘어진 시간에서도 잃어버린 삶의 본질의 전환을 가져오는 것이다. 예수가 주신 기도문의 마지막은 그것이 이미 여기에서 일어났다고 하는 선언이다. 나라와 권세와 영광이 이미 하나님께 속한 것이기 때문에 시험에 들고 악에 빠진 제자들에 대한 구원이 지금 여기에서 일어난다. 지금 여기에서 제자들의 삶을 바꾸는 하나님의 구원이 일어나고 마지막에 일어날 하나님의 구원을 지금 여기의 삶에서 강렬하게 경험하기에 제자들은 늘어진 시간이 긴박감과 긴장감이 회복된 단축된 시간으로 대체되는 인식의 전환을 경험한다.

이미 여기에서 일어난 구원이 종말에 일어날 구원이다. 종말에 만나게 될 구원이 이미 여기에서 일어난 구원이다. 이미 여기에서 일어난 구원은 종말에서 일어날 구원의 본질을 앞당겨온 것이다. 종말에서 만나게 될 구원의 본질은 이미 여기에서 일어난 구원에서 그 실체를 드러낸다. 내일의 시간에서 이루어질 그의 뜻과 나라가 이미 지금 여기에서 하나님께 영원히 속한 것이고 지금 여기에서 하나님께 속한 것은 내일의 시간에서 나타날 그의 뜻과 나라이다. 지금 여기에서 하나님의 나라와 권세와 영광이 있기 때문에 그때 거기에서 드러날 나라와 뜻이 구체적이다. 그때 거기에서 드러날 나라와 뜻이 있기에 지금 여기에서 드러나는 나라와 뜻이 실제적이다. 지금 여기에서 드러나는 나라와 권세와 영광은 일상의 삶을 살아가는 제자들을 종말론적인 삶으로 바꾸어 놓는 하나님의 구원의 행위이다. 지금 여기에서 제자들을 구원하는 하나님의 행위가 있기 때문에 시험에 들고 악에 빠진 제자들은 시간을 역류하는 종말론적인 삶을 다시 새롭게 시작한다. 그때 거기에서 구원하는 하나님의 구원이 있기에 제자들은 새롭게 시작한 종말론적인 삶이 일상의 삶으로 바뀌는 모든 것을 힘을 다해서 막아낸다.

지금 여기에서 제자들을 구원하는 하나님의 구원의 현재형과 그때 거기에서 제자들을 구원할 하나님의 구원의 미래형은 주기도문에서 하나로 합일된다. 하나님을 향한 세 가지 청원과 우리를 위한 세 가지 청원이 나라와 권세와 영광이 하나님께 영원히 있다는 마지막 문구를 만나기 때문에 제자들은 현재를 종말로 살아가게 만드는 힘을 얻게 된다. 나라와 권세와 영광이 하나님께 영원히 있습니다라는 고백이 하나님을 향한 세 가지 청원과 우리를 위한 세 가지 청원을 만나기 때문에 내일에 대한 희망으로 우리를 부풀게 한다.

예수의 기도문에 담긴 것은 단순한 청원이 아니다. 예수는 자기 자신 안에 있는 영원을 기도문에 담았다. 그리고 그 기도문을 제자들에게 전달했다. 제자들이 예수의 기도문대로 살아가면 예수 안에 있는 하나님이 제자들을 영원을 향한 삶으로 인도한다. 예수 안에 있는 영원은 시간의 마지막에 모든 피조물에게 나타나실 하나님이다. 마지막 시간에 모든 피조물에 나타나실 그 하나님이 지금 여기에서 이미 예수 안에 나타나신 것이다. 시간의 마지막에 나타나실 하나님을 예수는 기도문을 통해서 제자들과 만나게 하고, 제자들을 통해서 사람들을 만나게 하는 것이다. 그리고 제자들을 통해서 사람들이 자기를 만나게 하고 궁극에는 하나님을 만나게 한다. 예수의 기도문은 하나님이 제자들을 통해서 사람들과 만나고 사람들이 제자들을 통해서 하나님을 만나게 하는 가교인 것이다.

예수는 기도문에 자신의 모든 것을 다 담았다. 기도문을 통해서 영원이 시간에 들어오고 현재가 미래로 승화된다. 예수는 기도문을 통해서 제자들과 사람들을 영원으로 인도한다. 예수는 이제 시간이 얼마 남지 않았다는 것을 알고 있다. 제자들과 함께 있는 시간은 점차로 짧아져 가고 남겨진 제자들이 다시 예수를 만나게 될 시간은 점점 더 멀어져 갈 것이다. 점점 더 멀어져 가고 점점 더 희미해지는 기억을 가진 제자들에게 예수가 예전처럼 그들과 함께 있다는 것을 알게 만드는 것이 그의 기도문이다.

제자들에게 예수가 기도문을 주는 것은 그들을 고아처럼 세상에 남겨 놓는 것이 아니라 세상 끝까지 그들과 함께하는 것을 알게 해

주기 위해서이다. 예수는 제자들과 세상이 끝나는 그 시간까지 함께 한다. 제자가 예수의 기도문대로 살아가면 그 사실을 경험할 수 있다. 예수의 기도문에는 그 자신이 있기 때문이다. 예수는 제자들과 함께 영원을 향해 여정을 한다. 제자들이 예수의 기도문대로 살아간다면 자기와 함께하는 예수를 알게 된다. 예수는 기도문으로 다시 제자들과 함께하고, 제자들은 기도문대로 살아감으로 예수와 함께한다. 영원과 시간이 기도문을 사이에 두고 묶이는 것처럼 예수와 제자들은 기도문을 사이에 두고 묶인다. 예수와 제자들과 영원과 시간이 기도문을 사이에 두고 날줄과 씨줄이 엮이듯이 묶인다.

D. 금식에 대해서 (6:16–18)

16 금식할 때에 너희는 외식하는 자들과 같이 슬픈 기색을 내지 말라
저희는 금식하는 것을 사람에게 보이려고 얼굴을 흉하게 하느니라 내
가 진실로 너희에게 이르노니 저희는 자기 상을 이미 받았느니라 17
너는 금식할 때에 머리에 기름을 바르고 얼굴을 씻으라 18 이는 금식
하는 자로 사람에게 보이지 않고 오직 은밀한 중에 계신 네 아버지께
보이게 하려 함이라 은밀한 중에 보시는 네 아버지께서 갚으시리라

복음서에는 예수와 그의 제자들의 생활에 대해서 요한의 제자들과 바리새인들이 제기한 의문을 담고 있다. 첫째는 금식에 대한 것이고, 둘째는 납세에 대한 것이며, 셋째는 먹는 것에 관한 것이다. 예수는 산상설교 6장에서 그들이 제기한 세 가지 의문에 대해서 답변한다. 예수의 답변은 바리새인들의 의로움보다 더 높은 의로움을 제자들에게 요구하는 것부터 시작한다. 금식을 하지만 금식하는 것을 타인이 알지 못하게 금식하라는 것이다. 16절부터 18절이 금식 문제에 우선적으로 할애된 것은 이유가 있다. 요한의 제자들이 금식

문제를 제기하기 때문이다(마 9:14).

요한의 제자들이 제기하는 질문이 예수에게는 매우 중요하다. 예수는 그들의 질문을 통해서 제자들이 살아갈 삶의 모습에 대해서 바른 가르침을 제시한다. 요한의 제자들에 의하면 자기들과 바리새인들은 금식을 하는데 예수의 제자들은 금식을 하지 않는다는 것이다. 금식하지 않는 제자들에 대해서 그들의 스승인 예수에게 질문을 제기하는 요한의 제자들의 질문과 이에 대한 예수의 답변은 금식에 대해서 요한과 예수가 어떻게 생각하는지를 보여준다. 요한의 제자들의 질문에서 그들이 금식을 기도하는 것과 같은 종교 생활로 생각하고 있는 것을 엿볼 수 있다. 예수는 마태복음 9장 15절을 통해 그들에게 "혼인집 손님들이 신랑과 함께 있을 동안에 슬퍼할 수 있느뇨 그러나 신랑을 빼앗길 날이 이르리니 그 때에는 금식할 것이니라"고 답변한다. 여기서 우리는 예수가 금식을 기도하는 것과 같은 종교 생활의 양식으로 여기지 않고 있다는 것을 알 수 있다.

예수의 답변에 의하면 자신이 함께하는 시간에는 제자들이 금식할 이유가 없다는 것이다. 예수와 함께하는 것과 금식은 함께할 수 있는 것이 아니다. 제자들이 금식하는 것은 예수가 제자들을 떠날 때이다. 예수가 자기들과 함께 하지 못하는 것을 인식할 때가 올 것인데 그때 제자들이 금식을 할 것이다. 지금은 아니지만 그때가 되면 제자들은 금식한다. 금식은 그들에게서 예수를 빼앗겼을 때 하는 것이다. 금식은 예수의 부재에 대한 제자들이 슬픔을 표현하는 방식이다. 예수를 빼앗긴 제자들이 슬픔을 못이길 때 금식을 하게 된다. 그리고 그때가 그리 멀지 않았다고 예수는 말한다.

금식은 하나님에 대한 경건한 삶이 아니다. 요한의 제자들과 바리새인들에게는 금식이 하나님을 향한 경건한 삶이 된다. 그러나 예수의 제자들에게는 금식이 하나님에 대한 경건한 삶이 아니다. 예수의 제자에게는 금식이 슬픔인 것이다. 제자들과 함께하는 예수가 더 이상 그들과 함께하지 못한 것을 알게 된 제자들이 슬픔에 겨워서 금식을 하게 되는 것이다. 요한의 제자들에게는 금식이 경건한 생활의 방식이다. 요한의 제자들이 예수에세 "왜 당신의 제자들은 금식을 하지 않습니까?"라고 질문하는 것은 옳은 것이다. 그들에게 있어서 금식은 종교 생활이기 때문이다. 요한은 자신의 제자들에게 금식하는 것은 하나님을 향한 경건한 삶을 살아가는 것이라고 가르쳤을 것이다.

요한과 그의 제자들은 누구에게 질문을 해야 하는지 분명히 알고 있다. 예수에게 질문을 해야 하는 것이다. 바리새인들에게 질문하는 것이 아니라 예수에게 질문하는 것이다. 바리새인들에게도 금식이 하나님을 향한 경건한 삶을 의미한다. 그러나 사람들에게 그들이 경건한 삶을 살아가고 있는 모습이 알려지는 것 또한 중요한 것이다. 그들이 금식하고 있는 것을 알게 된다면 사람들은 하나님을 향한 경건한 삶이 무엇이며 어떠한 것인지를 알게 되기 때문이다. 요한의 제자들이 예수께 물어보는 것은 참으로 옳은 일이다. 금식하는 것이 하나님에 대한 경건한 삶인지 아닌지를 판정하는 것은 요한과 그의 제자들에게 달려 있는 것이 아니라 예수에게 달려 있는 것이기 때문이다.

금식하는 것이 요한의 제자들과 바리새인들에게는 하나님을 향한 경건한 삶이며 의로운 행위일지 몰라도, 예수의 제자에게는 하나님을 향한 경건한 삶도 아니며 의로운 행위도 아니다. 금식하는 것은 슬프기 때문에 하는 것이다. 예수가 그들로부터 떠나서 혼자 남겨졌기 때문에 그 슬픔을 못이겨 금식하는 것이다. 금식은 슬픔이 깊어질 때 자연스럽게 나타난다. 가눌 수 없는 깊은 슬픔을 경험해 본 사람들은 안다. 슬픔에 겨워하면서 음식을 먹는 것은 아직 충분히 슬프지 않기 때문에 그러하다는 것을. 지독한 사랑에 빠진 사람은 음식을 먹지 않아도 음식에 대한 욕구가 없는 것처럼 지독한 슬픔에 빠진 사람은 금식을 해도 음식에 대한 욕구가 없다. 지독한 슬픔이 음식에 대한 본능적 욕구마저 잠재워 버린다.

요한의 제자들과 바리새인들은 슬프기 때문에 금식하게 되는 것을 알지 못한다. 그들에게 금식은 경건한 생활이기 때문이다. 경건한 생활을 위해서 금식을 하는 사람은 음식에 대한 욕구에게서 자유롭지 못하다. 깊은 슬픔에 빠진 사람은 음식에 대한 본능적 욕구로부터 자유롭다. 경건한 생활은 본능적 욕구와 늘 충돌하며 그것을 억누르려는 자의식이 이끄는 삶이다. 자의식이 이끄는 삶에는 언제나 억눌린 본능이 꿈틀거린다. 금식하게 만드는 슬픔은 경건한 삶이 아니다. 거기에는 억눌린 본능의 꿈틀거림을 감지하는 자의식이 없다. 너무 슬퍼서 금식하게 되는 것은 자기 자신의 존재가 허물어지는 것과 같은 경험이다. 자신의 존재가 일순간에 허물어져 버린 사람이 갖게 되는 감정은 자의식이 멈춰버리는 것이며, 자아가 상실되는 경험이다. 자의식이 자아에 영향력을 발휘하는 것은 자아가 정상적인 기능을 하고 있을 때이다. 자아가 정지되었을 때 자의식은 자아에 아무런 영향을 미치지 못한다. 자의식과 자아의 관계는 의지와 본성의 관계와 같다. 본성에서 의지가 창출되듯이 자아에서 의식이 창출된다. 본성이 무너지면 의지는 사라진다. 자아가 멈춰지면 의식이 붕괴된다.

견딜 수 없는 깊은 슬픔은 자아가 멈춰진 것과 같은 것이다. 가눌 수 없는 슬픔에서 자의식은 존재할 수 있는 근거와 터전을 상실한다. 너무 큰 슬픔 앞에는 슬퍼하는 것을 인식하는 자의식이 들어설 수 있는 자리가 없다. 슬퍼하는 것을 인식하는 자의식은 깊은 슬픔을 알지 못한다. 자신이 금식하고 있는 것을 알고 있는 자의식은 슬픔이 가져다주는 금식을 알지 못한다. 자의식은 금식과 슬픔이 같은 것임을 알 수가 없다. 슬픔이 도져서 금식이 되고 금식이 깊어져 슬픔이 된다. 자의식은 슬퍼하는 자신을 알 뿐 슬픔 그 자체는 알지 못한다.

요한과 그의 제자들은 금식하는 자신들에게만 관심하기 때문에 슬픔을 알지 못한다. 요한의 제자들은 바리새인처럼 자신들의 의로움을 사람들이 알아주는 것에 연연하지 않는다. 그들에게 중요한 것은 사람들이 그들에 대해서 무엇을 아는 것이 아니라 앞으로 일어날 일을 알고 싶은 것이다. 요한과 그의 제자들은 종말을 기다린다. 그들은 종말이 일어나는 징조를 알고 싶어 한다. 그러나 요한과 그의 제자들이 기다리는 종말은 모든 사람을 향한 종말이 아니다. 그들이 기다리는 종말은 그들처럼 선택된 자들만을 위한 종말이다. 그들이 기다리는 것은 자신들처럼 선택된 사람들만이 종말의 순간에 하나님의 구원을 받는 마지막의 기다림이다. 그래서 요한은 제자를 아무도 모르게 예수에게 보내서 물어본다. "온다고 약속된 사람이 당신입니까 아니면 우리가 또 다른 사람을 기다려야 합니까"(마 11:3). 요한은 예수가 메시야인지 알고 싶어서 물어보는 것이 아니다. 요한이 물어보는 것은 "메시야가 오기 전에 온다고 약속된 사자가 당신입니까" 라는 것이다(마 11:4-11). 요한은 예수를 메시야로 인정하지 않는다.

이에 대해서 예수는 자신이 오기 전에 온다고 약속된 엘리야가 바로 너 요한이라고 선언한다. 요한은 예수를 엘리야라고 생각했기에 엘리야냐고 물어본다. 예수는 엘리야가 요한이기에 요한이 엘리야라고 대답한다. 요한이 생각한 것처럼 예수가 엘리야일 경우 뒤이어 메시야가 나타날 것이고 종말이 올 것이다. 그들은 예수가 엘리야라고 생각하기 때문에 임박한 종말을 준비하기 위해서 금식한다. 그들에게 있어서 금식하는 것은 종말을 준비하는 것이다. 요한은 예수가 엘리야인 줄 생각했다. 그래서 예수에게 "어째서 당신의 제자들은 금식하지 않습니까?" 라고 질문한 것이다. 이에 예수는 요한이 엘리야라고 대답한다. 요한과 그의 제자들의 생각에 의하면 엘리야와 함께하는 시간은 메시야를 기다리는 시간이기 때문에 금식하면서 메시야를 맞이해야 했다. 메시야가 나타날 것을 기다리는 자에게 금식보다 더 경건한 기다림은 없다고 믿기 때문이다.

그러나 예수는 다른 생각을 한다. 혼인 잔치에 참석하는 것과 그 속에서 금식하는 것이 어울리지 않는 것처럼 이미 메시야가 와 있는 시점에서 메시야를 기다리는 것이 어울리지 않는다. 메시야와 함께하고 있는 지금에서 금식은 메시야를 기다리는 기다림과 아무런 관계가 없다. 메시야를 향한 기다림의 경건한 행위가 금식이 되는 것은 메시야를 기다리는 한 그러하다. 이미 메시야와 함께하는 동안 메시야를 기다리는 금식을 하는 것은 지금 여기에 와 있는 메시아에 대한 불경건을 드러내는 행위이다. 요한의 제자들에게 금식은 메시야를 기다리는 기다림의 경건한 모습이다. 예수의 제자들에게 금식은 자신들과 함께하는 메시야의 떠남에서 야기되는 깊은 슬픔이다.

요한의 제자들처럼 바리새인들에게도 금식은 경건한 삶의 모양이다. 요한의 제자들은 그것을 알기에 자신들뿐만 아니라 바리새인들도 금식하고 있다고 예수에게 말한다. 금식하는 자에게 금식이 경건한 삶의 한 양식이 되는 것은 금식하는 자가 갖는 우월 의식이 금식하는 행위에 담겨 있기 때문이다. 요한의 제자들의 금식에는 하나님의 심판에서 제외될 것이라는 선태 받은 자의 의식이 담겨 있다. 바리새인들의 금식에는 그들만이 의롭다는 도덕적 우월감이 담겨 있다. 임박한 종말을 준비하는 의식이 요한의 제자들을 금식하게 만든다. 율법을 준수하는 의로움을 보이는 의식이 바리새인들을 금식하게 만든다.

요한의 금식과 바리새인의 금식은 경건한 삶의 양식에서 형식적으로는 같으나 내용적으로 다른 금식이다. 요한의 제자들의 금식에서 중요한 것은 엘리야를 기다리는 기다림의 자의식이다. 기다리는 자의 기다림의 자의식은 타인의 시선에 관심하지 않는다. 바리새인의 금식에서 중요한 것은 율법을 준수한다는 자의식이다. 율법을 준수했다는 자의식은 율법을 준수하지 못하는 수많은 사람들을 주변에 놓고 있는 자의식이다. 기다림의 자의식은 기다리지 않는 수많은 사람을 주변에 놓고 있는 자의식이 아니다. 기다림의 자의식은 모든 사람들이 공유할 자의식이 아니라 선택받은 소수만의 자의식이기 때문이다.

율법을 준수한다는 자의식은 모든 사람들이 했어야 함에도 불구하고 하지 못한 것을 했다는 우월감이 포함된 자의식이기 때문에 주변에 많은 타인의 시선을 향유하는 자의식이다. 요한의 금식과 바리새인들의 금식이 형식적으로는 같지만 내용적으로 다른 이유가 거기에 있다. 요한의 금식은 종말의 징조를 볼 수 있게 선택받은 소수의 자의식의 표출이다. 바리새인의 금식은 존재의 우월 의식이 표출되는 금식이다.

바리새인들은 사람들이 자신들의 금식하는 것을 알아보는 것에 더 많은 관심을 기울인다. 그래서 바리새인들도 슬픔을 얼굴에 드러낸다. 그러나 그들이 슬픔을 얼굴에 드러내는 것은 사람들에게 지금 하고 있는 것을 알게 하기 위해서 인위적으로 의도적으로 만드는 슬픈 표정이다. 의도적으로 만든 슬픔이 빚어내는 얼굴은 참된 슬픔을 담을 수 없다. 참된 슬픔은 겉으로 드러나는 슬픔이 아니라 속에서 우러나는 깊은 슬픔이기 때문에 타인이 알 수가 없다. 슬퍼하는 자가 그 슬픔을 바깥으로 드러내지 않기 때문에 슬퍼하는 자만이 슬픔을 아는 슬픔이다. 바리새인들은 금식하기 때문에 슬퍼한다. 슬퍼하기 때문에 금식하는 것이 아니다. 예수의 제자들은 슬퍼하기 때문에 금식한다. 금식하기 때문에 슬퍼하는 것이 아니다.

예수는 요한의 금식을 부정한다. 요한의 금식은 메시야를 기다리는 기다림의 금식이다. 이미 와 있는 자신을 부정하고 또 다른 메시야를 기다리는 금식이다. 그렇기 때문에 예수는 요한과 그의 제자들의 금식에서 고려할 만한 가치를 찾지 못한다. 아무런 평가조차 받지 못한 요한의 금식에 비해서 바리새인들의 금식은 고려할 가치가 있는 금식이다. 그들이 비록 금식하는 고통을 참아내는 표정을 지어서 사람들로 하여금 그들이 얼마나 힘든 일을 하고 있는지를 알게 하는 행위를 한다고 해도 예수는 그들의 금식에 대해서 긍정적인 평가를 한다. 금식하는 그들에게는 상이 주어진다는 것이다. 비록 그들에게 주어지는 상이 금식하는 것을 나타내지 않고 금식할 제자들에게 주어질 상에 비한다면 형편없이 초라하고 낮은 것이라고 하더라도 그들에게는 보상이 주어진다. 그들이 받을 보상은 사람들이 보내는 눈빛이다. 바리새인들은 자신들의 의로움을 사람들이 알아주기를 바라는 마음이 있기에 사람들이 그들이 금식하는 것을 알아보는 것이 보상이 된다.

요한의 제자들은 받을 보상이 없다. 받을 보상이 없기 때문에 예수의 제자들이 경계할 금식이 아니다. 그러나 바리새인들의 금식은 받을 보상이 있기 때문에 예수의 제자들이 경계해야 할 금식의 모습이다. 예수는 제자들이 바리새인들처럼 행동할 것을 우려한다. 바리새인들의 행동은 본능에 속한 행동이다. 인간은 자신이 하는 의로운 행위를 타인에게 알리고 싶어 하는 본능적 충동을 안고 사는 존재이다. 바리새인의 금식은 자신의 행위를 알리고 싶어 하는 본능적 충동이 매우 교묘한 방식으로 표현된 것이다. 바리새인들은 율법에 쓰여진 대로 금식을 하고 있다고 자랑스럽게 말한다. 그들의 금식은 좀더 하나님께로 향하는 거룩한 열정이라고 큰 소리로 외친다. 그러나 그들의 몸은 하나님에 대한 열정을 품기에 금식하는 것이 아니라 자신이 얼마나 의로운 존재인지를 알리기 위해서 금식하고 있다. 그래서 그들의 얼굴은 찡그려져서 흉하게 보인다. 금식의 고통을 이겨내는 자신의 이김이 얼굴에 표출되어 있기 때문에 눈 있는 자는 누구나 그들이 지금 무엇을 하고 있는지 알 수 있다. 얼굴이 찡그려지고 흉하게 보이면 보일수록 사람들은 그들의 금식이 깊어져 가고 그 깊음이 하나님을 향한 거룩한 열정인 것으로 인식하게 된다.

사람들이 바리새인들의 얼굴에 나타나 있는 상함을 보고 그것을 하나님을 향한 거룩한 열정인 것으로 여기게 되는 것은 금식을 하지 않기 때문이다. 사람들은 금식이 바리새인처럼 특별히 선택된 사람들만이 할 수 있는 거룩한 행위인 것으로 믿고 있다. 사람들의 믿음이 바리새인들을 특별한 사람으로 만들고 그들의 행위를 하나님을 향한 거룩한 열정으로 만들어 버린다. 사람들은 바리새인들을 자신과 다른 존재로 인식한다. 그렇게 함으로써 바리새인처럼 하나님의 계명을 엄격하게 지켜야 하는 의무로부터 자신들을 제외시킨다. 사람들은 자신들과 다른 존재인 바리새인들에게 높은 윤리관과 행동양식을 이관하고 자신들에게는 낮은 윤리관과 행동양식을 적용시킨다. 그리고 바리새인들에게는 율법에 쓰여진 대로 살아가는 높은 윤리관과 엄격한 종교생활을 위임한다.

바리새인들은 사람들이 자신에게 이관한 높은 윤리관과 종교적 생활의 양식을 기꺼이 짊어지며 사람들이 자신에게 적용시킨 낮은 윤리관과 종교적 생활을 하는 것을 용납한다. 그렇게 함으로 바리새인들은 사람들로부터 존경을 받고 자신의 우월감을 충족시키는 것이다. 바리새인들이 우월 의식을 갖는 것과 사람들로부터 존경받는 것을 당연하게 여기는 것은 그들만이 만들어낸 것이 아니다. 사람들과 함께 만들어낸 의식이다.

사람들은 자신들을 낮춤으로 바리새인들이 우월한 지위를 누리는 의식을 갖도록 만들어 준다. 바리새인들은 반대급부로 사람들이 율법을 조금만 지키는 것을 허용한다. 사람들은 자신들이 율법의 아주 작은 것을 지키는 것에 대해서 죄의식이 없는 것은 율법의 모든 기준이 자신들에게는 적용되지 않는다고 여기기 때문이다. 바리새인들이 자부심을 갖는 것과 칭송을 받는 것을 당연시하는 것은 그들만이 율법을 지켜내고 그들이 곧 율법의 수호자라는 의식을 갖기 때문이다. 율법이 모든 사람에게 적용되고 모든 사람들이 율법을 지키는 수호자라면 어떻게 바리새인들이 자신들의 행위에 자부심을 갖겠는가. 율법이 제시하는 높은 삶의 기준이 자신들에게 적용되는 보편적인 것이라면 어떻게 사람들이 일상의 삶을 영위할 수 있겠는가. 율법의 삶이 모든 영역과 모든 사람에게 적용되는 것이라면 어떻게 바리새인들은 자신들이 선택받은 의식을 영위할 수 있으며, 사람들은 죄의식으로부터 자유로울 수가 있는가. 바리새인들은 선택받았다는 존재의 우월 의식을 향유하고 싶어 한다.

사람들은 종교가 주는 삶의 무게로부터 가벼워지고 싶어 한다. 그래서 종교적인 삶과 세속적인 삶으로 삶을 양분한다. 종교적인 삶의 영역에서는 바리새인들이 거주하고 세속적인 삶의 영역에서는 사람들이 입주한다. 바리새인들이 살아가는 종교적인 삶의 영역에서는 율법이 최고의 가치이다. 사람들이 살아가는 세속적인 삶의 영역에서는 축복이 최고의 가치이다. 바리새인들은 율법을 지키는 것을 최상의 가치로 여기고 율법을 지켜 가는 자신을 매우 자랑스럽게 생각한다. 복 받는 것을 최상의 가치로 여기는 사람들은 최소한의 종교적 의무를 수행하면서 율법에 약속된 축복을 받고 싶어 한다. 바리새인들은 율법을 지키는 대신에 생활에 대한 모든 책임을 사람들에게 의탁한다. 사람들은 바리새인들의 생활을 책임짐으로써 자신이 져야 할 종교적인 의무에서 벗어난다.

바리새인들과 사람들은 자기 스스로가 져야 할 의무와 책임을 서로에게 양도한다. 바리새인들에게 종교적인 모든 의무를 떠맡기는 대신에 그들이 져야 할 삶의 의무를 자신이 감당한다. 바리새인들은 사람들에게 종교적인 의무를 일깨우는 대신에 그들에게 의존하는 삶을 향유한다. 바리새인들은 자신들이 져야 할 종교적인 의무를 이행함에 있어서도 사람들이 자신들에 대해서 가지는 의무를 당연하게 생각한다. 바리새인들의 인식에는 사람들이 해야 함에도 하지 않는 종교적인 행위를 하기 때문에 자신들은 당연히 존경을 받아야 한다고 믿는다. 사람들은 바리새인들의 경제적인 삶을 책임지기 때문에 율법에서 의무가 자기에게 해당되지 않는다고 생각한다. 스스로 자신의 삶을 책임지고 율법의 모든 의무를 준수하는 삶을 산다는 것을 선택받은 자의 삶이 아닌 것으로 바리새인이 여기는 것처럼 바리새인들의 삶에 대한 책임도 지고 율법의 모든 것을 준수하는 것을 사람들은 불합리한 것으로 여긴다. 그래서 바리새인들에게는 율법이, 자신에게는 생활이 합리적인 것이며 정당한 것이라고 생각한다. 그래서 그들은 바리새인과 자신의 삶을 나누고 역할을 분할한다.

종교적인 삶과 세속적인 삶으로 양분된 삶에서는 삶에 대한 진지한 성찰이 이루어지지 않는다. 양분된 삶에서 삶에 대한 성찰은 양분한 삶에 국한된다. 진지하지 못한 삶에 대한 성찰은 삶의 이중적인 가치기준을 만난다. 종교적인 삶은 참된 삶이 되고 일상적인 삶은 타락된 삶이 된다. 종교적인 삶이 참된 삶과 동일시되어 버린 삶은 일상적인 삶의 가치를 부정한다. 타락된 삶으로 규정되어 버린 일상의 삶은 종교적인 삶을 동경한다. 그러나 일상의 삶이 종교적인 삶을 동경할 뿐 자신의 삶을 종교적인 삶으로 전환하려는 진지한 노력을 하지는 않는다. 종교적인 삶이 갖고 있는 삶의 고단함보다는 일상의 삶에서 얻어지는 쾌락을 향유하는 것이 훨씬 쉽고 편한 길인 것을 잘 알고 있기 때문이다. 참된 삶으로 규정된 종교적인 삶은 일상의 삶을 부정한다. 그러나 부정만 할 뿐 일상의 삶에 뛰어들어 적극적으로 일상의 삶을 종교적인 삶으로 전환하려는 노력을 하지 않는다. 종교적인 삶이 주는 기쁨이 있다고 하더라도 일상의 삶이 주는 즐거움에 비할 바 없는 것을 알고 있기 때문이다. 그래서 부정만 할 뿐 일상으로 들어가려고 하지 않는다.

바리새인들과 사람들은 서로를 필요로 한다. 삶을 종교적인 것과 일상적인 것으로 나눈 그들은 서로가 서로에게 필요한 존재라는 것을 잘 안다. 바리새인들은 사람들의 삶이 없다면 그들이 누리는 우월감이 있을 수 없다는 것을 분명히 인식한다. 사람들은 바리새인의 삶이 없다면 일상의 삶을 넘어선 종교적인 삶에 대한 동경을 꿈꾸지 못했을 것이다. 바리새인들이 일상의 삶을 동경하는 욕구를 감추듯이 사람들은 종교적인 삶을 동경하는 욕구를 감춘다. 바리새인들은 종교적인 행위로 몸을 감싸고 있기 때문에 옷을 벗는 일상의 삶으로 들어서기를 두려워한다. 사람들은 일상이 주는 쾌락에 젖어 있기 때문에 종교적인 삶으로 뛰어들지 못한다. 일상으로 들어서기를 두려워하기 때문에 바리새인들은 사람들 앞에서 삶을 초월한 것처럼 행동한다. 일상이 주는 쾌락에서 떠나는 것을 두려워하기 때문에 사람들은 바리새인의 삶을 부러운 듯한 시선으로 바라본다.

그러나 사람들은 자신을 향한 바리새인들의 오만한 시선에서 그들과 같아지고 싶어 하는 숨겨진 욕구를 본다. 자신들의 삶을 동경하는 듯한 시선으로 바라보는 사람들의 눈빛에서 바리새인들은 일상의 삶을 떠나고 싶어 하지 않는 사람들의 감춰진 욕망을 본다. 교차되는 서로의 시선에서 그들은 서로가 무엇을 필요로 하고 있는지 본능적으로 알아챈다. 바리새인들이 필요로 하는 것은 사람들의 존경어린 눈빛이다. 사람들이 필요로 하는 것은 지금의 삶이 긍정되는 것이다. 바리새인들이 감추고 싶은 것은 사람들의 삶을 향유하고 싶은 욕망이다. 사람들이 회피하고 싶은 것은 일상의 삶이 삶의 궁극적인 모습이 아니라는 것을 인식하는 것이다.

바리새인들이 아무리 자신의 의로운 행위를 타인에게 알리고 싶어 하는 본능적 충동을 억제한다고 해도 본능적 충동은 완전히 억제되지 않는다. 의로운 행위를 하지 못하는 수많은 사람들 속에서 혼자 의로운 행위를 하는 것을 아는 자의식은 자신의 의로움을 사람들이 인식하기를 바라는 충동을 억누르기에 힘겨워 한다. 자신의 의로움을 자랑하고 싶은 욕구는 본능적이기 때문이다. 사람들이 아무리 일상의 삶을 삶의 전부로서 여기고 싶어 한다 하더라도 일상의 삶이 삶의 참된 본질이 아닌 것을 아는 자의식을 떨쳐버릴 수 없다.

사람들의 자의식은 일상의 너머에 참된 삶의 본질과 궁극적인 삶이 있다는 인식에서 자유로울 수 없다. 일상 너머에 삶의 참된 본질이 있으며 궁극적인 삶이 존재한다는 것을 인식하는 것은 일상 안에서 삶을 향유하려는 자의식에 치명적이다. 일상의 삶 너머에 있는 궁극적인 삶이 삶의 본질이라는 생각은 일상의 삶을 부정한다. 일상의 삶을 삶의 본질로 여기는 사람들의 자의식은 일상의 삶을 부정하는 일상 너머에 있는 삶의 존재를 부정해야지만 일상의 삶이 주는 풍요를 향유할 수 있다. 그래서 일상의 풍요를 향유하는 가운데 문득 떠오르는 두려움을 인식의 세계 저 너머로 쫓아버린다.

그러나 궁극적인 삶이 존재한다는 것을 인식하는 데서 떠오르는 두려움은 사람들이 자의식 저 너머로 쫓아버린다고 해도 쫓겨 가는 것이 아니다. 그래서 사람들은 일상 너머에 있는 삶의 본질인 궁극적인 삶을 일상 안에 있는 삶으로 끌어들인다. 일상 안에는 사람들의 삶만이 있는 것이 아니다. 거기에는 바리새인들의 삶도 같이 있다. 사람들은 자신들의 두려움을 넘어서기 위해서 궁극의 삶을 바리새인들의 종교적 삶과 동일시해 버린다. 바리새인들의 삶과 동일시되어 버린 궁극의 삶은 더 이상 사람들의 일상의 삶에서 두려움의 대상이 될 수 없다.

바리새인들은 자신의 삶이 일상 안에 들어와 있는 삶이라는 것을 분명히 알고 있다. 일상 안에 들어와 있는 삶으로서 바리새인들은 사람들의 삶에 기대서 살아가는 의존의 삶이다. 바리새인들은 사람들이 자신들의 삶을 일상의 삶으로 인식하게 되는 것을 두려워한다. 사람들이 바리새인들의 삶을 그들과 본질이 같은 삶으로 인식하는 것은 곧 자신의 삶을 지탱하는 것이 자신에게 달려 있다는 것을 아는 것과 동일한 것이다. 사람들의 삶에 의존해서 삶을 영위하는 삶이 더 이상 사람들의 삶에 의존하지 못할 경우 바리새인들은 그들이 누리던 모든 지위와 특권을 상실한다. 그렇게 될 경우 바리새인들의 삶은 일상 밖으로 쫓겨 나가게 된다. 일상 안에서 일상 밖으로 쫓겨 간다는 것은 바리새인들이 마주치고 싶지 않는 두려움이다.

일상에서 일상 밖으로 쫓겨 간 삶도 일상 안에 있는 삶이다. 일상 안에서 일상 밖의 궁극의 삶을 구현하는 것은 사람들의 삶에 의존해서 삶을 살아왔던 바리새인들은 불가능한 일이다. 일상 안에서 일상 밖으로 쫓겨난 삶을 살아가는 것을 두려워하는 바리새인들과 일상 너머의 궁극의 삶을 두려워하는 사람들은 궁극의 삶과 일상의 삶을 일상 안의 삶으로 만드는 데 암묵적으로 합의한다. 사람들에 의해서 바리새인들의 삶은 궁극의 삶이 된다. 바리새인들에 의해서 궁극의 삶은 사람들의 삶에 의존하는 삶이 된다. 바리새인들과 사람들은 서로가 원하는 것이 무엇인지 알아줌으로서 상호간에 만족감을 누린다.

얼굴을 흉하게 하는 것이 무엇을 의미하는 것이고 어떻게 반응해야 할지 아는 것은 상호간에 암묵적으로 합의한 약속이다. 사인인 것이다. 바리새인들이 금식을 하면서 얼굴을 찡그리는 것은 궁극의 삶이 자신들의 행위에서 구현되고 있다는 표시이다. 사람들이 그것을 알아보는 것은 자신들에 의해서 궁극의 삶이 유지된다는 것을 아는 의식의 발로이다. 그래서 예수는 겉으로 드러나는 사인을 없애버린다. 금식을 하되 금식하는 모습이 겉으로 드러나지 않게 금식하라고 명령한다. 머리에 기름을 바르고 얼굴을 깨끗하게 하라는 것이다. 예수의 명령을 따른다면 금식을 하는 제자들은 금식하는 것이 아니라 영양식을 먹는 것처럼 보이게 된다. 사람들은 제자들의 얼굴과 외모를 통해서는 그들이 금식하는 것을 모른다. 오직 하나님만이 제자들이 금식하는 것을 아신다.

하나님이 아시는 금식은 사람들이 모르는 금식이다. 사람들이 아는 금식은 하나님이 모르시는 금식이다. 제자들이 하는 금식은 하나님만이 아시는 금식이다. 하나님에게만 보이는 금식이다. 바리새인들이 하는 금식은 사람들에게 보이는 금식이다. 하나님에게 보이는 것은 사람들에게는 감춰진다. 사람들에게 감춰진 것만이 하나님에게 보인다. 하나님에게만 보인 것만이 하나님으로부터 보상을 받는다. 사람에게 보인 것만이 사람에게 보상을 받는다. 바리새인들이 사람들에게 받는 보상은 그들만의 은밀한 시선의 건넴에서 시작된다. 제자들이 하나님에게 받는 보상은 하나님만이 제자들을 바라보시는 데서 시작한다. 바리새인들이 받는 보상은 사람들이 그들의 우월감을 만족시켜 주는 행위를 하는 것이다. 제자들이 받는 보상은 하나님이 그들을 위로해 주시는 것이다.

바리새인들은 자신이 사람들보다 더 의로운 사람인 것을 나타내기 위해서 금식을 한다. 제자들은 신랑을 빼앗겼기 때문에 슬픔에 젖어서 금식을 한다. 사람들이 그들의 의로움을 인식하는 것이 바리새인들에게는 보상이다. 하나님이 슬픔을 지워주시는 것이 제자들에게는 보상이다. 제자들은 하나님으로부터 보상을 받는다. 슬픔에 젖어 있지만 결코 밖으로 드러나지 않는 슬픔이 더 이상 슬픔이 되지 않는 이유는 그들과 함께 있을 보혜사 성령이 오시기 때문이다(요 14:16; 15:25). 제자들의 삶에서 예수의 부재가 슬픔을 주는 것이 아니다. 예수를 빼앗겼을 때 슬픔이 제자들을 덮는 것이다. 예수가 제자들을 떠난 후에는 슬픔이 더 이상 제자들을 덮지 않는다. 보혜사 성령이 제자들의 삶에 동반자가 되기 때문이다. 제자들을 금식하게 만드는 슬픔이 예수가 제자들의 삶에서 떠난 시점부터 시작하는 경건한 삶을 향한 여정이 되지 못하는 이유가 거기에 있다. 보혜사 성령이 제자들의 삶에서 동반자가 되는 것이다.

슬픔을 가눌 수 없어 제자들이 금식하는 것은 예수가 떠나고 보혜사 성령이 오지 않은 시간에만 일어나는 일시적인 짧은 간극의 시간에서이다. 보혜사 성령이 제자들에게 온 이후에 간극의 시간은 더 이상 존재하지 않는다. 보혜사 성령이 제자들과 세상 끝날까지 함께 하기 때문에 간극이 사라진 이상 제자들의 삶에서 슬픔이 끼어들 여지가 없다. 보혜사 성령을 삶의 동반자로 맞이한 제자들에게 금식은 더 이상 필요한 것이 아니다. 바리새인들은 필요에 의해서 금식을 한다. 그들은 사람들에게 거룩한 모양을 보일 필요가 있다. 사람들은 금식하는 바리새인을 그들의 삶에서 필요로 한다. 거룩한 모양을 그들의 시선에 놓아두어야 자신의 불안이 안정을 찾는다.

보혜사 성령이 삶의 동반자가 된 이상 제자들에게 금식은 불필요한 것이다. 왜냐하면 금식은 제자들의 삶의 여정에서 그들만이 남겨졌다는 것을 알게 될 때 갖는 깊은 슬픔에서 나타나는 현상이기 때문이다. 그러나 제자들은 자신들의 삶의 여정에서 혼자가 아니라는 것을 분명히 알고 있다. 보혜사 성령이 그들과 함께하고 있는 것이다. 그래서 금식은 제자들의 삶에서 예수가 떠나고 보혜사 성령이 오시는 시간의 사이의 간극의 시간에만 제자들에게 일어나는 현상인 것이다.

제자들에게 있어서 금식은 감추어진 현상이지 드러난 삶이 아니다. 바리새인들에게는 금식이 감추어진 현상이 아니라 드러난 삶이다. 제자들의 금식이 감춰진 현상이기 때문에 하나님에게만 보인다. 바리새인들의 금식이 드러난 삶이기 때문에 사람들에게 보인다. 하나님에게만 보이는 것과 사람에게만 보이는 금식은 서로 다른 세상에서 하는 다른 금식이 아니다. 동일한 세상에서 같이 있는 금식이다. 같은 세상 안에서 같이 있는 것이 세상에게만 알려지는 것과 하나님에게만 알려지는 것으로 나누어진다. 금식하는 것이 하나님이 보시는 금식과 사람들이 보는 금식으로 나누어지는 것은 하나님이 나누신 것이 아니라 사람들이 나눈 것이다. 사람들이 나눈 금식이 하나님에게 보이지 않는 것이 아니다. 제자들이 하는 금식이나 바리새인들이 하는 금식이나 모든 금식은 하나님이 보는 금식이다.

바리새인들의 금식이 하나님에게 보이지 않는 이유는 금식하는 자신들이 사람들의 시선의 중심에 서 있기 때문이다. 사람들의 시선을 금식하는 자신에게 묶어 놓는 한, 그리고 그렇게 묶인 시선을 의식하는 한 바리새인들의 시선이 하나님에게까지 미칠 여지는 없다. 사람들의 눈이 금식하고 있는 것을 드러내는 바리새인들에게 집중하고 있는 한 그들의 시선은 금식하는 것을 외부로 드러내지 않는 제자들에게까지 머물러 있을 수 없다. 머리에 기름을 바르고 얼굴을 깨끗하게 하는 것이 깊은 슬픔을 이기지 못해 곡기를 끊은 것임을 사람들이 알아볼 방법은 없다. 제자들이 예수의 부재와 보혜사 성령의 오심 사이에 있는 간극의 시간에서만 금식한다는 것을 바리새인들과 사람들은 인식할 방법이 전혀 없는 것이다. 그들은 금식을 삶의 경건의 모양으로 알고 있기에.

예수에게는 종교적인 삶과 세속적인 삶으로 양분된 삶이 없다. 모든 종교적인 삶이 세속적인 삶이고 모든 세속적인 삶이 종교적인 삶이다. 바리새인들에게 삶은 양분되어 있다. 예수에게는 양분된 삶이 없기 때문에 삶의 통합이 없다. 바리새인들에게는 삶이 양분되어 있기 때문에 양분된 삶을 통합하려는 시도가 있다. 그들의 방식으로 통합한 궁극의 삶과 일상의 삶은 그들의 삶에 동반자가 된다. 그렇게 동반자가 되어버린 삶은 예수 안에 실현된 궁극의 삶을 이해하지 못한다. 예수 안에 실현된 궁극적인 삶이 제자들에 의해서 재현되는 것도 이해하지 못한다. 그것을 인정할 경우 삶을 양분한 자신들의 삶은 참된 삶이 아니라는 것을 시인하는 것이기 때문에 그들은 예수 안에서 구현된 그 삶이 제자들의 삶에 의해서 재현되는 것을 견딜 수 없어 한다. 그래서 예수 안에 실현된 궁극의 삶과 제자들의 삶에서 재현되는 궁극의 삶이 대립한다.

자신들과 사람들이 양분한 삶을 궁극의 삶으로 만들기 위해서 그들은 예수의 삶을 재현하는 제자들의 삶을 부정한다. 그들의 부정은 사람들과의 약속된 합의를 통해서 확립된다. 바리새인들은 예수의 삶을 부정할 수 없다. 예수가 제자들과 함께 있는 동안에 바리새인들은 예수의 제자들의 삶을 부정할 수 없다. 예수 안에서 구현된 궁극의 삶 앞에서 그들이 만든 삶의 통합이 거짓임이 드러나기 때문에 그들은 예수의 삶에 맞설 용기가 없다. 그렇지만 예수의 삶이 제자들의 삶으로 재현되는 것까지 허락하기에는 그들이 세워놓은 삶은 허약하지 않다. 예수의 삶에 맞설 용기는 없지만 제자들의 삶에까지 맞서기를 포기할 만큼 그들만의 방식으로 통합한 거짓된 삶의 통합은 미약하지 않다.

예수의 삶은 제자들의 삶으로 이어진다. 예수는 제자들의 삶에서 다시 살아가는 자신의 삶을 본다. 자신의 삶이 제자들의 삶으로 이어지는 것처럼 제자들의 삶이 예수의 삶으로 이어지는 것을 예수는 바라본다. 바리새인들은 제자들의 삶에서 예수의 삶이 이어지는 것을 끊으려고 한다. 그래서 요한의 제자들이 예수의 제자들이 금식하지 않는 것을 문제 삼을 때 조용히 요한의 제자들 옆에 서 있다. 요한의 제자들처럼 바리새인들도 예수가 금식하지 않는 것을 문제 삼지 않는다. 예수에게 문제를 제기하지 않는 요한의 제자들에게 바리새인들은 문제를 제기하지 않는다. 단지 묵묵히 침묵하고 있을 뿐이다. 바리새인들의 침묵은 무언의 동조를 의미한다. 그것을 알기에 요한의 제자들은 예수의 제자들을 문제 삼을 때 바리새인들을 언급한다. 침묵하는 바리새인들은 요한의 제자와 함께 있다. 그리고 기다린다. 예수의 제자들이 금식한다면 더 이상 그들에게 아무런 문제를 제기하지 않겠다고 무언으로 말하면서 그들은 기다린다. 바리새인의 침묵에 설득 당하면 제자들은 금식을 할 것이다. 예수는 제자들이 금식할 것이라고 대답했다. 단 간극의 시간에서만 금식을 할 것이다.

그러나 바리새인들의 무언은 간극의 시간이 아닌 시간에서도 금식을 하라고 예수의 제자들에게 말하는 것이다. 금식하는 것은 매우 경건한 삶을 살아가는 것이며 하나님께 영광을 돌리는 것이라고 무언으로 말한다. 예수의 떠남과 보혜사 성령의 오심의 시간 사이인 간극의 시간이 지나간 후에도 제자들의 삶에서 금식이 경건한 삶에 필요한 것이라고 바리새인들은 무언으로 제자들을 설득하고 있다. 바리새인들의 침묵의 설득에 제자들이 동의한다면 제자들은 금식하는 것이 경건한 삶을 살아가는 길을 가는 것으로 인식할 것이다. 바리새인들이 무언으로 하는 설득은 매우 그럴 듯하게 들린다. 경건한 삶은 일상에서 행하던 것과 단절하는 것이며, 금식이 일상으로부터 단절을 가져오는 가장 가시적으로 드러나는 것이기 때문이다. 제자들은 간극이 지나간 시간 이후의 시간에서도 경건한 삶을 살아가기 위해서 금식해야 한다는 유혹을 받는다. 경건한 삶에 대한 갈망이 클수록 금식에 대한 유혹은 커져간다. 금식은 경건한 삶의 동경이 주는 달콤한 유혹인 것이다.

경건한 삶의 갈망이 주는 금식의 유혹에 제자들이 빠져들면 예수의 삶은 제자들의 삶으로 이어지지 않는다. 금식하지 않는 예수로부터 금식하는 제자들이 나오는 것은 예수의 삶과 제자들의 삶이 끊어졌다는 것을 의미한다. 형식적으로는 예수의 삶과 제자들의 삶에서 단절이 없는 것처럼 보일지라도 내용적으로는 끊어진 것이다. 예수의 부재와 보혜사 성령의 오심 사이의 간극에서 제자들이 금식하는 것은 매우 자연스럽다. 간극의 시간에서 제자들의 금식은 경건한 삶의 갈망으로 이어지지 않는다. 간극의 시간에서 제자들이 금식하는 것은 슬픔이 깊어진 까닭인 것이다. 간극의 시간이 지나간 시간에서 제자들이 금식하는 것은 경건한 삶에 대한 동경의 달콤한 유혹에 빠졌기 때문이다. 바리새인들은 예수의 삶이 제자들의 삶으로 이어지는 것을 방해한다. 바리새인들이 유혹하는 달콤한 유혹에 빠지면 예수의 삶은 예수 그분의 삶을 끝으로 단절된다. 바리새인들은 예수에게서 그의 삶의 본질을 빼앗을 수 없다. 그러나 그들은 제자들의 삶에서 예수의 삶의 본질을 빼앗는 방법을 알고 있다. 그래서 제자들에게 달콤하게 유혹한다. 금식하라고. 경건한 삶을 살아가려면 금식을 하라고.

예수는 제자들이 바리새인들의 유혹에 빠질 것을 염려한다. 그래서 제자들에게 말한다. 보혜사 성령이 너희에게 오시면 그가 나를 증거한다는 것을 명심하라고(요 15:26). 예수가 제자들과 함께 있을 때에는 그가 제자들이 유혹에 빠지지 않게 지켜 준다. 보혜사 성령이 오시면 그가 제자들을 유혹에 빠지지 않게 지켜 줄 것이다. 그래서 예수는 보혜사 성령에게 제자들을 맡기고 떠나신다. 간극의 시간이 지나간 시간에서 유혹에 빠지지 않는 것은 보혜사 성령이 증거하는 예수만을 바라보는 것이다. 결코 금식하지 않으신 그 예수를.

E. 재물에 대해서 (마 6:19-24)

19 너희를 위하여 보물을 땅에 쌓아 두지 말라 거기는 좀과 동록이 해
하며 도적이 구멍을 뚫고 도적질하느니라 20 오직 너희를 위하여 보
물을 하늘에 쌓아 두라 거기는 좀이나 동록이 해하지 못하며 도적이
구멍을 뚫지도 못하고 도적질도 못하느니라 21 네 보물 있는 그곳에
는 네 마음도 있느니라 22 눈은 몸의 등불이니 그러므로 네 눈이 성하
면 온몸이 밝을 것이요 23 눈이 나쁘면 온몸이 어두울 것이니 그러므
로 네게 있는 빛이 어두우면 그 어두움이 얼마나 하겠느뇨 24 한 사람
이 두 주인을 섬기지 못할 것이니 혹 이를 미워하며 저를 사랑하거나
혹 이를 중히 여기며 저를 경히 여김이라 너희가 하나님과 재물을 겸
하여 섬기지 못하느니라

예수의 종교 생활에 대해서 바리새인들이 제기하는 두 번째 질문은 납세에 관한 것이다. 요한복음은 제자들이 예수를 랍비라고 부른다고 보도한다(요 9:2). 랍비는 유대교 율법을 가르치는 사람이다. 랍비가 회당과 거리에서 율법을 가르치는 것은 그의 의무이다. 랍비가 율법대로 살아가는 것은 그의 책임이다. 랍비가 가르치는 율법의 해석은 사람들이 따라야 할 삶의 표준이다. 제자들은 예수가 해석해주는 율법의 해석을 따라서 살아간다. 제자들의 제자들도 예수가 해석하는 율법에 따라서 살아간다. 바리새인들은 예수의 율법 해석에 대해서 질문한다. 바리새인들은 예수의 율법 해석이 서기관들이 해석하는 율법과 차이가 있다는 것을 알고 있기 때문에 질문한다. 또한 그 차이가 율법의 자구에 대한 이해와 해석상의 차이가 아니라 사람들이 증언한 것처럼 권위의 문제인 것을 알기 때문에 예수의 율법 해석을 문제 삼는다. 사람들이 증언하는 것처럼 율법을 해석하는 예수에게는 권위가 있다. 서기관에게는 없는 권위가 예수에게는 있다(마 7:28-29).

바리새인들은 예수의 권위를 무너뜨리기 위해서 질문한다. 예수의 권위가 무너져야 예수가 해석하는 율법이 무너진다. 예수가 해석하는 율법이 무너져야 예수가 무너진다. 예수가 무너져야 바리새인들의 권위가 되살아난다. 바리새인들의 권위가 되살아나야 사람들이 그들이 가르치는 율법을 믿는다. 그래서 그들은 베드로에게 질문한다. "당신의 선생은 회당에 세금을 내는 것을 어떻게 생각합니까?"(마 17:24-27) "가이사에게 세금을 내는 것에 대해서 어떻게 생각합니까?"(마 22:17-21) 예수에게 가르침을 듣기 위해서 질문하는 것이 아니다. 자신들의 권위를 세우기 위해서 질문한다. 회당은 바리새인들의 삶의 터전이다. 회당이 있기 때문에 바리새인들은 존재한다. 회당이 존재하지 않는다면 바리새인들이 누리는 우월적 지위는 사라진다. 사람들은 회당에서 바리새인들을 만나 가르침을 받는다. 삶에서 사람들은 자신들에게 율법을 설파한 대로 살아가는 바리새인들을 본다. 그들이 율법대로 살아가지 않는다면 사람들은 그들에게 배우기 위해서 회당에 오지 않는다. 회당에서 사람들을 만나기 위해 바리새인들은 사람들에게 보이는 종교적 행위를 한다. 회당은 바리새인들이 세상에 존재하는 근거인 것이다.

가버나움은 예수의 사역에 있어서 매우 특별한 장소다. 예수가 처음 세상에 자신을 드러낸 곳이며, 예루살렘에 올라가는 기간을 제외한 나머지의 기간 동안에 주로 활동하신 장소이다. 가버나움에 있는 회당에서 사람들은 예수의 가르침이 권위가 있다는 것을 처음으로 알게 된다(막 1:21-22). 회당은 바리새인들이 존재하는 근거이다. 사람들에게도 회당은 특별한 장소이다. 회당에서 율법을 배운다. 가버나움에 있는 회당에서 사람들은 율법에 대한 상반된 가르침을 접한다. 예수의 율법 해석과 바리새인들의 율법 해석이다. 일상에서 사람들은 예수가 살아가는 율법의 삶과 바리새인들이 살아가는 율법의 삶으로 나누어진 상이한 율법의 삶과 만난다. 바리새인들이 예수의 권위를 추락시킬 장소로서 가버나움을 선택할 이유가 충분히 있다. 예수의 주 활동 무대인 가버나움에서 그의 권위가 추락되면 바리새인들의 권위가 살아난다.

예수의 권위를 추락시키기 위해서 바리새인들이 준비한 질문은 매우 교묘하다. 자신이 드러나지 않으면서 자신들의 권위가 사람들에게 드러날 수 있는 방식으로 질문한다. 성전 세금을 받는 사람을 통해서 예수에게 성전 세금을 내라고 말한다.

회당은 사람들이나 바리새인들 모두에게 특별한 장소다. 특별한 장소이기 때문에 사람들은 회당에 출입할 때 반세겔을 낸다. 바리새인들에게 성전은 특별한 장소이다. 또한 성전에 있어서 바리새인들은 특별한 존재이다. 성전세가 그들에게는 면제된다. 바리새인들은 성전세를 받는 사람들을 세워서 예수와 자신들의 존재의 차이를 부각시키는 수법을 쓴다. 예수는 성전세를 내야한다. 그들은 성전세를 내지 않는다. 성전세를 내지 않는 그들은 특별한 존재이다. 성전세를 내는 예수는 사람들과 같은 존재이다. 바리새인은 예수의 존재를 사람의 존재로 끌어내리기 위해서 예수에게 성전세를 내라고 한다. 바리새인들이 예수의 권위를 추락시키기 위해서 만든 두 번째 전술은 가이사에게 세금을 내는 문제를 제기하는 것이다.

가이사는 로마의 황제를 지칭하는 이름이다. 가이사의 이름이 유대 땅에 지칭되는 것은 로마가 유대를 통치하기 때문이다. 사람들이 세리를 싫어하는 이유가 그들이 로마를 대신한 세금 징수자이기 때문이다. 사람들은 그들에게 세금을 징수하는 것이 세리가 아니라는 것을 잘 알고 있다. 하지만 그들이 세리를 미워하는 것은 로마에 대항할 수 없는 무력감 때문이다. 로마에 대항할 수 없기에 그들은 무의식적으로 세리를 로마와 동일시한다. 세리를 미워하는 것이 로마를 미워하는 것이고 세리를 경멸하는 것이 로마를 경멸하는 것이다. 바리새인들은 공개적으로 예수에게 로마에게 세금을 내야합니까 하고 물어본다. 그들이 답을 몰라서 물어보는 것이 아니다. 로마에 세금을 낼 수밖에 없는 상황이기 때문에 답은 이미 나와 있다. 답이 나와 있는 상황에서 예수에게 질문하는 것은 예수를 사람들과 같은 위치에서 세리와 같은 위치로 끌어내리기 위해서 하는 것이다.

예수의 답변만 남아 있다. 예수의 답변 여하에 따라서 그의 존재는 결정된다. 사람들과 같은 존재가 될 것인가? 세리와 같은 존재가 될 것인가가 예수의 말끝에 달려있다. 예수는 사람들과 같은 존재가 되고 세리와 같은 존재가 된다. 예수의 사역과 삶이 그것을 증거 한다. 그러나 바리새인들이 생각하는 것과 같은 의미에서 예수는 사람들과 세리와 같은 존재인 것이 아니다. 바리새인들이 생각하는 사람들과 세리는 신분의 낮음이다. 율법을 위해서 선택된 존재와 선택받지 못한 존재로의 나눔이 바리새인들이 생각하는 존재의 차이이다.

사람들은 바리새인들이 나눈 존재의 나눔에 대해서 익숙해져 있다. 그리고 바리새인처럼 자신들도 존재의 나눔을 한다. 자신들과 세리로 나누는 것이다. 세리는 사람들보다 더 낮은 신분의 존재이다. 사람들은 바리새인이 나눈 나눔에 의해서 바리새인들보다 낮은 위치에 놓여있지만 자신에게서 세리를 나눔으로 그들보다 우월한 위치를 점유한다. 바리새인들이 나눈 나눔에 근거해서 사람들은 세리를 자신보다 낮은 위치에 둔다. 바리새인들보다는 낮은 존재의 위치에 있다고 해도 사람들이 바리새인들로부터 완전히 분리된 것이 아니다. 바리새인들의 경제적인 부분을 책임지는 것이 사람들이며, 그들의 율법 해설을 듣는 것이 사람들이기 때문이다.

바리새인들과 사람들의 차이는 율법을 사이에 두고 발생한다. 율법을 가르치는 사람과 가르침을 듣는 사람의 차이가 율법을 사이에 두고 마주 서 있다. 율법은 바리새인과 사람들 모두를 필요로 한다. 바리새인이 나눈 나눔에서 세리가 서 있을 자리는 없다. 세리는 율법에서 제외된 사람이다. 바리새인들의 율법이 허용하는 사람은 사람들까지이다. 사람들은 바리새인이 나눈 존재의 나눔을 기꺼이 수용한다.

바리새인은 예수를 그들만의 방식으로 나눈 선택받지 못한 존재의 범주로 밀어 넣기 위해서 질문한다. 일차적으로는 사람들과 같은 범주에 넣고 이차적으로는 세리와 같은 범주에 속하게 만들기 위해서 바리새인은 질문한다. 주사위가 예수의 손에 주어졌다. 은밀하게 건네진 주사위가 아니다. 공개적으로 모든 사람들이 보는 앞에서 건네진 주사위다. 나중에 던지라고 건네진 것이 아니다. 다음에 또 던질 수 있게 건네준 주사위도 아니다. 한 번만 던질 수 있는 주사위다. 대답할 수 있는 것은 "예"와 "아니오" 밖에 없다. 첫 번째 질문에 예라고 대답하면 예수는 바리새인보다 낮은 존재의 위치에 놓이게 된다. "아니오"라고 대답하면 예수는 자신의 신분을 속이게 된다. 서기관과 바리새인, 제사장만 성전세가 면제되는 것으로 사람들은 알고 있다. 사람들이 나사렛의 목수인 요셉의 아들로 알고 있는 예수는 성전세를 내야만 하는 신분이다. 예수가 랍비로 불리지만 그것도 제자들만이 부르는 호칭이다. 사람들의 눈에 비친 예수는 성전세를 면제받을 수 없는 신분의 사람인 것이다. 성전세를 내야만 하는 예수는 사람들과 같은 신분이 될 수밖에 없다.

두 번째 질문은 더욱 예리하고 날카롭다. 가이사에게 세금을 내는 것에 "예"라고 대답하면 예수는 세리와 같은 존재가 된다. 아니, 세리보다 못한 존재로 전락한다. 사람들이 세리를 미워하는 것은 가이사에게 대항하지 못하기 때문이다. 사람들은 세리를 미워함으로써 자신들의 용기 없음을 감춘다. 세리는 사람들이 자신들의 비겁을 감추기 위해서 선택한 대상이다. 세리를 미워하고 경멸함으로 그들은 자신들이 로마에 대항하고 있다고 스스로 믿는다. 예수가 가이사에게 세금을 내야 한다는 말을 하기만 하면 세리에게 향하던 사람들의 분노가 예수에게로 전이된다. 예수가 바리새인의 질문에 "아니오"라고 대답하면 예수를 로마법에 기소할 구실을 갖게 된다. "예"와 "아니오" 외에 다른 선택의 여지는 없다. "예"라고 대답하면 사람들의 분노가 예수에게 향한다. "아니오"라고 대답하면 로마법이 예수를 기다린다.

바리새인이 납세의 의무를 갖고 예수에게 공개적인 질문을 한 것은 자신들의 의도와 상관없이 매우 잘한 것이다. 납세—종교와 국가—에 대해 사람들이 지고 있는 의무는 예나 지금이나 매우 민감한 사항이다. 사람들은 어디에 속하든 소속된 집단에 돈을 내야 한다는 의무감이 주는 마음의 부담에서 자유롭지 못하다. 신앙심이 없어서 그런 것이 아니다. 애국심이 부족해서 그런 것도 아니다. 신앙심이 깊기 때문에 종교기관에 돈을 내는 것이 마음의 갈등을 일으키는 요인이 된다. 애국심이 깊기 때문에 국가에 세금을 내는 것도 마음의 갈등을 일으킨다. 신앙심 및 애국심과는 별개로 돈을 내야 한다는 것은 편한 것이 아니다. 돈을 어떻게 써야 하는 것이 바른 것인가라는 질문이 사람들의 마음 속에 자리 잡고 있기 때문에 납세의 의무는 늘 회의적이다.

내가 낸 것이 바르게 쓰일까? 내가 낸 것이 정말 필요한 곳에 쓰일까? 자기가 수고하고 땀 흘려 얻은 재화의 가치를 알기 때문에 회의적이다. 그러나 납세의 의무는 신앙심 및 애국심의 반증으로 각인되어서 납세자의 회의는 겉으로 표출되지 않는다. 바리새인은 납세의 의무에서 자유롭다. 회당에 내는 세금으로부터 면제되어 있다. 로마는 자신이 점령한 국가의 종교에 대해서 정책적인 관용을 취했기 때문에 바리새인은 납세의 의무로부터도 자유롭다. 그래서 그들은 납세자들이 세금을 납부하면서 갖는 내면의 회의를 알 수 없다. 납세를 하지 않기 때문에 그들은 납세자에게 부과된 의무감의 무게도 알 수 없다.

바리새인이 납세의 의무를 공개적으로 질문한 것은 결과적으로는 잘한 것이다. 바리새인 때문에 제자들은 납세에 대한 바른 가르침을 예수로부터 들을 수 있는 기회를 얻는다. 세속적인 삶과 거룩한 삶으로 양분되지 않은 삶을 살아가는 제자들은 종교에 대해서 갖고 있는 의무와 국가에 대해서 갖고 있는 의무에 대해서 바른 가르침에 서 있을 필요가 있다. 거룩한 삶이 세속적인 삶이고 세속적인 삶이 거룩한 삶의 영역에서 제자들에게 부가된 거룩한 의무가 내면에서 갖고 있는 회의와 겉으로 드러나는 신앙심의 표현의 모순을 안고 있는 것은 예수가 바라는 바른 삶이 아니다. 사람들을 위해서 쓰는 것이 예수가 바라보는 물질을 바르게 사용하는 것이다.

예수는 바리새인이 질문하는 핵심을 꿰뚫어 본다. 예수는 회당에 세금을 내는 거룩한 의무를 상기시키는 바리새인의 모습에서 삶이 양분된 결과를 예측한다. 거룩한 것을 위해서 바쳐지는 것만이 참된 것으로 규정되어 버린 곳에는 그것을 바치는 이유가 사람들에게 쓰기 위한 것이라는 인식이 들어설 틈이 없다. 세상을 위해서 쓰는 것이 거룩하게 바치는 것이라는 인식은 더더욱 들어설 틈이 없다. 거룩한 것과 세속적인 것으로 삶은 양분될 수 없다. 바리새인들에게는 삶이 양분되어 있지만 예수에게는 거룩한 것이 세속적인 것 안에 있고 세속적인 것이 거룩한 것을 품고 있기 때문에 삶이 양분될 수 없다. 예수 자신이 그 둘을 품었기 때문에 삶이 그렇게 양분될 수 없다.

예수는 하나님의 아들로서 거룩한 존재이다. 예수는 인간으로서 세속적인 존재이다. 인간 예수를 떠나서 거룩한 하나님의 아들을 볼 수가 없다. 거룩한 하나님의 아들을 떠나서 인간 예수가 주님으로 인식될 수도 없다. 예수를 바로 인식하는 자는 예수 안에서 거룩한 것과 세속적인 것이 통합된 것을 본다. 예수를 주님으로 고백하는 자는 안식일이 사람을 위해서 있는 것처럼 교회에 바친 헌금은 바친 사람들에게 쓰이기 위해서 것임을 안다.

성전세를 받는 사람은 예수의 제자들에게 너희 선생은 바리새인들과 같은 반열에 속한 사람이 아니라 성전세를 내는 사람들의 반열에 속한 사람이라고 예수의 위치에 대해서 상기시키지만 예수는 제자들에게 자신의 위치가 바리새인들과는 격이 다른 존재임을 가르친다(마 17:25-27). 제자들에게 가르친 자신의 존재는 아들이다. 아들이기 때문에 예수는 성전세를 낼 필요가 없다. 그러나 예수는 성전세를 낸다. 아직 그의 존재가 아들인 것이 드러나지 않았기 때문이다. 아들이지만 아들임을 드러내지 않는 예수는 사람들이 오해를 하지 않기 위해서 베드로에게 너와 나를 위해서 성전세를 내자고 말씀한다. 그러면서 예수는 베드로에게 말씀하시길 바다에 가서 낚시를 해서 제일 먼저 낚은 고기의 입을 열면 한 세겔이 있으니 그것을 가져다가 성전세를 내라고 말씀한다.

예수가 돈이 없기 때문에 낚시를 하라고 하는 것이 아니다. 예수는 돌아갈 곳도 없고 머리 누일 곳도 없지만 무일푼으로 그의 공생애의 삶을 산 것이 아니다. 복음서의 기자들은 예수가 어떻게 돈을 획득했는지에 대해서 알려주지 않지만 그가 돈을 소유하고 있었다는 것을 분명히 기록해 준다. 가룟 유다가 예수의 돈을 맡아서 관리했다(요 13:29). 예수는 돈을 소유했다. 얼마나 많은 액수를 가지고 있었는지는 모르지만 분명히 갖고 있다. 그러나 예수는 자신이 가지고 있는 돈궤에서 성전에 내는 돈을 꺼내지 않는다. 예수가 돈이 없어서 낚시를 하라고 말하는 것이 아니다. 자신이 갖고 있는 주머니에서는 성전세를 낼 수 없는 것이다. 예수의 정신이 그것을 허락하지 않는 것이다. 예수의 삶이 그것을 용납하지 않는 것이다. 제자들은 예수가 갖고 있는 돈이 어떤 용도로 사용되는지를 몸으로 경험했다. 가난한 사람들을 위해서 예수는 물질을 사용한다. 가난한 사람들을 위해서 사용할 돈은 있지만 성전을 위해서 낼 돈은 없다.

낚시를 하는 것은 제자들이, 특히 베드로가 예수를 만나기 전까지 하던 생업이다. 어부는 낚시를 해서 낚은 고기를 팔아서 재화를 획득해야 삶을 살아간다. 살아가기 위해서 어부는 고기를 낚는 것이다. 그렇지만 낚시로 낚은 고기의 입속에서 얻은 돈은 불로소득이다. 사람들이 오해하지 않도록 예수는 불로소득으로 얻은 한 세겔의 돈을 성전세로 낸다. 예수는 분명히 성전세를 낸다. 그러나 불로소득으로 얻은 것을 낸다. 노동을 해서 얻은 것을 성전에 내지 않는다. 제자들은 어떻게 예수가 성전세를 내는지 안다. 사람들은 어떻게 성전세로 내는지 알 수 없다. 성전세를 받는 사람들도 알 수 없다. 제자들만 안다. 그들은 성전세를 내는 예수만 본다. 제자들은 불로소득한 것으로 성전세를 내는 예수를 본다. 그리고 안식일의 주인이 인자인 것처럼 성전의 주인도 예수라는 것을 확실히 알게 된다. 하나님이 제사가 아니라 사람들에 대한 자비를 원하는 것처럼 예수도 성전을 위해서 돈을 바치는 것이 아니라 사람들에게 쓰기 위해서 돈을 바치는 것을 원한다. 돈은 사람들을 위해서 쓰여야 한다. 그것이 예수가 제자들에게 부과한 거룩한 종교적인 의무이다.

"가이사에게 세금을 납부해야 합니까?" 이 질문과 함께 바리새인들은 예수의 전면에 나선다. 성전세를 거두는 사람 뒤에서 예수의 권위를 추락시키려고 했던 바리새인은 더 이상 숨어서 조종하는 자가 아니다. 예수를 겨냥해서 직접 질문을 할 용기가 없어서 제자에게 물음을 제기하던 바리새인들은 이제 예수에게 직접 묻는다. 현장에서 간통하다 잡힌 여인을 데리고 와서 "모세의 율법에 따르면 돌로 치라고 했는데 당신은 어떻게 하시겠습니까"(요 8:2-7)라고 예수에게 물음을 던졌던 것처럼 국가에 대한 납세의 의무를 갖고 예수와 직접 대면한다.

바리새인들은 결정적인 순간이 아닐 경우 예수와 맞대면하지 않는다. 예수의 권위를 확실하게 추락시킬 방법이 있을 때 예수와 맞대면한다. 간음한 여인을 예수 앞에 데리고 온 바리새인은 성전에서 예수와 대면한다. 납세의 문제를 가지고 바리새인은 거리에서 예수와 맞대면한다. 성전에서 바리새인들은 모세의 율법을 갖고 예수와 맞대면 한다. 성전은 바리새인들이 예수와 대면하기 위해서 선택한 최적의 장소였다. 모세의 율법이 가장 존중받는 곳이 성전이다. 성전이 있기에 모세의 율법을 준수하는 것이 하나님을 믿는 가장 바른 모습이 된다. 바리새인이 간음하다 현장에서 잡힌 여인을 예수 앞에 데리고 오는 것은 예수를 율법의 권위 밑에 두기 위해서 마련한 가장 확실한 것이다. 성전에서처럼 바리새인은 거리에서 납세의 의무를 갖고 예수와 맞대면한다.

로마에 대한 강한 분노와 적개심을 품지만 납세를 할 수밖에 없는 자신들의 무력감과 자괴감에 빠진 사람들이 있는 거리에서 바리새인은 예수와 맞선다. 우리는 성전에서 간음한 여인을 사이에 두고 바리새인이 예수와 맞섰던 사건이 먼저 일어난 사건인지 아니면 거리에서 납세의 의무를 사이에 두고 바리새인이 예수와 맞선 사건이 먼저인지 알 수 없다. 복음서 기자는 예수의 공생애에서 일어난 사건들을 기록할 때 역사를 기록하듯이 연대기 순으로 기록하지 않았다. 어떤 사건이 먼저 일어난 것인지 아는 것이 중요한 것이 아니다. 바리새인들이 성전세를 받는 사람 뒤에 숨어 있지 않는다는 것과 예수의 제자들에게 의혹을 줌으로써 예수의 권위를 추락시키려는 전술을 더 이상 쓰지 않는다는 것을 아는 것이 중요한 것이다. 그들은 더 이상 뒤에 숨어 있지 않는다. 전면에 나서서 예수와 맞선다. 성전에서 예수와 맞섰던 것처럼 그들은 결정적인 승산이 없으면 예수와 정면으로 맞서지 않는다. 거리에서 예수와 맞서는 것은 자기들에게 결정적으로 승산이 있다는 판단이 섰기 때문이다.

성전에서 바리새인들에게 죄 없는 자가 먼저 돌을 들어 여인을 치라고 말씀함으로 바리새인들에게 율법의 권위보다 자신이 더 권위가 있음을 보이셨던 예수는 가이사의 것은 가이사에게로, 하나님의 것은 하나님에게 바치라는 말씀으로 바리새인의 계략을 무너뜨린다. 바리새인들이 거리에서 납세의 의무를 제기한 것은 결과적으로 잘한 것이다. 납세의 의무를 그들이 제기했기 때문에 제자들은 세속적 의무에 대한 바른 이행의 가르침을 받는다. 가이사의 것은 가이사에게 가야 하는 것이고 하나님의 것은 하나님께 돌리는 것이 재물에 대한 바른 사용이다. 가이사의 것은 가이사에게 돌려야 하는 것이고 하나님의 것은 하나님께 돌려야 한다.

그렇다면 가이사의 것을 가이사에게 돌리는 것은 무엇이며, 하나님의 것을 하나님께 드린다는 것은 무엇인가? 예수는 바리새인들에게 화폐를 가져오라고 말한 다음 화폐에 그려진 얼굴대로 화폐가 가이사에게 귀속해야 한다고 말하지 않았는가? 그런데 사람들이 하나님께 드린다고 드리는 것은 가이사의 초상이 새겨진 화폐가 아닌가? 동일한 얼굴이 새겨진 것이 가이사의 것과 하나님의 것으로 어떻게 나뉘어지는 것인가?

예수는 너를 위해서 보물을 땅에 쌓아두지 말고 하늘에 쌓아두라고 말했다. 땅에 쌓는 보물은 벌레가 먹고 도둑이 들어 가져가지만 하늘에 쌓아두는 것은 벌레가 먹을 수 없고 도둑이 들 수 없다는 부연 설명과 함께 네 보물이 있는 곳에 네 마음이 있다는 말로 재물 사용에 대한 것을 귀결지었다. 가이사의 것을 가이사에게 돌리라는 예수의 말은 논란의 여지가 없다. 국가에 대한 납세의 의무를 이행하는 것이 나를 위해서 하늘에 보물을 쌓는 것이 아닌 것처럼 땅에 보물을 쌓는 것이 아닌 것이 분명하기 때문이다. 납세의 의무를 이행하는 것을 자신을 위해서 보물을 쌓아 두는 것으로 생각할 사람은 아무도 없다. 단지 납세의 의무를 위해서 내는 돈에는 내 마음이 그 안에 함께 담긴다는 면에서 내 보물이 있는 그곳에 내 마음이 있다고 예수가 하신 말씀이 납세의 의무를 이행하는 경우에도 옳다는 것이 확인될 뿐이다.

그러나 너를 위해서 보물을 하늘에 쌓아두라는 예수의 말은 쉽게 이해될 수 있는 말은 아니다. 너를 위해서 보물을 하늘에 쌓는 것이 하나님의 것을 하나님에게 드리는 것일까? 대다수의 경건한 그리스도인들이 교회에 헌금하는 것을, 특히 십일조를 하는 것을 하늘에 보물을 쌓아두는 것으로 믿는 것처럼 유대인들은 성전세를 내는 것과 회당에 대한 모든 금전적인 의무를 열심히 이행하는 것을 하나님의 것을 하나님에게 드리는 것으로 인식할 것이다.

그러나 경건한 그리스도인이 십일조를 포함한 각종 헌금을 교회에 하는 것을 내 보물을 하늘에 쌓는 것으로 믿고 동시에 하나님의 것을 하나님께 드리는 것과 같은 것이 되기 위해서는 우선적으로 해결되어야 할 과제가 있다. 첫째는, 예수가 네 보물을 하늘에 쌓으라고 말하는 것이 무엇인지 확인하는 것이다. 둘째는, 바리새인이 성전세를 또는 경건한 그리스도인들이 십일조를 내는 것을 하나님의 것을 하나님께 드리는 것으로 믿고 있는 것과 예수가 말하는 하나님의 것을 하나님에게 드리는 것이 동일한 것인지 아닌지를 확인받는 것이다. 셋째는, 나를 위해서 하늘에 보물을 쌓아두는 것과 하나님의 것을 하나님에게 드리라는 말씀이 같은 말씀인가 하는 것을 확정하는 것이다.

누가복음에서 예수는 네 소유를 팔아 구제하는 것이 나를 위해서 보물을 하늘에 쌓아두는 것이라고 분명히 선언한다(눅 12:33). 누가복음 12장 22-34절은 마태복음 6장 19-34절에서 말하는 것과 내용상 거의 동일한 본문이다. 단지 차이가 나는 것은 누가복음에서는 먹는 문제를 먼저 거론하고 나서 보물을 하늘에 쌓는 문제를 설명하고 마태복음은 보물을 하늘에 쌓는 문제를 먼저 말씀하고 먹는 문제에 대해서 설명한다는 것이다. 산상설교에서 마태는 너를 위해서 보물을 땅에 쌓아두지 말고 하늘에 쌓아두라고 기록했다. 평지설교에서 누가는 가진 것을 다 팔아 구제를 하는 것이 떨어질 수 없는 주머니, 곧 하늘에 보물을 쌓는 것이라고 기록했다. 평지설교에서는 먹고 살아갈 것을 걱정하지 않기 때문에 나를 위해서 재물을 소유할 필요가 없다고 말한다. 마태복음에서는 나를 위해서 재물을 땅에 쌓지 않는 것 때문에 먹고 살아갈 문제에 대해서 근심하지 말라고 말씀한다.

두 복음서에서 순서의 뒤바뀜은 본질적인 차이를 내포한 것이 아니다. 먹을 것을 걱정한다면 보물을 하늘에 쌓을 수 없는 것이고, 보물을 하늘에 쌓은 다음에 먹는 것을 걱정하는 것은 바람직하지 않기 때문이다. 두 본문이 관심하는 것은 하늘에 보물을 쌓아두는 것이다. 먹을 것을 걱정하지 않는 것은 부차적인 것이다. 산상설교에서도 평지설교에서도 나를 위해서 보물을 하늘에 쌓아두는 것은 구제하는 것이라고 말씀한다. 구제하는 것이 하늘에 보물을 쌓는 것이다. 구제하지 않는 것은 땅에다 보물을 묻는 것이다.

예수가 돈이 없어서 고기의 입에서 얻은 한 세겔을 성전세로 낸 것이 아니었다. 예수가 소유한 돈은 구제를 하기 위한 것이었기 때문에 그 주머니에서 돈을 꺼낼 수 없는 것이었다. 예수는 하늘에 보물을 쌓는 것과 성전에 내는 것을 분명하게 구별하고 있다. 바리새인들과 서기관들과 사람들이 성전에 돈을 내는 것은 나를 위해서 하늘에 보물을 쌓는 것이 아니라 땅에 보물을 묻는 것이다. 예수는 그렇게 묻을 돈이 없기 때문에 불로소득으로 얻은 돈을 성전세로 내는 것이다. 다른 사람을 구제하기 위해서 내가 갖고 있는 재물을 사용하는 것만이 나를 위해서 하늘에 보물을 쌓아두는 것이다. 교회에 헌금하는 것은 돈을 땅에 묻는 것이다. 땅에 묻는 보물과 하늘에 쌓아두는 보물이 동일한 보물이면서 동일한 보물이 아닌 것은 누구를 위해서 어떻게 사용하는가에 기인한다. 성전에 바치거나 교회에 바치는 것은 나를 위해서는 보물을 땅에 묻는 것이다. 하지만 구제를 하기 위해서, 그 돈을 다른 사람을 위해서 사용하면 나를 위해서 하늘에 쌓아두는 것이다.

나를 위해서 하늘에 보물을 쌓아두는 것이나 땅에 보물을 묻는 것은 내 마음도 그것과 함께 거기에 두는 것이다. 하늘에 쌓는다고 믿지만 결과적으로 땅에 묻어버린 보물에도 내 마음은 함께 쌓인다. 땅에 묻는다고 생각하면서 묻었지만 하늘에 쌓은 그 보물에도 내 마음은 함께 쌓인다. 보물이 있는 곳에 마음이 있기 때문에 보물을 놓은 곳에 가면 그 마음을 찾을 수 있다. 마음이 있는 곳에 가면 보물이 있는 곳이 보인다. 하늘에다가 마음을 놓는 자는 구제할 이웃과 치료할 세상이 보인다. 땅에다 마음을 묻는 자는 구제할 이웃과 치료할 세상이 보이지 않는다. 하늘에다 보물을 쌓는 자는 구제할 이웃과 치료해야 할 세상만 보이기 때문에 더 이상 줄 것이 없는 자신에 대한 무력감과 세상과 이웃에 대한 안타까움만 커져간다. 땅에다 보물을 묻는 자는 자신에게 돌아올 보상을 기대하는 마음만

커져간다. 하늘에 보물을 쌓는 자는 자신의 것을 다 팔아서 되돌려 줄 수 없는 사람에게 주기 때문에 보상에 대한 기대감이 들어설 자리가 없다. 땅에 묻는 자는 하나님으로부터 축복받는 것을 기대하면서 묻기 때문에 버림이 들어설 자리가 없다. 자신의 것을 팔아서 구제를 하기 때문에 아무것도 자신에게 남아 있는 것이 없는 자가 자기의 마음을 하늘에 두는 것이고 자기의 것을 갖고 그 중의 일부를 회당이나 교회에 바치기 때문에 하늘에 쌓아둔다고 믿는 그 쌓아둠이 땅에 마음을 묻는 것이 되는 것은 역설이다. 더 줄 것이 없어서 안타까워하는 마음이 그 무엇으로도 손상될 수 없는 참된 것이 되는 것과 더 채워지기를 기대하기 때문에 목마름을 경험하는 마음이 아주 하찮은 것으로도 손상되어 버리는 것이 되는 것은 역설이다. 불쌍하고 안쓰러운 마음에 목마르고 삶에 지쳐 있는 사람에게 준 것이 하나님에게 드리는 것이고 매우 경건한 마음으로 하나님께 드린 것이 땅에 버려지는 것이 되는 것이 역설이다. 하늘에 쌓는 자는 버렸기 때문에 채워짐을 경험하게 되지만 땅에 묻는 자는 더 받고 싶은 욕망이 무의식 저 밑에서 꿈틀거리기 때문에 목마름만 경험하게 되는 역설이다.

예수의 역설에는 하늘과 땅이 나눠지지 않는다. 세상과 회당, 교회가 나눠지지 않는다. 사람들과 하늘이 구별되지 않는다. 하늘이 땅이고 땅이 하늘이다. 세상이 교회이고 교회가 세상이다. 사람이 하늘이고 땅이고 교회며 세상이다. 하늘과 땅으로 나누는 자는 하늘이 땅이고 땅이 하늘인 것을 보지 못하는 자이다. 세상과 교회를 구별하는 자는 세상이 교회이고 교회가 세상인 것을 보지 못하는 자이며, 사람들이 교회며 하늘인 것을 더더욱 보지 못하는 자이다. 예수가 보는 것을 보지 못하는 눈은 성한 눈이 아니다. 흐려지고 탁해진 눈으로 바라보는 세상은 어두운 세상이다. 밝고 성한 눈으로 바라보는 세상은 밝은 세상이다. 세상이 밝은 세상과 어두운 세상으로 나누어져서 밝게 보이고 어둡게 보이는 것이 아니다. 세상이 아니라 눈이 문제이다. 눈이 어둡기 때문에 밝은 세상도 어둡게 보인다. 그래서 예수는 눈이 나쁘면 온몸이 어두울 것이니 그러므로 네게 있는 빛이 어두우면 그 어두움이 얼마나 하겠느냐고 말한다. 눈이 나쁘기 때문에 어둠에 덮인 사람은 내가 가진 모든 것을 가지고 사람과 세상을 구제하는 것이 나를 위해서 하늘에 보물을 쌓는 것임을 알지 못한다. 눈이 나쁘기 때문에 더 큰 보상을 바라면서 회당에 성전세를, 교회에 십일조를 내면서도 하나님을 위해서 바치는 거룩한 보물이라고 믿는 것이다.

예수는 가이사의 것은 가이사에게, 하나님의 것은 하나님에게 바치라고 바리새인에게 말했다. 예수의 말씀대로 가이사에게 내야 할 세금은 가이사에게 내야 하는 것이고 하나님에게 드려야 할 것은 하나님에게 드려야 하는 것이다. 가이사에게 속한 것을 하나님에게 속한 것으로 알고 하나님께 드린다면 예수의 가르침에 어긋난다. 하나님께 속한 것을 가이사에게 속한 것으로 생각해서 가이사에게 준다면 이 역시 예수의 가르침에 어긋난다. 예수에게 있어서 가이사의 것과 하나님의 것은 물과 기름처럼 섞일 수 없다. 예수가 구별하는 가이사의 것과 하나님의 것 사이에 우리의 것이 있는가. 예수는 가이사와 하나님 사이에서 우리의 것이 들어서 있을 자리를 마련해 놓지 않는다. 예수가 "가이사의 것을 가이사에게"로라고 말씀했다고 해도 바리새인들이 놓은 함정에서 충분히 벗어나는 대답이 된다. 바리새인들이 사람들이 보는 앞에서 공개적으로 "가이사와 하나님 둘 중 누구에게 헌납할 의무가 있습니까?"라고 예수에게 물어보지 않았기 때문이다.

바리새인들은 가이사에 대한 납세의 의무만 물어보았다. 그들의 물음은 매우 교묘하다. 예수의 대답 여부에 따라서 납세의 의무가 있고 없는 것이 결정될 수 있는 것이 아니다. 예수의 대답과 무관하게 사람들은 납세의 의무를 지고 있고 또 납세의 의무에서 면제되지 않는다. 바리새인들이 노리는 것은 사람들이 예수에게 로마에게 대항하지 못하는 무력감과 좌절감 때문에 대신 세리를 선택해서 그들에게 자신의 분노를 쏟아 넣던 그 분노의 감정을 자신에게로 향하게 만드는 계기가 되는 말이 예수의 입에서 나오는 것이었다. 가이사의 것은 가이사에게로만 말씀하셔도 바리새인들의 의도는 좌절된다.

그러나 예수는 "가이사의 것은 가이사에게"라고 말하지 않았다. "가이사의 것은 가이사에게로, 하나님의 것은 하나님에게로"라고 말했다. 전자만 말씀해도 충분한 대답이 되지만 "하나님의 것은 하나님에게로"를 덧붙이신 까닭은 무엇인가? 리듬을 맞추고 음률을 타기 위해서 그렇게 한 것이 아니다. "하나님의 것은 하나님에게로"라는 말을 통해서 예수는 제자들에게 드림에 대한 가르침을 준다. "가이사의 것은 가이사에게로, 하나님의 것은 하나님에게로"라는 예수의 말씀이 바리새인, 사람들 및 예수의 제자 모두에게 들려진 예수의 소리이지만 "하나님의 것을 하나님에게로"라는 예수의 말씀은 제자들을 향한 드림에 대한 가르침이다. 바리새인들과 사람들이 듣고자 하는 말은 납세에 대한 말이었다. 그랬기에 "가이사의 것은 가이사에게로"라는 말이 그들에게 들리고 "하나님의 것은 하나님에게로"라는 예수의 말은 들리지 않는다.

로마에 대항하지 못하는 무력감에 세리 대신 선택해서 투사했던 좌절된 분노의 감정을 예수에게로 전이시킬 이유를 찾고자 하는 그들에게 "하나님의 것은 하나님에게로"라는 말이 들리지 않는 것은 당연한 것이다. 아들이기 때문에 성전세를 낼 이유가 없는데도 성전세를 내기 위해 자신의 주머니에서 꺼내는 것이 아니라 고기 입에서 얻은 불로소득을 내는 것을 본 제자들이 "가이사의 것은 가이사에게로"가 아니라 "하나님의 것은 하나님에게로"라는 예수의 말이 들리는 것은 당연한 것이다. "가이사의 것은 가이사에게로, 하나님의 것은 하나님에게로"라는 예수의 말은 예수의 재치와 기지를 드러내는 말의 유희가 아니다. 제자들에게 드림에 대한 바른 가르침을 주는 예수의 정신이 담긴 금언이다.

드림에 대한 예수의 정신에는 중간이 없다. 가이사의 것은 가이사에게로 가야 하는 것이고 하나님의 것은 하나님에게로 가야 하는 것이다. 가이사의 것과 하나님의 것 사이에는 아무것도 없다. 가이사의 것과 하나님의 것으로 나누어져 있을 뿐이다. 이분법이다. 양자택일이다. 가이사의 것과 하나님의 것 사이에 우리의 것이 없다. 가이사의 것을 제외한 모든 것이 하나님의 것이다. 하나님의 것을 제외한 그 나머지만이 가이사의 것이다. 우리가 하나님께 드려야 하는 것을 우리의 소유라고 말씀하지도 않는다. 하나님의 것을 하나님에게 드리는 것이라고 말씀한다. 가이사에게 주는 것을 제외한 나머지 전부가 하나님의 것이기 때문에 소득의 십분의 일을 내는 십일조나 성전세를 내면서 하나님의 것을 낸다고 믿는 사람들은 예수의 정신에 합당하지 않다. 국가에 내는 세금과 교회에 내는 십일조나 성전세를 제외한 나머지를 자기 것으로 믿는 사람도 예수와 무관한 사람이다. 예수에게는 국가에 속한 것과 하나님에게 속한 것의 구분밖에 없기 때문에 예수에게 속한 사람에게는 내 것이 내 것이 아니다.

국가에 내는 세금은 사람이 사용하는 돈이다. 하나님께 드리는 것도 사람이 사용하는 돈이다. 하나님에게 내는 돈을 경건한 사람들은 하나님께 드리는 것으로 믿고 싶겠지만 그 돈도 하나님이 쓰시는 것이 아니다. 하나님이 쓰시는 것이 아니라 사람이 쓴다. 국가에 낸 세금을 국가가 쓰는 것이 아니라 거기에 속한 사람이 쓰는 것처럼 교회에 내는 돈을 쓰는 것은 교회에 속한 사람이다. 국가의 경우 공무원이 그 돈을 사용하는 합법적인 권리를 가지고 있는 것처럼 교회의 경우 성직자가 돈을 사용하는 합법적인 권리를 소유한다. 그렇기 때문에 국가에 낸 세금이 국가에 귀속되는 것이 아니라 합법적인 권리를 가진 공무원에게 귀속되는 것처럼 교회에 낸 십일조 및 모든 헌금이 하나님에게 귀속되는 것이 아니라 성직자에게 귀속된다. 때문에 헌금을 사용하는 존재는 사람이지 하나님이 아니다. 국가가 아니다. 거기에 속한 합법적 권리를 소유한 소수의 사람이다.

하나님은 물질이 필요하지 않다. 물질은 사람에게 필요한 것이다. 물질이 사람에게 모든 것을 주지는 않지만 사람다운 삶을 영위해 나가기 위해서 가장 중요할 수 있는 것이 물질이다. 물질 때문에 고통 받지 않는 사람들에게 물질의 중요성이 경감되나 물질 때문에 인간다운 삶을 살아가지 못하는 사람은 물질이 얼마나 중요한지 절실하게 느낀다. 사람들이 믿고 있는 것처럼 교회나 회당에 내는 종교적인 의무가 예수가 말하는 "하나님의 것을 하나님에게로"와 동일하지 않다는 것은 자명하다. 예수는 그런 말을 한 적이 없다. 사람들이 교회에 내는 십일조를 가지고 하나님의 것을 하나님께 드린다고 믿고 있는 것은 예수와 관련 없는 경건한 생각이 예수를 믿는 믿음에 끼어들어 온 것이다. 경건한 생활이 예수에 대한 믿음에 끼어든다. 믿음이 없어서 끼어드는 것이 아니라 믿음이 있기 때문에 끼어든다.

예수에게는 하나님께 드릴 경건한 물질이 없다. 예수에게는 사람들의 삶을 위해서 쓰일 세속적인 물질만이 있을 뿐이다. 예수에게는 사람을 위해서 쓰는 것이 하나님을 위해서 쓰는 것이고, 하나님을 위해서 쓰는 것이 사람을 위해서 쓰는 것이다. 사람들을 위해서 쓰기에 지금 갖고 있는 것도 부족하다. 그렇기 때문에 바리새인이나 경건한 기독교인이 믿고 있는 것처럼 내 것 중 일부를 회당이나 교회에 드리는 것이 예수에게는 하나님의 것을 하나님에게로 드리는 것과 같은 것이 아니다. 내가 갖고 있는 모든 것을 다 회당이나 교회에 드리는 것도 더더욱 하나님 것을 하나님께 드리는 것이 아니다. 사람다운 삶을 위해서 자기의 모든 것을 주는 것만이 예수가 아는 하나님의 것을 하나님께로 드리는 유일한 것이다.

하나님의 것을 하나님에게로 드리는 사람만이 마음에 담아야 할 보물과 밖에 놓아야 할 보물이 있다는 것을 안다. 마음에 담는 보물은 사람들의 피폐한 삶에 대한 아픔과 안쓰러움이다. 밖에 놓는 보물은 피폐한 사람들을 위해서 가진 모든 것을 다 내놓는 것이다. 예수가 모르는 하나님의 것을 하나님께 드리는 사람은 교회나 회당을 마음에 담아야 할 보물인 줄 알기 때문에 밖에 내놓는 보물도 교회나 회당에 내는 헌금으로 생각한다. 마음에 담아야 할 보물이 사람들을 향한 예수의 마음인 것으로 아는 사람은 예수의 마음에 묶인 자기 마음 외의 모든 것이 다 밖으로 내놓기 위해서 있는 줄 안다. 회당이나 교회에 자기의 마음을 묶어 놓는 사람은 밖에 내놓는 보물이 회당이나 교회만을 위한 것인 줄 안다. 그래서 그들은 사람들을 위해서 내놓인 물질이 하나님에게 바쳐진 거룩한 물질로 예수가 보는 것을 알지 못한다. 그들에게는 회당과 교회에 바쳐진 것만이 거룩한 물질이다.

거룩하게 보는 것이 거룩하게 보이지 않고 거룩하게 보지 않는 것이 거룩하게 보이는 것은 역설이다. 세속적인 것이 거룩한 것이고 같은 세속적인 것이 세속적인 것이 되는 것도 역설이다. 나를 위해서 하늘에 쌓는 보물이 남을 위해 땅에서 소비하는 것이 되는 것과 하나님을 위해서 하늘에 쌓은 보물이 나를 위해 땅에 묻는 것이 되는 것도 역설이다. 사람다운 삶을 살게 하기 위해서 사람에게 주는 것이 하나님이 사용한 것이 되고 하나님의 몫은 가려 하나님에게 드린 것이 자신의 미래를 위한 투자가 되는 것 또한 역설이다. 남을 위해서 땅에 쌓을 보물과 나를 위해서 하늘에 쌓을 보물이 같은 보물이라는 것이 역설이다. 마음에 담아야 할 보물과 밖에 놓아야 할 보물이 같은 보물인 것도 역설이다. 성전세를 내거나 십일조를 내는 것과 하나님의 것을 하나님에게 드리는 것이 다른 것이지만 나를 위해서 보물을 하늘에 쌓는 것과 하나님의 것을 하나님에게로 드리는 것이 같다는 것이 역설이다.

예수에게 있어서 "하나님의 것은 하나님에게로"만이 전부이지만 가이사의 것을 가이사에게 주는 것도 공존하고 있다. 나를 위해서 보물을 하늘에 쌓는 것이 모든 것이지만 성전세, 즉 종교기관에 내는 것도 인정하고 있다. 이것 또한 역설이다. 모든 것이 역설이다. 아들인 예수가 회당에 성전세를 내는 것은 불필요한 일이다. 그러나 예수가 성전세를 내기 때문에 제자들은 성전세를 내야 한다. 하나님의 것을 하나님에게 드리기 때문에 교회에 내는 것이 면제되는 것이 아니다. 교회에 십일조를 내야 한다. 교회를 유지하기 위해서 헌금이 필요하다. 불로소득을 내는 예수는 그것을 인정하기에 내는 것이다.

그러나 그것은 곧 하나님에 대한 것으로 생각하거나 하늘에 보물을 쌓는 것으로 생각한다면 그것은 잘못된 것이다. 예수의 정신과 맞지 않는다. 예수와 상관없는 것이다. 재물 사용에 대한 예수의 가르침은 역설이다. 역설을 바로 보기 위해서는 눈이 맑아야 한다. 역설을 역설로 보지 못하는 자는 예수의 정신을 알지 못한다. 역설 아닌 것을 역설로 보지 않아야 하고 역설을 역설로 보기 위해서는 눈이 맑아야 한다. 맑은 눈만이 그 둘을 동시에 볼 수 있게 한다. 눈이 맑지 않으면 역설이 역설로 보이지 않고 역설이 아닌 것이 역설로 보이게 된다.

눈이 맑지 않으면 하나님이 재물이 되고 재물이 하나님이 된다. 하나님과 재물 중 하나를 포기해야 한다. 남을 위해서 재물을 포기하면 자기를 위해서 하나님을 선택하는 것이다. 나를 위해서 재물을 선택하면 하나님을 포기하는 것이다. 모든 것이 역설이다. 둘 중의 하나만을 선택해야 하는 것이 역설이다. 사람다운 삶을 살아가기 위해서 둘 다 필요함에도 불구하고 하나만 선택해야만 하는 것이 역설이다. 둘 모두 필요한 세상에서 하나만 선택하는 이유가 둘 다 동일하게 사랑하지 못하기 때문이라는 것이 역설이다. 둘을 동일하게 사랑하지 못하는 것이 하나를 사랑하고 다른 하나를 미워하는 것이라는 말은 역설이다. 자신의 것을 모두 팔아서 구제하라는 말씀에도 불구하고 가룟 유다가 맡아 가지고 있는 돈궤에 여전히 돈이 남아 있다는 것도 역설이다(요 13:29). 삼백 데나리온이나 나가는 값비싼 향유를 예수의 머리에 붓는 여인의 행위가 아름다운 이야기로 영원히 기억되고 그것을 팔아 가난한 사람에게 주는 것이 옳은 일이라며 여인을 책망하는 제자들이 옳지 않게 되는 것도 역설이다(마 26:6–13). 비록 그 여인의 행위가 예수의 죽음을 준비하는 특별한 행위이기 때문에 옳다고 해도 가난한 자를 위한 구제보다 더 우선되는 것이 있을 수 있다는 것은 역설적이다.

F. 염려에 대해서 (마 6:25–34)

25 그러므로 내가 너희에게 이르노니 목숨을 위하여 무엇을 먹을까
무엇을 마실까 몸을 위하여 무엇을 입을까 염려하지 말라 목숨이 음
식보다 중하지 아니하며 몸이 의복보다 중하지 아니하냐 26 공중의
새를 보라 심지도 않고 거두지도 않고 창고에 모아 들이지도 아니하
되 너희 천부께서 기르시나니 너희는 이것들보다 귀하지 아니하냐 27
너희 중에 누가 염려함으로 그 키를 한 자나 더할 수 있느냐 28 또 너
희가 어찌 의복을 위하여 염려하느냐 들의 백합화가 어떻게 자라는가
생각하여 보라 수고도 아니하고 길쌈도 아니하느니라 29 그러나 내가
너희에게 말하노니 솔로몬의 모든 영광으로도 입은 것이 이 꽃 하나
만 같지 못하였느니라 30 오늘 있다가 내일 아궁이에 던지우는 들풀
도 하나님이 이렇게 입히시거든 하물며 너희일까보냐 믿음이 적은 자

> 들아 [31]그러므로 염려하여 이르기를 무엇을 먹을까 무엇을 마실까 무
> 엇을 입을까 하지 말라 [32]이는 다 이방인들이 구하는 것이라 너희 천
> 부께서 이 모든 것이 너희에게 있어야 할 줄을 아시느니라 [33]너희는
> 먼저 그의 나라와 그의 의를 구하라 그리하면 이 모든 것을 너희에게
> 더하시리라 [34]그러므로 내일 일을 위하여 염려하지 말라 내일 일은
> 내일 염려할 것이요 한 날 괴로움은 그날에 족하니라

24절은 재물 사용에 대한 가르침의 결론이다. 동시에 일상의 삶을 살아가는 문제에 대한 가르침의 전제이다. 24절이 재물 사용의 결론이기 때문에 시선이 고정된다. 재물이 있는 곳에 마음이 있다는 예수의 가르침은 너의 시선이 멈추는 곳에서 너의 마음을 사로잡은 존재가 결정된다는 말씀으로 마친다. 재물을 놓는 곳에 마음을 같이 내려놓는 것에서부터 그것을 바라보는 시선에 들어와 앉아 있는 존재가 결정된다. 재물을 사람다운 삶을 살지 못하는 사람에게 내어놓는 자는 내려놓는 재물을 보는 것이 아니라 자신 앞에 있는 사람에게 시선을 맞추기 때문에 그 사람이 마음에 들어와 앉는다.

그러나 재물을 내려놓은 그곳에서 재물에 시선을 고정시킨다면 재물이 마음에 들어와 앉는다. 재물과 재물 앞에 놓인 존재 둘 중 하나에만 시선이 고정될 수 있다. 고정된 것만이 시선에 담겨 마음에 들어와 앉는다. 내 마음에 들어와 앉은 것은 내 마음의 주인이다. 재물이 내 마음에 들어와 앉으면 재물이 내 마음의 주인이다. 하나님이 내 마음에 들어와 앉으면 하나님이 주인이다. 하나님이 내 마음의 주인이라고 믿어서 내놓은 재물 때문에 재물이 내 마음의 주인이 되는 것은 역설이다. 사람다운 삶을 살라고 내놓은 재물 때문에 내 마음에 들어온 그 사람에 대한 안타까움과 안쓰러움이 하나님을 주인 되게 하는 것이 역설이다.

눈이 맑은 사람은 내놓은 재물과 그 앞에 있는 하나님을 구별한다. 눈이 맑지 않은 사람은 내놓은 재물과 하나님을 구별하지 못한

다. 재물에 시선을 빼앗기기 때문에 하나님이 보이지 않는다. 하나님이 보이기 때문에 재물이 눈에 들어오지 않는다. 재물과 하나님은 동시에 보이지 않는다. 재물이 보이거나 하나님이 보인다. 재물과 하나님 중 하나만 보이기 때문에 마음에 담긴 것은 재물이나 하나님 한 분뿐이다. 마음은 재물과 하나님 둘 다 담을 만큼 여유롭지 않다. 우리 마음은 너무나 좁고 작기 때문에 재물이 담긴 마음에는 하나님을 담을 공간이 없다. 마음에 하나님이 담겨 있다면 재물에 양보할 공간이 없다. 마음에 담긴 것이 몸의 주인이기 때문에 몸은 마음을 따라간다. 재물이 마음에 담기면 몸은 그 마음을 따라간다. 하나님이 마음에 담기면 몸은 그 마음을 따라간다. 몸을 이끄는 마음은 축복을 받고자 하는 본능의 소리를 몸에 전달한다. 하나님을 따라가는 마음은 사람들을 불쌍히 여기고 긍휼히 여기는 하나님의 안쓰러움을 몸에 전달한다. 몸은 자기가 들은 소리에만 반응한다. 축복을 구하는 마음의 소리가 몸에 들리면 몸은 축복을 구하는 소리를 낸다. 하나님의 안쓰러워하는 소리가 몸에 들리면 몸은 하나님의 자비와 사랑을 표현하는 행위를 한다. 몸이 구하는 축복의 소리는 기도하는 형태를 통해서 나타난다. 몸이 표현하는 자비와 사랑의 행위는 구제의 모습으로 드러난다.

기도하는 것이 나쁜 것이 아니다. 기도는 신앙인의 삶에 필수적인 것이다. 예수는 삶의 여정에서 기도를 동반자로 삼으셨다. 예수는 기도하셨다. 사람을 고치실 때 하나님께 감사의 기도를 하셨다. 굶주린 사람들을 먹일 때 하나님께 감사의 기도를 하셨다. 자신의 의지를 하나님께 진적으로 드릴 때 기도를 하셨다. 자신이 없는 시간에 제자들을 하나가 되게 하며 지켜달라는 기도를 하셨다(요 17:6-26). 아버지와 아들이 하나인 것처럼 그렇게 하나가 되게 해달라고 기도하셨지만 자신을 위해서 축복을 구하는 기도를 하신 적은 없다. 그렇기 때문에 자신의 축복을 구하는 바리새인의 기도와 그리스도인의 기도가 공허하게 들린다.

바리새인이 하는 기도나 그리스도인이 하는 기도의 소리가 예수가 동반자로 삼으신 기도의 소리와 공명하는가. 오늘날 교회에서, 거리에서, 집에서 그리스도인이 내는 기도의 소리와 내용이 예수의 기도와 내용적으로 일치하는가. 새벽에 기도하고 심야에 기도하는 사람들의 기도 모임이 밤에 기도하신 예수의 기도와 형식적으로는 유사하지만 내용적으로 전혀 다른 기도로 들리는 것은 예수가 하신 기도가 잘못되었기 때문인가. 예수가 낮에 하신 기도는 사람들의 피폐한 삶을 고치시는 것이며 그것은 하나님의 자비하심과 안스러움의 표출이다. 밤에 하신 예수의 기도는 하나님께 자신의 의지를 드리는 결단이었다(마 26:36-46).

예수의 낮과 밤의 행적은 사람들을 향한 하나님의 안쓰러움과 자비하심만이 예수의 마음에 담겨 있다는 것을 보여준다. 예수의 낮과 밤에는 그의 마음에서 내는 소리와 몸이 드러내는 행위의 엇갈림이 없다. 마음에 담긴 것을 몸은 따라간다고 예수는 말씀한다. 마음에 재물이 담기면 몸은 재물을 따라가고, 마음에 하나님이 담기면 하나님을 따라간다. 재물을 따라가는 몸은 하나님이 사람들에 대해서 갖는 안쓰러움의 마음이 담겨질 수 없고, 하나님이 사람들에 대해서 갖는 안쓰러움에 이끌리는 몸에는 재물에 대한 욕구가 담길 수 없다. 예수의 몸에는 하나님의 안쓰러움이 담겨져 있다. 예수는 제자들의 몸에도 하나님의 안쓰러움만이 담기기를 바라신다.

24절은 자신의 몸에 하나님의 안쓰러움만 담아야 하는 제자들이 필연적으로 맞닥뜨리게 되는 삶의 문제에 대해서 예수가 주는 가르침의 전제이다. 제자라는 몸에 하나님의 안쓰러움이라는 마음의 주인만이 안주하기에는 매일 매일의 삶이 주는 불안의 무게가 가볍지 않기 때문에 예수는 제자들에게 불안해하지 말라고 한다. 그러나 제자들이 매일의 삶에 대해서 불안해할 이유가 충분히 있다. 자신이 가진 모든 것을 구제하는 데 사용하기 때문에 자기 자신을 돌볼 수 없다. 자기를 위해서 남겨놓은 것이 없기 때문에 근본적인 문제에 봉착한다.

제자들이 봉착하는 문제는 삶에 대한 깊은 관조나 격조 높은 통찰에서 만나는 차원 높은 문제가 아니다. 가장 기초적인 먹는 것과 입는 문제다. 구제를 하기 전에는 먹는 것과 입는 것이 제자들의 문제가 아니었다. 먹는 문제와 입는 문제, 즉 가장 기초적인 생존을 위한 문제는 제자들 앞에 놓인 삶의 모습이었을 뿐이었다. 하나님의 안쓰러움을 몸의 주인으로 삼은 다음에 생존을 위한 기초적인 문제는 제자들의 삶이 된다. 구제하기 전에는 제자들은 사람들과 다른 사회적 조건에 있었다. 사람들 또한 제자들과 다른 사회적 삶을 살아갔다. 구제하고 난 이후에 제자들은 사람들이 놓여 있던 사회적 조건으로 이동한다. 사람들은 제자들의 구제를 통해서 제자들의 사회적 조건으로 이동한다. 구제는 각각 자신들의 영역에만 있던 제자들과 사람들을 상대방의 영역으로 옮겨 놓는다. 제자들은 구제를 하기 때문에 사람들이 갖고 있던 생존에 대한 기초적인 문제를 자기의 몸으로 떠안는다. 사람들은 제자들이 내놓은 모든 것을 받기에 생존의 문제에서 벗어나서 삶의 관조와 격조 높은 통찰의 문제를 자신의 문제로 채택한다. 구제가 삶의 문제를 바꾸어 놓고 삶의 자리도 바꾸어 놓는다.

그러나 제자가 사람들의 삶의 자리에 앉고 그들의 문제를 자신의 문제로 만들었다고 해서 제자가 사람들과 동일한 존재가 되는 것은 아니다. 사람들의 사회적 조건을 자신의 몸에 걸쳤을 뿐 제자들은 여전히 제자들이다. 사람들이 제자들의 위치로 이동한다고 해서 제자들이 되는 것이 아니다. 사회적 위치만 이동한 채 여전히 그들은 재물을 따라가는 사람들인 것이다. 그들이 보이는 삶에 대한 관조와 격조 높은 통찰은 제자들이 예수를 만나서 알게 된 깨달음과 같은 것이 아니라 재물을 따라가는 일상에서 불연듯 스치듯이 찾아오는 허전함이다. 예수와의 만남에서 깨달은 삶에 대한 깊은 통찰과 관조의 안내를 받아 사람들의 삶에 뛰어든 제자들은 전혀 생각해 본 적이 없는 삶의 기초적인 문제에 봉착한다. 예수의 가르침을 따라서 삶의 한가운데로 뛰어든 제자들이 삶의 깊이와 높은 차원으로 인도되는 것이 아니라 삶의 맨 밑바닥에서 만나는 문제와 부딪힌다는 것은 역설이다. 제자들의 사회적 조건으로 이동한 사람들이 제자들이 깨달은 삶의 통찰과 만나기보다는 여전히 재물을 추구하는 삶을 살아간다는 것이 역설이다.

예수의 말씀대로 마음에 담긴 것을 따라간 제자들이 만나는 결과는 좌절이다. 그들과 삶을 교환함으로써 자신이 만난 현실이 역설적이며, 바뀐 삶을 사는 그들이 여전히 이전의 삶의 태도를 갖고 산다는 것이 좌절이다. 제자들은 좌절을 만난다. 제자들이 만난 좌절은 가난이다. 그것도 지독한 가난이다. 제자들의 제자들이 만날 좌절도 가난이다. 제자들과 같은 가난이다. 가난만이 제자들의 인생에 허락된 삶이다. 가난한 제자들은 자기들의 삶과 교환해 줄 다른 삶을 기대할 수도 없다. 제자들의 제자들도 제자들의 삶과 자신의 삶을 교환해서 제자들의 제자가 되는 것이 아니다. 제자들의 제자들이 교환한 삶은 사람들의 삶이기 때문이다.

가난을 만났기 때문에 제자들이 고뇌에 빠지는 것이 아니다. 가난은 자신의 모든 것을 줘 버리고 사람들의 모든 것을 가진 제자들이 겪어야 할 운명이다. 제자들이 기꺼이 짊어진 삶의 무게인 것이다. 제자들은 그 운명을 기꺼이 짊어짐으로서 예수의 제자임을 드러낸다. 가난이 제자들을 고뇌하게 만드는 이유는 가난을 짊어지기 위해서 바라보던 것과 짊어진 가난이 다르기 때문이다. 또한 짊어진 가난만이 제자들의 삶을 무겁게 만드는 것이 아니기 때문이다. 짊어진 가난이 제자들의 삶을 무겁게 한다고 하더라도 그 가난은 자발적으로 선택한 삶이기 때문에 제자들을 고뇌로 인도할 수 없다. 제자들을 깊은 고뇌의 늪에 빠뜨리는 것은 사람들의 삶이다. 자신의 모든 것을 줌으로써 사람들의 삶을 산 제자들 앞에서 세사들이 입혀준 삶을 살지 않고 제자들이 껴입은 그 삶을 여전히 살아가는 사람들을 보는 것이 제자들로 하여금 깊은 고뇌로 빠뜨린다. 자신이 벗어준 삶을 입은 사람들이 겉모습은 바뀌었지만 속 모습은 전혀 변화되지 않았기 때문에 그런 이중적인 모습을 바라보아야 하는 것이 제자들을 회의로 이끈다.

자신이 입은 사람들의 삶을 바라보면서 후회하지는 않지만 그럼에도 불구하고 그들처럼 된 것이 잘한 결정이었는가 하는 의문이 제자들의 가슴에서 꺼지지 않는 불꽃처럼 피어나는 것이 고뇌를 준다. 자발적인 뒤바꿈이지만 사람들의 삶의 자리에 계속적으로 머물러 있어야만 한다는 것이 제자들을 동요하게 만든다. 예수의 가르침에 따라서 자신의 모든 것을 다 내놓는다 해도 제자들은 근본적으로 삶에 대한 불안을 안고 사는 인생인 것이다. 가난이 주는 삶의 무게와 불안은 사람들의 마음에 있는 것처럼 제자들의 가슴에 자리잡고 떠나지 않는다.

예수는 제자들이 맞이할 운명에 대해서 알고 있다. 제자들에게 떠나지 않을 고뇌에 대해서도 알고 있다. 제자들이 갖고 있는 근본적인 불안에 대해서 알고 있다. 제자들이 짊어질 삶의 무게에 대해서도 알고 있다. 그것이 얼마나 힘든 것인지 분명히 알고 있다. 자신의 삶에서 짊어진 짐이기 때문에 그 짐의 무거움에 치여서 제자들이 얼마나 힘겨워 할 것인지 누구보다 더 확실히 알고 있다. 그럼에도 불구하고 예수는 제자들을 그러한 운명으로 인도한다. 사람들과 하나가 되라고 제자에게 그런 운명을 만나게 하는 것이 아니다. 자기와 하나가 되게 하기 위해서 제자들을 그런 운명으로 인도한다. 사람들의 삶을 짊어진 삶 안에서 예수가 하나님과 하나 됨을 깊이 느꼈듯이 제자들이 예수와 하나 됨을 깊이 알게 하기 위해서 그런 운명으로 인도한다. 예수가 만난 운명과 같은 운명을 만나야 제자들은 예수의 제자됨의 의미를 알게 된다. 예수가 그들을 삶의 밑바닥으로 이끄는 것은 예수의 제자가 되는 것을 체득하게 하기 위해서이다.

예수의 제자가 되는 것은 삶의 관조와 깊은 통찰에서 얻어지는 깨달음과 지식이 아니라, 예수가 짊어진 사람들의 무거운 짐을 어깨위에 얹을 때 경험되는 것이다. 예수의 삶을 경험해야만 제자는 하나님과 함께하는 삶을 경험한다. 체득된 경험만이 예수와 제자들을 이어주는 끈이다. 하나님이 예수를 세상의 현실로 보낸 것처럼 예수는 제자들을 사람들의 현실로 보낸다. 사람들의 삶을 짊어지기 위해서 예수가 세상에 보내진 것처럼 사람들의 삶을 짊어지라고 예수는 제자들을 사람들의 삶의 현실로 보낸다. 제자가 된다는 것은 세상에 보내지는 것이며 삶의 한가운데서 세상이 져야 할 짐을 짊어진다는 것을 지칭한다. 예수는 세상에 보내졌다. 아버지인 하나님이 아들인 예수를 세상에 보내셨다. 세례 요한은 예수의 오심을 보고 "보라 세상 죄를 지고 가는 하나님의 어린양이라"고 명명했다(요 1:29).

바울은 자신의 삶을 예수의 남은 고난을 몸에 채우는 것이라고 규정했다(골 1:24). 제자가 되는 것은 스승의 운명과 짊어진 짐을 같이 지는 것을 의미한다. 바울은 그것을 누구보다 분명히 알고 있다. 그래서 바울은 그리스도인들에게 예수의 고난에 참예하자고 권면했다(고후 1:7). 고난은 제자들에게 허락된 스승의 운명이다. 고난은 삶에 대한 명상과 통찰에서 얻어지는 고상한 것이 아니다. 삶의 밑바닥에서 만나게 되는 현실이다. 예수는 자신이 만난 삶의 밑바닥의 현실을 제자들도 만나길 원한다. 예수가 만난 삶의 현실이 제자들의 삶의 현실이 될 때만 예수와 제자들 사이에 참된 유대감이 존재할 수 있기 때문이다.

예수는 자신 앞에 온 사람들을 고쳐 줄 때 하나님께 기도를 드렸다. 예수는 굶주린 사람들을 먹일 때 하나님께 감사의 기도를 드렸다. 예수의 병자 고침은 하나님의 함께하심의 결과이다. 예수가 오병이어로 5천 명을 먹인 것도 하나님의 함께하심의 결과이다. 예수와 하나님 사이의 참된 유대감은 예수 혼자만 있었던 광야의 40일간의 기도시간이 아니라 예수가 사람들의 현실에 참여할 때 사람들의 현실을 사이에 두고 일어난다. 겟세마네에서의 예수와 하나님의 하나됨은 십자가라는 현실을 사이에 두고 일어났다.

예수는 제자들을 삶의 밑바닥으로 인도한다. 제자들이 만나게 될 현실의 무게를 몰라서 그런 것이 아니다. 제자들이 짊어질 현실의 무게보다 더 크고 무거운 짐인 세상의 모든 죄를 짊어진 분이 제자들의 스승인 예수이다. 제자들을 삶의 무거운 현실로 인도할 이유가 그에게 있다. 그곳으로 가야만 예수와 진실한 유대감을 경험할 수 있기 때문이다. 예수가 제자들에 대해서 갖고 있는 유대감을 제자들에게 경험시키기 위해서만 그런 운명을 주는 것이 아니다. 제자들이 예수에 대해서 갖고 있는 유대감의 깊이를 알게 하기 위해서 그곳으로 내모신다. 예수가 십자가에서 하나님에 대한 깊은 유대감을 드러냈듯이 제자들이 예수에 대해서 갖고 있는 유대감의 깊이는 그곳에 가서야만 그들에게 드러난다.

십자가를 사이에 두고 아버지와 아들인 하나님과 예수는 하나 됨을 확증한다. 예수의 제자가 되는 사람들은 자신의 현실과 사람들의 현실을 바꾸지 않고서는 예수와의 깊은 연대감을 경험할 수 없다. 제자들이 사람들의 현실로 갈아타지 않고서는 예수가 그들에 대해서 갖고 있는 연대감을 전달할 수 없다. 예수가 제자에게 갖고 있는 연대감과 아버지인 하나님과 아들인 예수 사이에 있는 연대감이 동일한 연대감에 근거한 것임을 제자들이 알기 위해서는 예수가 짊어진 현실의 짐을 짊어져야 하는 것이다. 예수에게 연합된 그 유대감의 깊이는 가난이라는 가혹한 현실에서 경험된다. 예수가 십자가에서 경험한 하나님과 하나 됨의 깊이를 제자들은 가난이라는 현실에서 경험한다. 십자가가 예수에게 다가온 참혹한 현실인 것처럼 가난은 제자들에게 다가오는 혹독한 시련이다.

하나님이 예수의 삶 앞에 십자가라는 참혹한 현실을 준비했듯이 예수는 제자들의 삶에 가난이라는 가혹한 시련을 준비한다. 십자가는 예수에게 허락된 혹독한 현실이다. 십자가에서 아들인 예수는 절망과 고독을 경험한다. 가난은 제자들에게 허락된 비참한 현실이다. 가난한 현실에서 제자들도 절망과 회의를 경험한다. 예수가 경험하는 절망은 하나님으로부터 버림을 받았다는 버림의 경험이다. 제자들이 경험하는 절망과 회의는 오늘을 살아가기에도 벅차기 때문에 내일을 기대할 수 없다는 좌절감과 결부된 자신의 선택에 대한 후회이다.

아버지로부터 버림받은 아들이 경험하는 현실에서 아들을 더욱 비참하게 만드는 것은 버림받는 아들에 대해서 아들이 사랑했던 모든 사람들이 보내는 조롱과 멸시이다. 내일이 없는 제자들을 비참하게 만드는 것은 사람들의 삶의 태도이다. 자신이 갖고 있는 모든 것을 주고 사람들의 삶을 택한 제자들 앞에서 여전히 동일한 것을 추구하는 삶을 살아가는 것은 제자들의 거룩한 선택에 대한 모독이다. 자신들을 구원하기 위해서 십자가가 위에 달린 예수를 향해서 사람들이 십자가에서 내려와서 자신을 구원하라며 모욕과 조롱을 한 것처럼 사람다운 삶을 살게 하기 위해서 스스로 가난해진 제자들의 눈앞에서 여전히 육을 위해서 살아가는 사람들은 제자의 정신을 희롱한다.

절망과 회의는 예수와 제자들이 넘어야 할 산이다. 예수는 십자가에서 버림의 절망을 넘어서 모든 것을 이룸을 확정한다. 또한 가난도 제자들이 넘어야 할 산이다. 제자는 예수가 모든 것을 이루신 것처럼 이루어야 할 것이 있다. 십자가에서 예수가 이루시는 것은 아버지의 아들임을 사람들이 알게 하는 것이다. 그가 십자가에서 내려옴으로 하나님의 아들인 것을 사람들이 알게 되는 것이 아니다. 십자가에서 내려오기 전에 이미 그의 죽으심으로 확정한 것이다. 예수의 죽음을 목격한 한 백부장 및 함께한 사람들은 예수가 진실로 하나님의 아들이라고 증언한다(막 15:39).

제자들이 이루어야 할 것은 예수의 제자임을 확정하는 것이다. 가난에서 벗어나는 것이 예수의 제자 됨이 확정되는 것이 아니다. 가난한 현실에서 예수의 제자로서 확정되는 것이다. 예수가 십자가에서 내려오는 것은 죽음을 통해서이다. 제자들이 가난에서 벗어나는 것도 죽음을 통해서이다. 십자가가 예수의 아들 됨을 확증하는 최적의 현실이기 때문에 예수는 십자가에서 내려오지 않는다. 타인에 의해서 십자가에서 내려질 뿐이다. 예수는 제자들이 자기의 제자 됨을 확증하는 최적의 장소가 가난이 주는 현실인 것을 알기 때문에 제자들의 삶에서 가난을 벗겨 주지 않는다. 제자가 가난의 현실에서 벗어나는 것은 죽음을 통해서이다. 십자가는 하나님이 자신 안에서 아들이신 그리스도와 함께하는 유대감을 예수인 그리스도에게 전이하기 위해서 준비한 것이다. 스승인 예수는 자신 안에 있는 제자들에 대한 유대감을 그들에게 전이시키기 위해서 가난을 준비한다.

십자가의 현실에서 예수의 아들 됨이 있는 것처럼 가난에서 제자들의 제자 됨의 현실이 있다. 십자가의 현실에서 예수의 아들 됨이 예수를 향해서 서 있던 사람들의 입에서 증언되었던 것처럼 가난의 현실에서 제자의 제자 됨이 제자를 향해서 서 있는 사람들의 입에서 증언된다. 십자가에서 예수가 죽음으로 아들 됨이 증언되었듯이 제자들도 가난한 채로 인생을 끝마쳐야 제자 됨이 증언된다. 예수가 죽어야만 십자가에서 내려올 수 있었던 것처럼 제자들도 죽어야만 가난의 현실을 벗어날 수 있다. 예수가 십자가를 벗어날 수 없었듯이 제자들도 가난을 벗어날 수 없다. 죽음이 없는 십자가는 십자가가 아닌 것처럼 가난하지 않는 가난은 가난이 아니기 때문이다.

예수와 하나님 사이의 깊은 연대감과 유대감이 십자가를 사이에 두고 발생한 것처럼, 예수와 제자 사이의 깊은 연대감과 유대감은 가난한 현실을 사이에 두고 발생한다. 십자가를 사이에 두고 찢겨지고 상처받은 예수와 하나님이 마주보고 서 있듯이 가난한 삶을 사이에 두고 삶의 밑바닥에서 절망하는 제자와 예수가 마주보고 있다.

마주섬은 둘만의 바라봄이다. 마주 서 있는 둘만의 사이에 다른 그 누가 끼어들고 있지 않는다. 마주보는 둘만의 바라봄에서 끼어든 것은 둘을 마주보게 만드는 그 현실밖에 없다. 하나님은 십자가라는 현실에 있는 예수를 바라본다. 예수는 십자가의 현실에서 하나님을 바라본다. 예수는 가난이라는 현실에 있는 제자를 바라본다. 제자는 가난한 현실에서 예수를 바라본다. 십자가에서는 하나님과 예수 외에 다른 현실이 존재하지 않는다.

예수와 제자 사이에 다른 현실이 존재하지 않는다. 하나님 앞에는 십자가에 달려 있는 예수의 현실밖에 없다. 십자가에 달려 있는 예수 앞에는 하나님밖에 없다. 예수 앞에는 가난한 제자들의 비참한 현실밖에 없다. 가난한 현실의 제자 앞에는 예수밖에 없다. 십자가에 달림으로 예수는 하나님에 대한 자신의 아들 됨을 확증했다. 사람들의 현실을 자신의 삶으로 만듦으로 제자들은 예수에 대해서 제자 됨을 확증했다. 이제는 하나님이 확증하실 차례이다. 자신이 십자가에 달린 예수의 아버지 되심을 확증하실 차례이다. 베드로는 하나님이 예수를 살리셔서 그리스도와 주가 되게 하셨다고 증언한다(행 2:32-36).

예수의 부활은 그가 아들임을 확증하는 하나님의 증언이다. 예수가 십자가에 자신을 올려놓음으로 아버지의 아들인 것을 확증한 것처럼 하나님은 예수를 부활시키심으로 십자가의 현실에서 죽은 아들의 아버지임을 확증한다. 이제는 선생인 예수의 차례이다. 자신이 가난한 사람들의 현실을 몸으로 감싸 안은 제자들의 선생인 것을 예수가 확증할 순서만 남아 있다. 예수는 제자들이 자신의 이름으로 구하는 것을 허락하고 아들의 이름으로 제자들이 구할 때 그것을 이행할 것이라고 말씀한다(요 14:13-14).

아들이 구하는 것을 아버지가 듣고 응답하던 그것을 이제는 아들의 이름으로 제자들이 구하고 아들이 이를 응답하는 것으로 전환한다. 예수의 허락에 의해서 전환이 일어난 것은 아들과 아버지의 관계에서 존재하는 하나 됨이 제자와 선생의 관계에서 하나 됨과 동일한 것이다. 두 가지 면에서 전환은 동일하다. (1) 예수가 제자들에 대해서 갖는 하나 됨은 아버지가 아들에 대해서 갖는 하나 됨과 같은 것이다. 예수와 제자의 하나 됨은 바울이 로마서 8장 35절에서 선언한 것처럼 결코 파괴될 수 없다. (2) 아들의 구함과 이에 대한 아버지의 응답이 아버지에게 영광인 것과 마찬가지로 제자의 구함과 아들의 응답은 하나님께 영광을 드리는 것과 같은 것이다(요 14:13-14).

예수는 제자들로 하여금 모든 족속으로 제자를 삼아 아버지와 아들과 성령의 이름으로 세례를 주고 내가 너희에게 분부한 모든 것을 가르쳐 지키게 하라고 말씀하신다. 예수는 제자를 승인한다(마 28:19-20). 예수의 승인에는 세 가지 의미가 들어 있다. (1) 제자들의 세례를 승인한다. (2) 제자들이 제자를 두는 것을 승인한다. (3) 제자들의 가르침을 승인한다. 자신의 가르침이 제자들을 통해서 그들의 제자들에게 전달되는 것을 승인한다. 십자가에서 하나님이 예수의 아버지 됨을 승인했듯이 가난의 현실에서 예수는 제자들의 선생임을 승인한다.

십자가에서 아버지의 아들 됨과 아들의 아버지 됨의 확증이 일어남으로 예수가 짊어진 십자가의 현실은 아버지와 아들이 하나 되는 현실이다. 가난의 현실에서 선생의 제자 됨과 제자의 선생 됨의 확정이 일어남으로 가난은 제자들이 선생인 예수와 하나 되는 현실이다. 예수와 하나님의 하나 됨이 십자가에서 일어났듯이 예수와 제자의 하나 됨은 가난에서 일어난다. 가난은 예수가 제자들을 위해서 마련한 십자가인 것이다(마 16:24).

십자가에서 예수는 혼자가 아니다. 하나님과 온전히 함께한다. 가난에서 제자는 혼자가 아니다. 예수와 온전히 함께한다. 십자가에서 예수는 하나님께 구할 것이 무엇인지 분명하게 밝히신다. 사람들을 위해서 아버지께 저들의 무지를 용서해 달라고 간구한다. 자신을 위해서는 영혼을 받아달라고 간구한다. 가난의 현실에서 제자들은 간구해야 할 것을 인식한다. 하나님의 나라와 그의 의다. 예수와 달리 제자들은 사람들의 무지를 용서해 달라는 간구를 드리지 않는다. 예수와 달리 자신의 영혼을 받아달라는 간구를 드리지 않는다. 가난에서 제자들에게 허락된 유일한 간구는 하나님의 나라와 그 의의를 구하는 것이다.

일상의 삶에서 예수가 하나님께 간구한 것은 십자가에서 간구한 것과 동일한 것이 아니었다. 제자들이 예수의 이름으로 간구할 모든 것은 가난의 현실에서 그에게 간구하는 것과 동일한 것이 아니다. 예수가 일상에서 사람들의 삶의 문제를 갖고 하나님께 간구했다. 제자들도 일상에서 사람들의 문제를 갖고 간구해야 한다. 그러나 십자가에서 예수가 하나님께 간구했던 것은 자신과 관련된 간구이다. 가난의 현실에서 제자가 하나님께 간구하는 것은 제자들과 관련된 간구이다. 예수가 자신을 모욕하는 사람들의 무지를 용서해 달라고 간구하고 모든 것을 이룬 자신의 영혼을 아버지가 받아달라고 간구했듯이 가난한 자신과 가난한 모든 사람을 위해서 하나님의 나라를 간구하고 또 그의 의를 간구해야 한다.

하나님의 나라와 그의 의는 가난한 제자들에게 절실하게 필요한 것이다. 가난하지 않는 사람들에게 필요한 것이 아니다. 하나님의 나라와 의가 가난하지 않는 사람과 무관하지 않다는 말이 아니다. 무지하기 때문에 자신을 모욕하는 사람들에게 용서를 간구하는 것은 추상적인 것이 아니다. 모든 것을 이루었기 때문에 죽음을 맞이하는 예수가 자신의 영혼을 아버지께 의탁하는 것은 관념적인 것이 아니다. 가난하기 때문에 절망하는 사람에게 하나님의 나라와 의는 추상적인 것도 관념적인 것도 아니다. 가난한 사람들이 간구하는 하나님의 나라와 의는 소박한 것이다. 더 이상 가난하지 않는 현실이다. 가난 때문에 슬펐던 모든 슬픔이 더 이상 슬퍼지지 않는 현실이다(계 21:4). 부자가 되는 것을 간구하는 것이 아니다. 부자가 아니기 때문에 가난한 것이 아니다. 부자가 되려다 가난해진 것도 아니다. 가난의 현실이 제자들에게 예수와 하나 됨을 확증하는 것이기 때문에 가난이라는 현실을 선택한 것이다. 가난한 현실이 제자들의 삶이 된 이후에야 제자의 의미를 알게 되기 때문에 가난을 선택한다.

가난한 제자들에게 예수는 하나님의 나라와 의를 구하라고 말씀한다. 예수의 허락은 자발적으로 가난을 선택한 제자가 가난으로부터 벗어나기 위해서 하나님의 나라와 의를 간구하라는 것이 아니다. 하나님의 나라와 의가 실현되기 때문에 가난이라는 현실이 제자들의 삶에 존재하지 않게 되는 것이다. 예수가 십자가로부터 내려져서 아버지의 품으로 올라간 것처럼 제자들이 가난이라는 현실로부터 내려져서 아버지의 나라로 옮겨지고 그의 의가 드러나는 것을 간구하라는 것이다. 가난한 제자들에게 하나님의 의가 드러나고 하나님의 나라에 가난한 제자들이 있기를 간구하는 것이다. 가난한 제자들이 가난에서 벗어나서 하나님의 나라에 들어가는 것이 아니라 가난한 채로 하나님의 나라에 들어가는 것이 하나님의 뜻이다.

십자가에서 내려진 예수가 내려졌던 그 모습 그대로 하늘에 오른 것처럼 가난한 제자들이 가난한 채로 하나님의 나라로 들어가는 것이 하나님의 의의 드러남이다. 제자들은 하나님의 나라와 의를 구해야 한다. 십자가의 현실에서 내려온 예수가 십자가의 흔적을 지금도 갖고 있는 것처럼 가난한 현실에서 내려설 제자들이 가난의 흔적을 그 때도 갖고 있게 되기를 간구해야 한다. 다시 말해서 예수에게 십자가가 하나님의 의를 드러내는 것이었던 것처럼 제자에게는 가난이 하나님의 의를 드러내는 것이기에 하나님의 나라에 가신 예수가 십자가의 흔적을 갖고 있는 것처럼 하나님의 나라에 들어갈 제자들이 가난의 흔적을 갖고 있게 되기를 간구해야 한다.

가난에서 벗어나게 해 달라는 간구가 제자들이 구하는 간구가 되어서는 안 된다. 가난만이 제자들을 제자 되게 하는 것이기에 가난한 제자가 하나님의 나라에 들어가는 것이 하나님의 의인 것이다. 십자가에서 예수의 의가 드러난 것처럼 가난에서 제자의 의가 드러나고 하나님의 나라에 십자가에서 받은 고통의 흔적을 가진 예수가 지금도 있는 것이 하나님의 의로움의 모습인 것처럼 가난으로부터 받은 고통의 흔적을 지닌 제자가 하나님의 나라에 있는 것이 하나님의 의로우심의 모습이다. 하나님의 의로우심은 아들의 십자가의 고통과 제자들의 가난의 고통을 통해서 드러난다. 하나님의 의로우심은 아들의 고통을 바라보는 아버지의 의로우심이다. 또한 하나님의 의로우심은 제자의 고통을 바라보는 선생의 의로우심이다.

아들의 고통을 바라보는 아버지의 바라봄은 고통이다. 제자의 고통을 바라보는 선생의 바라봄은 고통이다. 아들의 고통에서 아버지가 아들과 하나 됨이 있기 때문에 아들의 고통은 곧 아버지의 고통이다. 제자의 고통에서 스승이 제자와 하나 됨이 있기 때문에 제자의 고통은 스승의 고통이다. 고통 받는 아들과 함께하는 아버지의 고통이 그의 의로움이다. 고통 받는 제자와 함께하는 선생의 고통이 그의 의로움이다. 하나님의 의로움은 정의로움이 아니다. 그것은 사랑이다. 아들이 십자가에서 받는 고통이 정의로운 것이 아닌 것처럼 고통 받는 아들과 함께 받는 아버지의 고통은 정의로움이 아니다.

제자가 가난에서 받는 고통이 정의로운 것이 아닌 것처럼 고통 받는 제자와 함께하는 선생의 고통은 정의로움이 아닌 것이다. 하나님의 의로움은 사랑이다. 사랑 때문에 아들은 십자가에서 고통을 선택한다. 아버지에 대한 사랑 때문에 아들은 십자가의 고통을 선택하고 사람에 대한 사랑 때문에 그들을 용서해 달라고 아버지께 간구한다. 선생에 대한 사랑 때문에 제자는 가난을 선택하고 가난한 사람들을 위해서 하나님의 나라와 의를 간구한다. 고통 받는 아들과 함께하는 아버지의 고통은 사랑이다. 아들의 고통이 사람들을 위한 고통인 것을 알기에 아들로 하여금 고통을 겪게 하시는 하나님의 고통은 아들에 대한 사랑이다. 아들에 대한 아버지의 사랑이 고통 받는 아들에게 고통을 경험하는 아픔을 겪게 한다. 제자들의 가난이 사람다운 삶을 살게 하기 위한 것임을 알기에 제자로 하여금 고통을 겪게 하는 선생이 고통은 제자에 대한 사랑이다. 제자에 대한 사랑이 고통 받는 제자들의 고통을 함께 겪는 고통을 겪게 한다.

하나님의 정의는 사랑이다. 하나님의 사랑은 관념이 아니라 아들에 대한 사랑이다. 아들에게 고통의 십자가를 얹는 사랑이다. 십자가에서 겪는 아들의 고통을 바라보는 고통을 겪는 사랑이다. 선생의 의로움은 사랑이다. 사랑에 대한 가르침이 아니라 제자에 대한 사랑이다. 제자의 삶에 가난의 굴레를 씌우고 고통 받는 제자와 함께 고통 받는 사랑이다. 아버지에 대한 아들의 의로움은 사랑이다. 아버지가 아들을 위해서 준비한 십자가에서의 고통을 기꺼이 지는 아들의 의로움은 아버지에 대한 사랑이다. 제자의 의로움은 사랑이다. 예수가 제자를 위해서 준비한 가난한 현실에서 겪는 고통을 기꺼이 선택하는 제자의 의로움은 예수에 대한 사랑이다. 사랑이 아버지와 아들을 묶어 주는 끈이다. 아들에 대한 사랑 때문에 아버지는 아들의 아버지가 된다. 아버지에 대한 사랑 때문에 아들은 아버지의 아들이 된다. 사랑이 예수와 제자를 이어 주는 끈이다. 사랑 때문에 예수는 제자에 대해서 선생이 된다. 사랑 때문에 제자는 예수의 제자가 된다.

사랑은 관념이 아니다. 현실이다. 십자가에서 만난 현실이며, 가난에서 만나는 현실이다. 십자가의 현실에서 만난 사랑은 아들에 대한 아버지의 사랑이고 아버지에 대한 아들의 사랑이다. 가난의 현실에서 만난 사랑은 제자에 대한 예수의 사랑이고 예수에 대한 제자의 사랑이다. 사랑은 십자가를 사이에 두고 일어난다. 사랑은 가난을 사이에 두고 발생한다. 현실을 사랑해서 현실을 사이에 두고 사랑이 있는 것이 아니다. 십자가는 사랑할 수 있는 현실이 아니다. 가난도 사랑할 수 있는 현실이 아니다. 예수가 십자가를 사랑해서 십자가에 달린 것이 아니다. 제자가 가난을 사랑해서 가난을 택한 것이 아니다. 아버지를 사랑하기에 십자가를 지는 것이다. 예수를 사랑하기에 가난한 삶을 선택하는 것이다. 현실을 사랑해서 현실로 들어가는 것이 아니라 사랑하는 그분을 사랑하기 때문에 현실로 뛰어드는 것이다.

현실은 사랑의 대상이 아니라 사랑이 있게 하는 곳이다. 사랑이 현실에서 만나는 것이기 때문에 현실이 없는 사랑은 사랑이 아니다. 사랑하기 위해서는 현실로 들어가야 한다. 사랑을 받기 위해서는 현실로 뛰어들어야 한다. 사랑을 사랑으로 알기 위해서는 현실에 서 있어야 한다. 사랑이 사랑 아님과 다른 것임을 분명히 인지하기 위해서는 현실에 서 있어야 한다. 현실은 사랑과 사랑 아님을 구별시켜주는 시금석이기 때문이다.

제자는 가난한 현실에 서 있어야 하나님의 의를 경험한다. 제자들이 경험하는 하나님의 의는 하나님의 돌보심이다. 하나님의 의는 정의가 아니라 사랑이고 사랑은 관념이 아니라 실제이기 때문에 가난한 제자를 돌보는 것이 하나님의 사랑이다. 가난한 현실에서 제자들이 만나는 것은 지독한 가난만이 아니다. 가난한 제자들을 돌보는 하나님의 돌보심도 만난다. 하나님의 돌보심은 제자를 가난에서 벗어나게 하는 하나님의 행위가 아니다. 가난한 제자들이 가난한 채로 생을 마감할 수 있도록 보존하는 하나님의 행위이다. 제자들의 마음 속에는 가난의 힘겨움에 지쳐서 가난에서 벗어나게 하는 하나님의 행위를 간구할 수도 있다. 그러나 하나님의 돌보심은 제자를 가난에서 나오게 하는 것이 아니라 가난한 생의 여정을 끝까지 마치게 하시는 하나님의 사랑이다.

그렇기 때문에 예수는 가난한 제자들에게 먹는 것과 입을 것이 아니라 너와 너의 몸을 돌보는 것이 하나님의 구제라고 가르친다. 하나님의 구제는 제자의 삶에서 필요한 물질을 주시는 것을 의미하지 않는다. 물질의 결핍 속에 있는 제자를 돌보는 것이다. 예수의 가르침에 따라서 사람들의 현실에 뛰어든 제자는 자신들을 위해서 남겨 놓은 것이 없기 때문에 근본적인 문제에 봉착한다. 제자들은 생존을 염려해야만 하는 현실에 부딪힌다. 예수가 염려하지 말라는 것은 제자들에게는 염려해야 하는 것들이다. 제자들은 생존을 위한 힘겨운 싸움을 하고 있다. 제자들은 지금 당장 먹을 것과 입을 것을 구해야만 하는 절대 빈곤의 상태에 있다. 그런 제자들을 위해서 예수는 먹을 것과 입을 것을 염려하지 말라고 말씀한다.

자기가 가진 것 중에서 가이사의 것을 제외한 나머지 모두를 하나님의 것으로 드렸기 때문에 내 것이 하나도 남아 있지 않은 제자들에게 예수는 생존에 필요한 의식주를 염려하는 것은 하나님을 믿지 않는 이방인들이 간구하는 것이라고 말씀한다. 예수의 말씀대로 하나님을 믿지 않는 이방인들만이 의식주의 문제를 소망한다. 생존하기 위해서 의식주의 문제를 그들이 믿는 신에게 기도를 드리는 것만은 아니다. 의식주를 염려하지 않는 사람들도 의식주의 문제, 즉 물질의 축복을 간구한다. 하나님을 믿는 바리새인들이나 서기관들은 의식주의 문제를 갖고 하나님께 기도를 드리지 않는다.

세리와 같이 성전에 올라온 바리새인은 하나님께 십일조를 드리고 금식을 했다고 큰 소리로 말하는 것처럼 하나님의 율법을 지켰다고 기도한다. 바리새인과 함께 성전에서 올라온 세리도 하나님께 의식주의 문제를 갖고 기도하지 않는다. 하나님께 죄를 용서해 달라고 기도한다. 가난한 과부도 자신의 생존에 필요한 모든 물질을 드리지만 의식주의 문제 때문에 하나님께 나아오는 것이 아니다. 예수 주변에 모여든 수많은 가난한 사람들도 먹을 것을 얻기 위해서 예수에게 나아온 것이 아니다. 하나님의 말씀을 간구하기에 예수 앞으로 나아온 것이다. 물고기 두 마리와 떡 다섯 덩이로 오천 명을 먹인 사건도 사람들이 예수에게 먹을 것을 달라고 요청해서 일어난 일이 아니다. 굶주렸지만 결코 굶주렸다고 말하지 않는 사람들을 예수가 먹이신 사건이다.

사람들은 먹을 것과 입을 것을 찾아서 예수에게 오지 않는다. 사람답게 살기 위해서 예수에게 온다. 영생을 얻기 위해서 예수를 찾아온 부자 청년처럼 또는 니고데모처럼 삶의 궁극적인 문제를 갖고 예수를 찾아온다. 예수 앞에서 사람들이 불쌍히 여겨 달라고 외칠 때도 먹을 것을 위해서 외치지 않는다. 사람다운 삶을 살기 위해서 몸을 고쳐달라고 간구하는 것이다. 가난한 사람조차 사람다운 삶을 살기 위해서 예수에게 소리 높여 간구하기 때문에 예수와 하나 된 제자들이 먹을 것과 입을 것을 간구하는 것은 옳지 않다. 바리새인들과 서기관들의 의로움보다 더 높은 의로움을 살아가야 하는 운명을 지닌 제자들이 이방인들이 간구하는 물질의 문제를 갖고 하나님과 만나는 것은 제자의 길이 아니다. 가난한 사람들이 하나님의 말씀을 듣기 위해서 기다리는 현실에서 하나님의 말씀을 듣고 가난한 사람들이 된 제자들이 먹을 것과 입을 것을 구하는 것은 사람들을 모욕하는 것이다.

예수는 제자들이 겪을 삶의 고통을 외면하지 않는다. 십자가에서 겪은 고통이 가볍지 않았던 것처럼 제자들이 가난한 현실에서 겪을 고통이 결코 가볍지 않기에 그들의 고통을 가볍게 생각하지 않는다.

십자가에서 죽어야만 내려올 수 있었던 것처럼 가난한 채로 생을 마감해야만 가난한 현실을 떠날 수 있기에 제자들이 머물러야만 하는 시간의 무게를 가볍게 여기지 않는다.

그래서 예수는 제자들에게 두 가지 사실을 일깨운다. 가난의 문제는 하나님이 염려할 문제라는 것과 자신이 기도문을 주셨다는 것이다. 가난의 문제를 염려해야 하는 것은 제자들이 할 일이 아니다. 예수가 말씀하신 대로 하나님이 염려하실 문제이다. 가이사의 것은 가이사에게 주고 하나님의 것은 하나님에게 드렸기 때문에 내 것이 하나도 남아 있지 않는 제자들을 먹이고 입히는 것은 전적으로 하나님께 달린 문제이다. 모세의 인도를 받아 출애굽한 이스라엘이 광야에서 먹을 것과 마실 물을 구하는 문제는 전적으로 하나님이 하실 일이다. 애굽에서 노동을 하면서 먹을 것과 마실 것을 구했던 이스라엘 민족이 광야에서 먹을 것과 마실 것을 위해서 할 수 있는 것은 아무것도 없다. 애굽을 떠남으로서 이스라엘은 생존의 문제에 봉착한다. 애굽에서는 생존의 문제까지 내려가지 않았다. 노동을 힘겨워 했지만 먹는 것을 염려하지는 않았다.

하나님의 부르심에 따라 광야에 나온 이스라엘은 노동에서 해방되었지만 먹고 마시는 가장 기초적인 문제에 걸려 넘어졌다. 이스라엘 민족의 생존의 문제는 전적으로 하나님께 달려 있다. 그래서 하나님은 바위에서 물이 나오게 하시고, 하늘에서 만나와 메추라기를 내리신다. 하나님이 그들의 의식주 문제를 해결하신다. 광야를 지나가는 40년 동안 하나님은 이스라엘의 의식주를 해결하셨다. 하나님의 말씀대로 아합 왕에게 3년간의 기근을 선언한 엘리야를 먹이신 분이 하나님이다(왕상 17:4-7). 광야 40년 동안 하나님이 이스라엘 민족의 의식주를 책임지셨듯이, 아합 왕 때 3년간 하나님이 엘리야가 먹을 것을 책임지셨듯이 예수는 하늘 아버지께서 제자들의 의식주를 책임질 것이라고 말씀한다. 먹을 것과 입을 것은 절대 빈곤에 놓여 있는 제자들이 염려할 사항이 아니다. 하나님이 염려할 사항이다. 공중에 나는 새도 내일을 위해서 준비하지 않는다. 들꽃도 예쁘게 보이기 위해서 무엇을 입을까 생각하지 않는다.

그럼에도 불구하고 새는 내일도 날아 다닌다. 들에 피어 있는 이름 모를 꽃이 솔로몬의 성전보다도 아름답다고 예수는 말씀한다. 새가 하지 않는 일을 하나님이 하신다. 꽃이 하지 않는 일을 하나님이 하신다. 하나님이 그들을 먹이고 입히신다. 새가 할 일은 하늘을 날아다니는 것이다. 날지 않는 새는 창공에서 만나는 자유를 경험할 수 없다. 꽃이 할 일은 예쁘게 피는 것뿐이다. 어떤 색깔, 어떤 모양으로 피어날 것인가는 하나님이 만드신다. 예쁘게 피지 않는 꽃은 더 이상 꽃이 아니다. 무엇을 먹을까 무엇을 입을까를 걱정하는 것은 제자들이 할 일이 아니다. 하나님이 걱정하실 일이다. 광야 40년 동안에 메추라기와 만나와 물을 주셨던 그분이 제자들에게 필요한 물질을 공급한다. 그릿 시냇가에 있는 엘리야에게 까마귀를 보내서 먹을 것을 주셨던 그분이 절대 빈곤에 있는 제자들을 먹이고 입히신다. 사람들을 구제하기 위해서 가진 것을 모두 다 그들에게 준 제자들을 하나님이 구제하신다. 절대 빈곤의 시간에서 제자로 산다는 것은 하나님의 구제를 경험하고 사는 것을 의미한다.

그러나 하나님의 구제는 오늘만을 위한 구제이다. 하나님은 그날 하루를 견딜 수 있을 만큼 구제하신다. 광야에서 내려진 만나도 그날 지나면 부패해서 먹을 수 없었다. 까마귀가 물고 온 것도 그날 먹을 양식이었다. 하나님은 그날의 생존에 필요한 분량만큼 구제하신다. 내일을 위해서 비축해 놓을 분량이 없다. 내일 먹을 것은 내일이 되어야 얻을 수 있다. 하나님의 구제는 제자로 하여금 제자로서 생을 마감할 수 있게 하기 위해서 하시는 하나님의 돌보심이다. 제자들이 먹을 것과 입을 것을 걱정한다면 하나님이 걱정하는 것은 제자들 자신이다. 제자들을 염려하기에 하나님이 제자로서 삶의 여정을 끝낼 수 있도록 가난한 제자의 삶을 유지시키신다.

하나님의 구제가 가난한 제자가 가난한 채로 생을 마칠 수 있도록 하는 돌보심이라면 제자가 구하는 하나님의 나라와 의는 시간을 앞당겨 달라는 종말론적인 요청이다. 가난한 현실에서 제자들은 주기도문을 경험한다. 주기도문이 말하는 것을 체험한다. 오늘 먹을 양식을 위해서 기도하라는 예수의 말씀이 그들의 삶이 된다. 시험에 빠지게 하지 말고 악에서 구원해 달라고 하는 기도가 실제적이 된다. 하나님의 극적인 개입을 간구하고 무엇인가 거대한 일이 일어나서 순식간에 상황이 뒤바뀌는 것을 꿈꾸는 것은 시험에 빠지는 것이다. 제자들이 꿈꾸는 것처럼 이루어지지 않아서 하나님을 의심하는 것은 악에 빠지는 것이다. 제자들은 시험에 들지 않기 위해서 깨어 있어야 한다. 악에 빠지지 않기 위해서 언제나 긴장해야 한다. 풍요로운 제자가 시험에 드는 것이 아니라 가난한 제자가 시험에 들고 악에 빠진다. 하나님이 가난한 제자의 삶을 지키기 위해서 먹을 것과 입을 것을 책임지는 것처럼 선생이신 예수는 기도문을 말해 줌으로써 제자의 정신을 지켜 준다.

하나님의 나라와 의를 요청하는 것은 가난한 현실에서 건져 달라는 것이 아니라 가난한 현실의 시간을 줄여 달라는 간구이다. 가난이 힘겨워 가난에서 벗어나게 해 달라는 간구가 아니라 가난한 시간을 축소해 달라는 것이다. 가난한 채로, 가난의 흔적을 갖고 하나님의 나라로 들어가는 것이 하나님의 뜻인 것을 알기에 가난한 시간을 짧게 해 달라고 기도한다. 오늘을 겪어 나가는 것이 얼마나 힘든 일인 줄 알기 때문에 오늘의 시간을 내일의 시간으로 연장하지 말아 달라는 간구이다. 예수가 말씀하신 것처럼 오늘의 괴로움은 오늘로 족하기 때문에 제자들은 하나님의 나라와 의를 구한다.

40년 동안 똑같은 만나를 먹는 것은 결코 쉬운 일이 아니다. 3년 동안 떡과 고기를 먹는 것도 쉬운 일이 아니다. 생을 마칠 때까지 하루를 살아갈 만큼 먹을 것을 얻는 것도 결코 쉬운 일이 아니다. 제자들이 가난한 생을 마감할 때까지 하루 분량의 음식을 주는 것도 쉬운 일이 아니다. 힘겨워 하는 제자들을 바라보면서 간신히 하루를 지탱할 수 있을 만큼만 그들을 돌본다는 것은 절대로 쉬운 일이 아니다. 언제 끝날지 모르는 가난한 삶에서 하루를 연명할 만큼만 받고 하루를 살아가는 것은 쉬운 일이 아니다. 내일은 오늘과 다르기를 기대하지만 언제나 오늘과 같은 내일을 만나는 것은 쉬운 일이 아니다. 오늘의 삶이 내일로 그리고 또 내일로 얹혀서 생을 마칠 때까지 한없이 늘어지는 것을 견뎌내는 것은 결코 쉬운 일이 아니다. 가난한 제자의 삶의 여정은 힘겨운 나날의 연속이다.

하나님도 힘겨워 하시는 삶이다. 가난한 제자들이 힘겨운 삶에서 가난해진 정신을 잃지 않고 살아가는 것을 지켜보는 것도 힘겨운 것이다. 가난한 제자의 가난한 삶은 제자만의 삶이 아니다. 가난한 제자를 돌보는 하나님과 가난한 제자의 가난한 정신을 지키려는 예수도 함께 걸어가는 가난한 삶이다. 제자의 생존을 염려하는 하나님의 염려와 제자의 정신을 지키려는 예수의 정신이 함께 어우러져서 가난한 제자의 삶의 여정에 동참한다. 가난한 제자는 결코 혼자가 아니다. 하나님과 예수는 가난한 제자를 결코 혼자 내버려 두지 않으시는 것이다.

바리새인들은 예수가 세리 및 한센 병 환자와 함께 먹고 마시는 것을(마 11:19; 막 14:3) 보고 예수의 도덕성을 문제 삼았다. 바리새인들의 삶의 기준에 의하면 세리와 함께 먹고 마시지 말아야 한다. 한센 병 환자와 함께 먹고 마시는 것은 부정한 것이다. 율법과 장로들의 전통에 따라서 떡을 먹을 때 손을 씻어야 하고 부정한 것을 피해야 함에도 불구하고 예수와 제자들은 하지 말아야 할 것을 하고 해야 할 것을 하지 않는다(마 15:2). 음식과 관련해 손을 씻지 않고 먹는 것과 함께 식탁을 나누지 말아야 할 사람들과 함께 하는 예수에 대해서 바리새인들은 도덕성의 문제를 제기한다. 바리새인에게 있어서 먹는 것은 단순히 무엇을 어떻게 먹을까만이 아니라 율법과 계명을 지키는 것과 관련된다.

율법에 따르면 음식은 하나님에게 부정한 것과 부정하지 않은 것으로 나눠져 있다. 율법이 부정하다고 정한 것을 먹고 마시는 것은 율법을 부정하는 자다. 바리새인들은 예수에게 먹기를 탐하는 자라고 비난한다. 먹기를 탐하기 때문에 예수는 도덕성을 의심받는다. 율법을 부정하는 자는 도덕적으로 의로운 자가 아니다. 바리새인들은 먹는 문제를 예수에게 제기함으로써 사람들에게 예수는 의롭지 않다고 고발하는 것이다. 그래서 예수의 도덕성이 의심받는다. 바리새인들은 먹는 문제에 대해서 율법을 보았다. 그러나 예수는 사람을 본다. 바리새인은 먹는 예수를 보았다. 그러나 예수는 먹는 것을 보이는 것이 아니라 그들과 같아지는 것을 보여준다.

예수는 그들과 함께 먹고 마심으로 그들의 삶을 긍정하고 그들을 존중한다. 바리새인들은 그들을 부정한 존재로 인식하기 때문에 그들이 먹는 것을 부정한 것으로 생각한다. 예수는 그들을 부정한 존재로 보는 것이 아니기 때문에 그들이 먹는 것이 부정한 것이 아니고 그들과 함께 먹는 것도 부정한 행위가 아니다. 부정한 먹을 것과 부정한 존재가 따로 있는 것이 아니라 부정한 생각이 사람을 부정한 사람으로 보이게 만드는 것이다. 입으로 들어가는 것이 사람을 더럽게 만드는 것이 아니라 마음에서 나오는 것이 사람을 더럽게 만드는 것임을 바리새인은 알지 못한다(마 15:17-20). 그들의 눈은 율법의 문구에 고정되어 있기 때문에 눈 앞에 있는 사람에게 시선이 가지 않는다.

예수의 시선은 율법에 고정되어 있는 것이 아니라 사람을 향하고 있다. 제자들도 예수의 시선을 따라서 사람에게 고정되어야 한다. 율법에 고정되면 눈앞에 있는 사람이 보이지 않는다. 사람에 고정되면 율법으로부터 자유롭다. 율법에 고정되면 고정관념에 고착된다. 고정관념에 고착되면 눈 앞에 보이는 삶의 현실이 왜곡된다. 사람에 고정되면 자유 함을 얻게 된다. 환상 속에서 하늘에서 내려온 보자기 같은 것에 담겨진 짐승들을 먹으라고 말씀하시는 하나님께 속된 것을 먹을 수 없다고 반문하는 베드로도 고정관념에 고착되었다. 하나님이 깨끗하다고 말씀하셔도 율법에 근거해서 베드로가 속되다고 대답하는 것이다(행 10:9-35). 고정관념은 현실을 왜곡시킨다. 먹는 것이 사람을 부패하게 만든다고 믿게 만든다. 먹는 것이 사람을 부패하게 만드는 것이 아니라 생각이 사람을 부패하게 만든다. 고정관념에서 벗어나려면 예수의 정신을 가져야 한다. 제자들을 자신의 정신에서 떠나지 않게 하기 위해서 예수는 가난이라는 십자가를 지게 한다.

가난한 제자의 삶은 예수의 제자에게 주어진 숙명이다. 그러나 가난한 삶이라는 숙명을 지금 여기에서 실현하는 것은 쉬운 문제가 아니다. 2,000년이 지난 오늘날 지연된 종말의 시간을 살아가는 제자들은 현실에서 시민으로서 일상을 살아가는 자화상의 모습도 갖고 있기 때문이다. 시민으로서 그리스도인의 자화상과 제자로서 그리스도인의 자화상은 그리스도인의 자기 정체성에 대해서 역설이다. 제자로서의 그리스도인은 가난한 삶을 이루어야 한다. 시민으로서의 그리스도인은 삶이 주는 행복을 추구한다. 제자로서 가난한 삶을 실현하는 것이 바른 제자의 삶인 것처럼 시민으로서 행복을 추구하는 것도 그리스도인에게 바른 삶이다. 시민으로서 행복한 삶이 갖춰지지 않은 제자는 가난한 삶을 살아간다고 해도 제자의 삶을 바르게 살지 못한다. 시민으로서 그리스도인이 추구하는 삶은 제자로서의 바른 삶인 가난한 삶이 동반되지 않는다면 행복한 삶이 아니다. 예수의 제자들과 달리 제자들의 제자된 우리는 시민으로서의 그리스도인과 제자로서의 자화상을 동시에 갖고 있기 때문이다.

가난한 제자의 삶을 일상에서 구현할 수 없기 때문에 가톨릭은 수도사와 성직자로 나눔으로서 가난한 제자의 삶과 행복을 추구하는 시민의 삶의 모순성을 벗어나려 했다. 수도사들은 수도원이라는 한정된 공간에서 가난을 구현한다. 청빈과 구제와 복종을 최고의 가치와 이상으로 삼고 수도원에서 수도사들이 단순한 삶을 살아감으로써 수도원은 제자의 삶을 이어가는 현실이 되었다. 수도원이 가난한 제자의 삶을 구현한 것처럼 신부들은 교회에서 시민의 삶을 구현한다.

교회는 가난하지 않다. 교회가 가난하지 않은 것은 시민들과 만나는 장소이기 때문이다. 신부들은 교회를 아름답고 화려하게 장식했다. 교회에서 시민들은 가난한 제자들의 삶을 만나는 것이 아니라 성공한 신부를 만난다. 신부는 아름답고 웅장한 교회가 주는 풍요와 기품을 갖고 시민들을 만남으로서 시민들이 추구하는 행복한 삶을 종교의 이상적 가치인 것으로 허락한다.

가난한 제자의 삶을 보존하시는 하나님을 만나기 위해서는 수도원으로 가야 한다. 사회에서 성공의 가치를 보장하고 지지하시는 하나님을 만나기 위해서는 화려하고 아름다움이 있는 교회에 가야 한다. 그러나 수도원과 교회가 같이 있는 것은 모순이다. 수도원에서의 가난한 제자의 삶과 교회에서의 성공한 시민의 삶이 나란히 있는 것은 모순이다. 수도원에서 만나는 하나님과 교회에서 만나는 하나님이 다른 하나님인 것은 모순이다. 하나님이 수도원의 하나님과 교회의 하나님으로 나눠는 것은 모순이다. 제자의 삶과 시민으로서의 삶이 나눠는 것도 모순이다.

개신교회는 교회의 현실에서 수도원을 폐기시킴으로써 하나님이 수도원의 하나님과 교회의 하나님으로 나눠는 것과 제자의 삶과 시민의 삶으로 나눠는 모순에서부터 벗어나려고 했다. 그리고 수도원을 통해서 구현하던 가난한 제자의 삶을 교회를 통해서 구현하려고 했다. 교회를 단순하게 만들고, 신부들이 입던 화려한 의복을 벗고 일상복을 입음으로써 목사들은 사람들이 교회에서 만나는 가치가 교회 밖의 삶에서 추구하는 행복과 다른 것임을 전달한다.

그러나 개신교회는 가톨릭 교회가 입고 있는 화려한 겉모습을 벗었을 뿐 교회의 삶의 본질인 가난한 제자의 삶을 회복하는 데 실패하였다. 사람들의 눈에 비친 목사의 삶은 여전히 옷만 바꿔 입은 신부의 모습과 대동소이했다. 수도원에서 보이던 가난한 제자들의 삶을 교회의 삶의 현실 안에서 구현하지 않는 이상 교회의 삶에서 가난한 제자의 삶을 발견하는 것은 태동부터 실패할 수밖에 없는 운명이었다. 다시 말해서 개신교회가 가난한 제자의 삶을 수도사에게만 제한하던 가톨릭 교회를 비판하고 모든 그리스도인과 목사들에게로 확대하고자 했지만 그 좋은 의도와는 모순되게 많은 것을 가진 교회가 되었다는 것은 교회의 삶이 그리스도인에게 시민으로서의 삶으로 구현되어 일치하고 있다는 것을 보여준다.

개신교회는 가난한 교회가 아니다. 가난한 교회가 있지만 자발적으로 가난을 선택한 교회는 아니다. 선택한 것이 아니라 강요된 가난한 교회이다. 부유하지만 스스로 가난을 선택한 개신교회가 없다는 것은 우리의 교회에서 사람들이 성공한 삶을 그리스도인이 구현하는 제자의 삶인 것처럼 인식하고 있다는 것을 의미한다. 우리의 교회는 가난하지 않다. 가난하지 않은 교회는 제자로서의 그리스도인의 정체성과 시민으로서 그리스도인의 정체성이 갖고 있는 역설을 해결할 수 없다. 가난하지 않은 교회는 시민으로서 그리스도인의 정체성만을 그리스도인의 정체성인 것처럼 가르친다. 많은 것을 가지고 있음에도 불구하고 스스로 가난해진 교회가 아닌 가난한 교회는 제자로서의 정체성만이 그리스도인의 정체성인 것처럼 가르친다. 그러나 자발적으로 가난한 교회가 되지 않고 주어진 여건에 의해서 가난할 수밖에 없는 교회는 가난한 제자의 삶에 머물러 있을 수 없다. 가난하지 않은 교회가 되려고 노력한다.

그러나 가난한 교회에서만 그리스도인의 역설적 정체성인 가난한 제자와 성공하고 행복한 그리스도인의 자의식이 보존되지 않고 실현될 수 있다. 시민으로서의 그리스도인은 성공과 행복을 추구한다. 제자로서의 그리스도인은 가난한 그리스도인의 삶을 살아간다. 그리스도인 각자가 가난한 그리스도인이 됨으로써 가난한 제자의 삶을 실현한다면 성공한 시민으로서의 그리스도인의 삶은 실현될 수 없다. 뿐만 아니라 모든 그리스도인이 가난한 제자의 삶을 구현한다는 것은 비현실적이다. 모든 그리스도인 각자가 가난한 제자의 삶을 살아간다면 수도원이 출현하지 않았을 것이며 교회가 화려하고 아름답게 건축되지 않았을 것이다. 그리스도인은 역설적 정체성을 갖고 있다.

그러나 교회는 단일한 정체성만을 갖고 있다. 그리스도인은 시민으로서의 의무와 삶을 갖고 있으면서 제자로서의 삶의 의무도 갖고 있다. 그러나 교회는 제자로서의 삶의 의무만 지고 있다. 시민으로서의 그리스도인은 예수가 말씀한 대로 가이사의 것은 가이사에게로 하나님의 것은 하나님에게로 돌리는 이중적 의무를 지고 있다. 그러나 교회는 하나님의 것을 하나님에게로만 돌리는 단일한 의무를 지고 있다. 그리스도인 각자가 가난한 제자의 삶을 살아서 제자의 삶을 구현하라고 말하는 것은 그리스도인에게 주어진 역설적 정체성을 희롱하는 것이다. 하나님에게만 의무지워져 있는 교회에게 가이사에 대한 의무를 이행하라는 것은 폭력이다. 세상에서 교회는 가이사에 대한 의무에서 면제되어 있다. 그리스도인이 제자의 제자로서 가난한 제자의 삶을 구현하는 것은 각자에게 귀속되는 것이 아니다. 각자에게 귀속될 수 없고 귀속되어서도 안 된다. 그리스도인의 가난한 제자의 삶은 그리스도 공동체에 귀속되는 삶이며 공동체에게만 귀속되어야 한다.

가톨릭은 그 사실을 알고 있었다. 그래서 수도원이라는 공동체를 통해서 가난한 제자의 삶을 만든 것이다. 그럼으로써 교회는 가난한 삶을 살지 않아도 되는 것으로 믿었다. 교회가 가난한 삶을 살아가야 한다. 수도원을 교회의 현실에서 추방한 개신교회는 자발적으로 가난한 제자의 삶을 살아야 한다. 교회의 지도자인 목사에게만 가난한 삶을 요구하는 것은 목사에게 가하는 폭력이다. 목사도 시민으로서 그리스도인의 정체성과 제자로서의 그리스도인의 정체성의 역설을 안고 있는 존재이다. 목사가 가난하기 때문에 교회가 가난한 제자의 삶을 살아가는 것이 아니다. 제자로서의 가난한 삶은 개인이 자신의 실존에서 구현하는 현실이 아니라 그리스도인의 공동체인 교회가 구현할 제자의 실존이다. 교회가 가난한 삶을 살아가기 때문에 그리스도인은 가난한 제자의 삶을 살아갈 수 있다.

공동체로서 가난한 제자의 삶을 살아가기 때문에 그리스도인 각자는 시민으로서의 성공적인 삶을 살아갈 수 있다. 시민으로서의 성공적인 삶을 살아가기 때문에 공동체로서의 교회가 가난한 제자의 삶을 더 잘 구현할 수 있다. 시민으로서의 그리스도인 각자는 공동체 안에서 제자로서의 그리스도인으로 만나게 될 때 가난한 제자의 삶을 살아간다. 교회는 시민으로서의 그리스도인이 제자로서의 그리스도인으로 드러나는 현실이다. 또한 교회는 제자로서의 그리스도인이 시민으로서 그리스도인과 동일한 존재인 것을 밝히는 현실이다.

그리스도인 각자가 가난한 삶을 선택함으로써 제자의 삶을 사는 것이 아니라 공동체로서 교회가 가난한 삶을 선택함으로써 가난한 제자의 삶을 구현한다. 공동체로서 교회가 구현하는 가난한 제자의 삶에 시민으로서 그리스도인의 참여가 있다. 시민인 그리스도인이 공동체로서의 교회가 구현하는 가난한 제자의 삶에 동참하기에 시민으로서의 그리스도인은 더 이상 시민으로서의 그리스도인이 아니다. 가난한 제자의 삶이 된다. 가난한 제자의 삶을 교회 공동체를 통해서 구현하기 때문에 가난한 제자의 삶은 가난한 제자로서의 삶이 아니다. 시민으로서의 그리스도인의 삶이다. 시민으로서의 그리스도인의 정체성과 제자로서의 그리스도인의 역설적 정체성은 교회 공동체 안에서만 실현될 수 있다.

따라서 제자는 혼자로서의 제자가 아니다. 공동체로서의 제자인 것이다. 예수는 제자 한 사람 한 사람에게 가난한 제자의 삶을 십자가로 주시는 것이 아니다. 공동체로서의 제자에게 가난이라는 십자가를 제자의 삶으로 주시는 것이다. 제자는 공동체로 있을 때 가난한 제자의 삶을 산다. 교회가 가난한 삶을 구현할 때 가난한 제자의 삶을 산다. 따라서 예수가 제자들에게 주는 가난이라는 십자가는 개인으로서는 절대로 질 수 없는 십자가이다. 설사 질 수 있는 사람이 있다고 하더라도 개인으로서 지는 십자가가 아니라 공동체로서 져야만 하는 십자가이기 때문에 개인이 지는 것은 단지 개인이 질뿐이다. 공동체에게 가난의 십자가를 주시기 때문에 구현할 수 있는 십자가이다. 모든 그리스도의 교회가 질 수 있는 십자가인 것이다. 예수가 질수 있는 십자가를 아버지로부터 받았던 것처럼 예수는 공동체로서 제자들이 질 수 있는 십자가를 제자들에게 지게 한다. 가난한 제자의 삶은 개인으로서는 이룰 수 없는 그러나 공동체로서는 이루어질 수 있는 무게로 제자들에게 허락된 예수가 주시는 십자가인 것이다.

III. 7장: 공동체의 일원으로 제자의 의 (7:1-29)

제자는 공동체로 존재한다. 제자의 제자인 그리스도인도 공동체로 존재한다. 제자가 타인과 구별되는 단독적 존재로 자신을 인식한다고 해도 공동체로 존재한다. 공동체 안에서 제자가 혼자라는 생각을 하더라도 공동체로 존재한다. 공동체로부터 떨어져 나와서 혼자 있다고 하더라도 제자는 공동체로 존재한다. 제자와 제자가 각각 개별적인 존재라고 인식하고 서로를 낯선 사람으로 인식한다고 해도 공동체로 존재한다. 서로가 서로에 대해서 낯선 존재라고 해도 그들과 개별적으로 연합된 그리스도에게는 낯선 존재가 아니다. 서로가 낯선 자로 인식하는 것은 나와 그의 다름만이 보이기 때문이지 결코 각자가 분리되어 있기 때문에 그런 것이 아니다. 제자는 제자와 분리되어 있지 않다. 각각의 제자는 그리스도와 연합되어 있기 때문에 분리되어 있지 않다. 제자가 서로에 대해서 낯선 자로 실존한다고 하더라도 그리스도와 존재적으로 연합되어 있기 때문에 제자가 공동체로 현존하는 것은 사회적인 관계에 근거한 것이 아니다.

그리스도 안에서 각자의 제자는 공동체로서 존재한다는 말은 공동체로 존재하는 제자의 근거가 그리스도에게 있다는 것을 의미한다. 예수가 제자와 함께하기 때문에 제자는 공동체로 존재한다. 나무에 같이 붙어 있다고 해서 가지들이 서로에 대해서 아는 것이 아니다. 나무만 제 몸에 붙어 있는 가지에 대해서 알 뿐이다. 각각의 가지는 서로에 대해서는 만질 수도, 느낄 수도, 경험할 수도 없다. 그래서 서로에 대해서 개별적이다.

그러나 나무는 그렇지 않다. 나무는 모든 가지에 대해서 만질 수도, 느낄 수도, 경험할 수도 있다. 그래서 나무는 가지 하나하나를 별개로 보지 않고 하나로 아우른다. 가지에서 나무가 나온 것이 아니라 나무에서 가지가 나온 것이기 때문에 나무는 가지 하나하나에 대해서 다 안다. 제자에게서 예수가 나온 것이 아니라 예수로부터 제자가 나온 것이기 때문에 예수는 제자에 대해서 모든 것을 안다. 가지처럼 제자는 서로에 대해서 개별적이고 분리된 것처럼 느끼고 여기지만 나무처럼 예수는 제자를 개별적으로 보는 것이 아니라 하나인 전체를 바라본다.

예수에게 제자는 단독자가 아니라 공동체이다. 예수가 산에 올라가 앉으셨을 때 앞에 나아온 제자는 공동체이다. 예수가 서기관과 바리새인들의 의로움보다 더 높은 의로움을 제자의 의로움으로 가르친 제자는 공동체로 있는 제자이다. 공동체인 제자를 예수가 바라보고 공동체인 제자를 무리들이 바라본다. 공동체인 제자를 서기관과 바리새인들이 바라본다. 예수가 세상에 내놓은 제자는 세상에서 그들을 바라보는 많은 공동체의 시선에서 결코 자유로울 수 없는 공동체이다. 세상의 시선에서 자유로워지려면 그들을 바라보는 모든 시선이 가진 의로움의 척도를 넘어서야 한다. 예수는 자신의 제자들이 자유롭기를 원하신다. 세상의 모든 의로운 시선으로부터 자유롭기를 원하신다. 진리가 너희를 자유하게 하리라 말씀하신 것처럼 제자들이 자유하기를 원하신다. 제자의 자유함은 진리 안에서의 자유함이다. 세상의 모든 의로운 시선으로부터 벗어남으로 자유로운 것이 아니라 진리 안에서 자유함이다. 진리를 벗어나서 자유로운 것이 아니라 진리에 묶임 으로 자유로운 것이다.

진리는 예수를 아는 것이다. 제자는 예수의 가르침대로 살아갈 때 예수를 알게 된다. 제자가 예수의 가르침대로 살아감으로써 예수와 묶인다. 예수는 개개인의 제자들을 자신 안에 묶음으로 인해서 제자를 자유롭게 한다. 예수와 묶임으로 제자들은 세상의 다른 모든 묶임으로부터 자유롭다. 제자가 예수의 가르침에 묶인다면 예수는 제자들에게 묶인다. 제자가 예수와 묶임으로 자유함을 얻지만 예수가 제자와 묶임으로써 얻는 것은 구속이다. 진리에 묶임은 자유롭다. 그러나 묶인 진리는 자유롭지 않다. 진리는 그 자체로서 자유롭기 때문에 무엇인가에 묶임은 구속이다.

예수는 제자에게 묶임으로 구속당한다. 예수가 제자들 자기에게 묶음으로 제자들이 자유를 얻지만 예수는 제자에게 자신을 묶음으로 자유롭지 못하게 된다. 제자에게 참된 자유를 주기 위해서 예수는 공동체에 구속당한다. 세상의 모든 의로운 시선에서 제자를 자유롭게 하기 위해서 예수는 스스로 세상의 모든 의로움의 시선에 구속받는다. 바리새인들은 그것을 알고 있었다. 그래서 문제를 제기한다. 제자들의 문제를 제자들에게 제기하는 것이 아니라 예수에게 문제를 제기하는 것이다. 자기에게 제기된 제자들의 문제로부터 자유롭지 못한 예수는 세상의 모든 의로운 시선으로부터 자유롭지 못하다. 제자들 개개인은 세상의 모든 의로운 시선으로부터 자유롭다. 그러나 예수는 자유롭지 못하다. 각각의 제자들을 하나로 아우르는 예수는 자신의 몸에 제자들을 묶은 그 묶음에 의해서 자유롭지 못하다.

공동체와 묶인 예수는 제자가 서로에 대해서 자유로울 때 자유로울 수 있다. 공동체 안에서 제자들이 서로에 대해서 자유롭지 못할 때 예수는 자유함을 얻지 못한다. 공동체 안에서의 제자들의 부자유함은 곧 공동체로 묶어놓은 예수가 경험하는 부자유함이기 때문이다. 공동체로 있는 제자들이 세상의 다른 공동체로부터 자유로울 때 제자를 공동체로 묶어 놓은 예수는 자유롭다. 공동체로 있는 제자들이 서로에 대해서 자유로울 때 그들을 하나로 묶어 놓은 예수는 자유롭다. 반면에 공동체로서의 제자들이 세상의 모든 의로움의 시선으로부터 자유롭지 못할 때 예수도 자유롭지 못하다. 또한 공동체 안에서 제자들이 각자가 각자를 구속할 때 예수의 자유는 구속당한다.

가지는 나무에 붙잡혀 있을 때 가지로서의 본래의 모습을 가진다. 나무에 구속된 가지만이 열매를 맺을 수 있기 때문에 나무가 가지를 구속하는 구속은 가지로 하여금 열매를 맺게 하는 자유이다.

나무는 가지를 매달아야 하는 구속을 갖기 때문에 가지로 하여금 열매를 맺게 한다. 나무가 가지를 떨어뜨릴 수 없는 구속은 나무로 하여금 열매가 맺힌 가지를 자신의 가지가 되게 하는 자유의 행위이다. 나무와 가지가 서로에 대한 자유와 구속을 같이 나누듯이 예수와 공동체로서의 제자는 동일한 자유와 구속을 같이 나눈다.

제자들이 세상의 모든 의로움의 척도보다 더 의로울 때에만 공동체에 묶인 예수는 세상의 모든 의로움의 시선으로부터 자유롭다. 공동체 안에서 제자들이 서로에 대해서 의로울 때 그들과 묶인 예수는 자유롭다. 그래서 예수는 공동체 안에서 제자들이 드러내야 할 의로움에 대해서 가르치신다. 공동체로서 제자의 높은 의로움이 세상의 모든 의로움의 척도로부터 예수를 자유하게 한 것처럼 공동체 안에서 제자들이 서로에 대해서 의로우면 예수가 공동체에 묶은 자신의 구속으로부터 자유함을 획득한다. 공동체 안에서 제자들의 의는 지켜야 할 것과 행해야 할 것으로 나뉜다. 지켜야 할 의는 예수의 자발적인 구속이 자유함으로 경험하기 위한 필요조건이다. 행해야 할 의는 예수에 묶인 제자들의 구속이 자유로 경험하기 위한 필요조건이다.

지켜야할 의는 예수의 구속에 의해서 획득한 제자들이 자유를 누리기 위해서 필요한 조건이다. 행해야 할 의는 그렇게 누리는 자유를 지키기 위해서 제자들이 치러야 할 필요한 최소한의 조건이다. 지켜야 할 의는 7장 1절부터 12절까지의 본문을 내용으로 갖고 있으며, 비판하지 말 것과 자신을 먼저 돌아볼 것, 남과 나눌 수 없는 것을 나누지 말 것, 서로 대접할 것을 각론으로 가지고 있다. 행해야 할 의는 13절부터 27절까지의 범위에 걸쳐 있으며, 좁은 문으로 들어갈 것, 거짓 선지자들을 분별할 것, 말씀을 듣고 따를 것을 각론으로 가지고 있다.

A. 제자가 지켜야 할 것(7:1–12)

1. 판단하지 말 것(7:1–2)

> [1] 비판을 받지 아니하려거든 비판하지 말라 [2] 너희의 비판하는 그 비판으로 너희가 비판을 받을 것이요 너희의 헤아리는 그 헤아림으로 너희가 헤아림을 받을 것이니라

제자들이 지켜야 할 의의 첫 번째는 판단하지 않는 것이다. 판단하면 판단을 받을 것이기 때문에 판단하지 말라는 것이나. 한글판 개역 성경은 비판 받지 않기 위해서 비판하지 말라고 번역했다. 그러나 영어성경은(NIV) "판단하지 말라. 판단을 받지 않고 싶다면 하지 말라"고 번역했다. 루터 성경도 NIV와 같이 문장의 순서에서 일치한다. 영어성경과 독어성경은 "판단하지 말라. 판단을 받지 않고 싶다면"의 문장의 주절과 종속절의 관계를 헬라어 성경의 문법을 따라서 번역했다.

한글개역 성경은 헬라어 원문의 주절과 종속절을 종속절과 주절의 순서로 바꾸어서 번역했다. 한글 개역성경이 주절과 종속절의 순서를 바꾼 것은 우리말의 어순에 맞춰서 번역했기 때문이다. 우리말의 어순을 따라가면 판단 받지 않기 위해서 판단하지 말아야 한다. 즉, 판단 받지 않는 것이 제일의 목적이 되고 판단하지 않는 것이 부차적인 것이 된다. 헬라어 원문과 영어, 독어 성경의 순서를 따르면 판단하지 말라는 명령구가 제일 목적이 되고 판단 받고 싶지 않다면은 부차적인 목적이 된다. 판단을 받고 싶지 않기 때문에 판단하지 않는 것이 아니라 판단하면 판단을 받게 되기 때문에 판단하지 말라는 명령의 말씀이 된다.

한글 개역성경을 따라가면 판단 받고 싶지 않다는 나의 동기가 판단하지 말라는 예수의 명령보다 우선된다. 즉, 판단하지 말라는 예수의 명령이 제자가 판단하지 않는 행위를 하는 유일한 근거가 되는 것이 아니라, 판단 받고 싶지 않다는 제자의 의식이 판단하지 않는 내적 근거가 되고 판단하지 말라는 예수의 명령어는 판단 받고 싶지 않다는 제자의 자의식을 정당화하는 법적인 또는 외적인 근거가 된다.

영어성경과 독어성경은 제자가 판단하지 않는 행위를 하는 것은 판단 받고 싶지 않다는 제자의 자의식 때문에 그런 것이 아니다. 예수가 판단하지 말라는 명령을 했기 때문에 판단하지 않는 것이다. 예수가 그런 명령을 하지 않았다면 제자는 다른 제자에 대해서 판단할 것이다. 다른 제자를 판단한 후에 자신이 판단 받는 것을 염려해서 판단하지 않을 제자가 아닌 것이다. 판단하는 것은 옳음을 자기 안에 갖고 있기 때문에 판단한다. 자신 안에 옳음을 갖고 있지 않다면 다른 제자를 판단할 수 없다. 다른 제자의 옳음에 근거해서 자신을 판단하는 것도 아니다. 다른 제자의 옳음이 자기의 옳음의 시선으로 바라보았을 때 옳지 않기 때문에 다른 제자를 판단한다.

판단하는 제자는 자신이 다른 제자를 판단하는 것은 그가 판단 받을 만하기 때문에 판단한다고 믿는다. 고친다면 고침을 받는 자가 고침을 받을 만큼 바르지 않기 때문이라고 믿는다. 판단하는 자는 판단 받는 자를 자기에 근거해서 판단한다. 고치는 자는 고침을 받는 자를 자신의 옮음에 맞게 고친다. 판단하는 것이나 고치는 것이나 다 자신의 옮음이 전제되어 있다. 자신이 옳다고 믿고 있는 제자는 다른 제자의 옮음이 보이지 않는다. 자신의 옮음이 다른 제자를 바라보는 척도이기 때문에 다른 제자의 옮음이 있다고 하더라도 자신의 옮음에 비해서 부족하다고 인식한다.

영어성경은 "판단하다"(Judge)는 용어로 되어 있지만 독어 성경은 "고친다"(Richten)는 단어를 사용한다. 영어성경을 따라가면 제자가 제자를 판단하는 것은 그의 옳음이 옳지 않다고 지적하는 것이지만 독어성경을 따라가면 그의 옳지 않음을 지적하는 데서 그치는 것이 아니라 그의 옳지 않음을 자기의 옳음으로 고치는 것을 의미한다. 즉, 자기가 옳다고 믿는 그 옳음을 자신이 고치는 제자의 옳음이 될 때 그 제자는 바른 제자라고 고치는 제자가 승인한다. 예수가 판단하지 말라는 명령을 하신 것은 제자를 제자가 판단하는 것이 옳지 않기 때문이다. 제자가 제자를 자기의 옳음에 맞춰서 고치는 것이 옳지 않기 때문이다. 제자가 제자를 판단하고 고칠 때 판단을 당하고 고침을 당하는 제자가 판단하고 고치는 제자에 비해서 낮은 제자로 있는 것이 옳지 않기 때문이다. 공동체 안에서 제자의 높낮음을 세우는 것은 예수의 정신에 맞는 것이 아니다. 예수의 공동체 안에서는 모든 제자들이 다 같은 높이로 서 있기 때문이다.

예수는 높은 제자와 낮은 제자로 나눈 적이 없다. 높은 제자와 낮은 제자로 구분하는 것은 공동체 안에서 스스로 높음을 세운 제자들에 의해서 만들어진 것이다. 자신을 스스로 높인 제자는 자신의 의로움을 더 드러냄으로써 높아진다. 공동체 안에서 낮아진 제자는 높아진 제자의 의로움에 비춰서 자신의 의로움의 작음을 보기 때문에 낮아진다. 공동체 안에서 높아진 제자는 낮아진 제자의 의로움이 드러나기 위해서 자신의 의로움을 감추려고 하지 않고 자신의 의로움을 더 드러내려고 하기 때문에 높아진다. 공동체 안에서 자신을 높인 제자가 높아진 제자로 있는 것은 낮아진 제자가 높아진 제자의 의를 제자의 의인 것으로 믿기 때문이기도 하다. 공동체 안에서 낮아진 제자가 낮은 채로 있는 것은 높아진 제자가 자신의 의로움을 제자의 의로움인 것처럼 행동하기 때문이기도 하다.

공동체 안에서 높아진 제자의 의로움과 낮아진 제자의 의로움으로 나뉘는 것은 예수의 공동체에 치명적인 것이다. 제자 사이의 높낮음을 만드는 것은 예수와 제자를 갈라놓는 것이다. 예수와 묶여야 할 모든 제자들이 예수와 묶이지 않고 높아진 제자와 낮아진 제자로 묶임으로써 예수를 추방하는 것이다. 예수가 추방된 공동체 안에서 제자는 드러내는 제자와 바라보는 제자로 나누어진다. 드러내는 제자는 자신을 옳게 보이려고 자신의 의를 드러낸다. 바라보는 제자는 드러내는 제자의 의를 바라봄으로써 자신의 의를 대신한다. 제자들 사이에 바리새인화가 일어난다. 제자들의 무리화가 일어난다. 제자는 바리새인 제자와 무리의 제자로 나뉜다. 그렇게 예수와 분리된 공동체는 예수의 공동체라는 이름을 가진 채 바리새인의 공동체로 바뀌어 버린다.

제자들의 공동체는 세상에 모습을 드러내는 초기부터 그렇게 될 가능성을 갖고 있었다. 예수와 함께한 시간부터 제자들은 누가 더 높은가 하는 높낮이에 대한 경쟁의식이 존재했다. 동시에 그들의 경쟁 의식은 예수가 십자가를 지기 위해서 예루살렘으로 올라가는 도중에도 표출된다. 세베대의 두 아들이 예수께 나아와 예수의 나라가 임할 때 하나는 좌편에 하나는 우편에 서 있게 해 달라고 청원한다. 세베대의 두 아들의 청원에 대해서 나머지 열 제자가 분개했다고 마가복음은 기록하고 있다(막 10:35-41).

제자들 사이의 높낮이의 문제는 교회와 함께 시작한 것이 아니다. 예수가 교회를 건립하기 이전의 시간인 예수와 함께하던 공동체 안에서부터 시작된 것이다. 제자들 사이에 있는 높낮이의 의식을 염려한 예수는 자신을 높이는 자는 낮아질 것이며 낮추는 자는 높아질 것이라는 말씀을 하셨다(마 23:11-12). 낮은 자와 높은 자에 대한 예수의 말씀은 겸손의 미덕을 가르치는 말씀이 아니다. 제자들의 심층 깊은 곳에 놓여 있는 지배욕에 대한 엄중한 경고이다. 제자는 지배하는 자가 되어서는 안 된다. 지배를 하는 자가 아니라 타인을 자유롭게 하기 위해서 구속당하는 자이어야 하기 때문이다.

예수는 자기와 동일한 운명을 제자가 걸어가길 원하기 때문에 높은 자가 되고 싶은 제자의 욕구를 용납하지 않는다. 자신을 돌이켜 어린아이처럼 되지 않으면 결단코 하늘나라에 들어가지 못한다고 말한다(마 18:1-4). 어린아이가 자신을 낮춘다는 말이 아니다. 모든 어린아이가 하늘나라에 들어간다는 약속의 말도 아니다. 천국에서 큰 자에 대해서 물어보는 제자의 물음에 대답하기 위해서 한 어린아이를 무리 가운데 세우셔서 큰 자와 작은 자를 대비시키는 말인 것이다. 무리 속에서 어린아이는 큰 자가 아니라 작은 자이다. 신체적으로 작은 자이고 사회적으로도 작은 자이다. 무리 속에서 가난한 자는 세리보다 작은 자다. 무리 밖에서 세리는 바리새인보다 작은 자다. 어린아이는 무리 밖에 있는 바리새인보다도, 세리보다도, 무리 안에서 가장 가난한 자보다도 더 작은 자이다. 무리 안과 밖에서 가장 작은 자가 어린아이이다. 그래서 어린아이는 무리의 숫자를 셀 때 포함되지도 못한다. 같이 숫자를 셀 때 포함되지 못하는 여자도 무리 안에서는 어린아이보다 큰 자이다. 그런 가장 작은 자를 예수가 제자 앞에 세워 놓고 말씀하시길 너희들이 이 같이 가장 작은 자가 되지 못하면 결코 천국에 들어가지 못한다고 한 것이다.

무리를 두고 한 말이 아니다. 바리새인을 두고 한 말이 아니다. 세리를 두고 한 말이 아니다. 서기관을 두고 한 말도 아니다. 서로 높은 자와 큰 자가 되려고 경쟁하는 자기의 제자에게 한 말이다. 높은 자가 되고 싶은 의식은 예수의 제자 됨과 정면으로 대치된다. 타인을 지배하고 싶은 욕망이 높은 자가 되고 싶은 의식을 낳기 때문에 죄인인 모든 사람을 위해서 스스로 죄인 된 예수의 정신과 맞지 않는다. 예수의 정신은 낮은 자를 높이기 위해서 높은 자가 낮아지고 매인 자를 자유롭게 하기 위해서 자유로운 자가 매인 자가 되는 것이기 때문에 높아지고 큰 자가 되고자 하는 자는 예수의 제자가 될 수 없다. 예수는 천국에서 가장 큰 자는 어린아이처럼 자신을 낮추는 자라고 엄중하게 경고한다.

어린아이가 자신을 낮춘다고 예수가 말하는 것이 아니다. 낮은 자이기 때문에 높아지려는 생각을 하지 않는다는 것이다. 높아 지려는 생각을 하는 자는 낮은 자가 아니라 낮은 자와 높은 자 사이에 있는 자다. 그것도 높은 자와 매우 가까이 있는 자가 높아지려는 욕구를 갖게 된다. 가장 낮은 자는 낮은 자의 의식을 갖고 있기 때문에 높아지려는 의식 자체를 갖지 않는다. 어린아이는 낮은 자가 아니라 가장 낮은 자이다. 그렇기 때문에 높은 자에 대한 욕구가 발생하지 않는다. 그런 어린아이도 어른이 되어가면서 높은 자가 되고 싶은 욕구를 갖게 된다. 그래서 예수는 나를 믿는 이 소자를 실족케 하는 그 사람에게 화가 있을 것이라고 첨가해서 말한다(마 18:6-10).

어린아이처럼 되는 것만으로는 충분하지 않다. 어른이 되는 어린아이는 높은 자가 되고 싶은 의식을 갖게 된다. 소자가 되어야 한다. 소자는 가장 작은 자이기 때문에 낮은 자의 의식만 갖게 된다. 제자는 가장 낮은 자의 의식만을 갖고 있어야 한다. 높은 자가 되고 싶은 의식을 지닌 제자에게 어린아이와 소자의 의식을 지닌 자가 천국에서 가장 큰 자라고 말씀한다.

예수의 가르침과는 어긋나게 높은 자가 되고 싶은 의식은 예수의 모든 공동체가 갖고 있는 의식이다. 거의 모든 예수의 공동체는 높아진 제자와 낮아진 제자로 양분되어 있다. 높아진 제자는 자신을 모든 것의 옳음의 척도로 여기고 낮아진 제자는 그들의 옳음을 인정한다. 바리새인화된 높아진 제자는 무리가 되어버린 낮아진 제자를 판단한다. 무리가 되어버린 낮아진 제자는 바리새인이 되어버린 높아진 제자의 판단을 인정한다. 낮아진 제자는 높아진 제자만이 의를 드러내는 것처럼 여김으로써 자신을 제자로부터 제외시킨다. 높아진 제자는 자신의 의를 제자의 의와 같은 것으로 만듦으로써 낮아진 제자에게 제자의 의를 수행하지 않아도 되는 면죄부를 주고 있다. 공동체와 공동체 사이에도 높은 자와 큰 자의 의식이 존재한다. 큰 교회, 많은 사람이 모이는 교회는 작은 교회, 매우 적은 사람들이 모이는 교회보다 우월의식을 갖고 있다.

작은 교회는 큰 교회가 되고 싶은 욕망을 갖고 있다. 작은 교회는 스스로 작은 교회가 된 것이 아니기 때문에 큰 교회가 되고 싶어 한다. 작은 교회는 큰 교회가 갖고 있는 많은 부와 인적 물적 재산을 부러워한다. 큰 교회는 더 큰 교회가 되고 싶은 욕망을 갖고 있다. 큰 교회가 누리는 혜택을 그 누구보다 더 잘 알기 때문에 인적, 물적 재산을 더 많이 가지려고 한다. 그래서 스스로 작은 교회가 되려는 노력을 하지 않는다. 작은 교회는 큰 교회를 모델로 배우려고 한다. 큰 교회가 되는 것이 예수의 공동체인 것처럼 믿는 것이다. 큰 교회는 더 큰 교회가 됨으로써 예수의 공동체를 구현하는 것처럼 생각한다. 그래서 교회의 크고 작음과 관계없이 더 큰 교회가 되는 것이 예수와 묶인 공동체가 받게 되는 축복이라고 믿고 있는 것이다.

제자 사이에 높낮이를 만드는 것은 공동체로부터 예수를 분리시키는 것이다. 큰 교회와 작은 교회로 공동체가 나뉘는 것은 공동체를 파괴하는 것이다. 제자를 높낮이로 나누기 때문에 예수와의 묶임이 높아진 제자와 낮아진 제자로 전환된다. 예수가 있어야 할 자리에 높아진 제자와 낮아진 제자가 있다. 각각의 가지가 서로의 높낮이에 관계없이 나무에 묶여 있음으로 가지는 나무로부터 영양을 공급받고 열매를 맺는다. 그러나 큰 가지가 나무인 것처럼 작은 가지를 묶어 놓을 때 나무는 가지에 대해서 더 이상 나무가 아니다. 나무 아닌 것이 나무가 되었고 그 나무의 가지가 아닌 것이 가지인 것처럼 되어버린다. 높아진 제자와 낮아진 제자의 묶임은 예수와의 풀어짐이다. 예수의 제자 신분을 버리는 것이다. 예수의 제자라는 형식과 모양은 갖고 있다고 하더라도 예수의 제자가 아니다. 선생 아닌 것이 선생인 것처럼 보이고 선생이 선생 아닌 것처럼 버려진다.

제자가 높낮이로 나뉘는 것은 높아진 제자가 선생이 되는 것을 의미한다. 낮아진 제자의 선생이 됨으로 예수로부터 선생의 신분을 박탈한다.

공동체가 큰 교회와 작은 교회로 나뉘는 것은 예수가 제자에게 허락한 십자가를 벗어버리는 것이다. 아버지가 아들인 자신에게 십자가를 지게 한 것처럼 예수는 제자들에게 가난이라는 십자가를 지게 했다. 예수가 십자가를 진 것처럼 제자는 가난의 십자가를 져야 한다. 아들이 아버지의 아들인 것을 세상이 안 것은 아들이 십자가를 졌기 때문이다. 제자가 예수의 제자인 것을 세상이 알게 되는 것은 가난의 십자가를 짊어질 때이다. 큰 교회와 작은 교회로 나누어지는 것은 가난의 십자가를 벗어버릴 때에만 일어난다. 가난하지 않은 교회, 가난하려고 하지 않는 교회는 예수가 허락한 십자가 대신 축복이라는 십자가를 스스로 만들어 진다. 가난하지 않은 교회에서 십자가는 고통과 수난을 의미하지 않는다. 사람들의 목에 걸려 아름다움을 드러내는 장식물처럼 풍요로움의 축복을 상징한다. 오늘날 예수가 겪은 고통과 고난을 나누는 고통 없이 쉽게 쓰고 벗을 수 있는 장식물이 되어버린 것이 십자가이다.

가난을 벗어버린 공동체가 출현하는 것은 가난한 예수의 공동체를 파괴하는 것이다. 가난하지 않은 교회가 교회의 이상형이 되는 것은 가난한 예수의 공동체를 부정하는 것이다. 가난하지 않은 교회가 더 많이 가진 교회가 되려는 것은 자신이 한때는 예수의 공동체였다는 흔적을 지워버리는 것이다. 큰 가지와 작은 가지가 서로 묶여서 나무로 하여금 가지들의 나무가 되지 못하게 한 것처럼 가난하지 않은 교회와 가난으로부터 벗어나려는 교회가 함께 어우러져 한 때 있었던 가난한 예수의 교회에 대한 기억을 지워나가고 그 빈자리에 가난하지 않은 교회를 놓는다. 그리고 미래 사회에 더 적합한 교회가 되기 위해서 더 많은 것을 가진 교회가 되겠다고 사람들에게 말한다. 마치 그 길을 걸어가는 것이 십자가를 지는 것처럼 그렇게 가난하지 않은 교회는 사람들 앞에 서 있다.

한글 개역성경은 비판하지 말라고 번역했다. 비판하는 것은 비판하는 것이 옳다는 믿음이 있기 때문에 비판하는 것이다. 그러나 비판하는 사람이 옳기 때문에 비판하는 것은 아니다. 비판하는 사람이 비판 받는 사람보다 옳지 않음에도 비판은 일어난다. 완전한 사람은 아무도 없다. 조금 더 완전한 사람과 조금 덜 완전한 사람들만 있을 뿐이다. 그럼에도 불구하고 비판은 일어난다. 조금 더 완전한 사람들이 조금 덜 완전한 사람을 비판하는 것은 비판이 아니다. 그것은 판단이고 고침이다. 조금 완전한 사람들이 자신보다 조금 더 완전한 사람에게 온전하게 완전하지 않다고 판단하는 것이 비판이다. 비판은 판단과 달리 조금 완전한 사람이 자신보다 조금 더 완전한 사람에게 완전함의 이상을 적용해서 그 사람의 현재 모습을 평가하는 것이다. 그래서 비판함에 있어서 완전함은 모든 비판의 내적 근거이다. 그것도 비판하는 사람에게 속한 것이 아니라 비판 받는 사람에게 온전히 속한 것이라고 믿는 내적 근거이다.

비판 받는 사람이 완전해야 함에도 불구하고 완전하지 않기 때문에 비판 받는 것이다. 적어도 비판하는 사람은 그렇게 믿는다. 비판의 이유와 근거는 자신에게 속한 것이 아니라 비판 받는 사람에게 있다. 비판하는 사람이 자신보다 나은 사람을 비판하는 그 기준을 자신에게 적용하면 비판할 수 없다. 완전함의 기준을 자신에게 적용하지 않고 타인에게 적용하기 때문에 비판한다. 그래서 비판은 낮아진 제자가 높아진 제자에게 하는 판단이다. 낮아진 제자는 높아진 제자를 자신의 의로움에 근거해서 판단할 수 없다. 낮아진 제자가 높아진 제자를 비판할 수 있는 유일한 근거는 제자의 의로움의 기준으로 높아진 제자의 의로움을 판단하기 때문이다. 높아진 제자가 자신의 의로움을 제자의 의로움과 동일시하더라도 낮아진 제자가 높아진 제자에게서 완전한 제자의 모습을 읽어내지 못하기 때문에 비판한다. 높아진 제자에 대해서 낮아진 제자가 낮은 제자로 있지 않고 높은 제자가 될 수 있는 유일한 가능성이 높아진 제자를 비판할 때이다.

드러난 제자인 높아진 제자는 바라보는 제자인 낮아진 제자를 비판할 수 없다. 단지 판단할 수 있을 뿐이다. 판단하는 제자가 자신을 비판하는 제자가 된다면 자신의 의로움과 제자의 의로움을 분리하는 경우일 뿐이다. 그러나 공동체 안에서 높아진 제자가 자신의 의를 제자의 의로부터 분리하는 것은 낮아진 제자가 된다는 것을 의미하기 때문에 현실적이지 못하다. 왜냐하면 공동체는 높아진 제자와 낮아진 제자의 이중 구조의 터전 위에 뿌리를 깊이 박고 있기 때문이다. 따라서 높아진 제자가 자신을 비판할 때 그 비판이 온전한 비판이 되기 위해서는 신분적으로 낮아진 제자가 되어야 하는데 한 번 높아진 제자가 낮아진 제자가 되는 것은 현실적이지 못하기 때문에 단지 형식적인 면에서 비판만 할 수 있을 뿐이다. 예수와 함께하던 시간에서 제자들이 높낮이 문제로 갈등을 겪었지만 그들 사이에 높낮이가 있었던 것은 아니었다. 제자들만 있는 현실에서 높낮이가 만들어졌다. 제자 사이에 높낮이가 만들어진 이후에 높낮이가 뒤바뀐 적은 한 번도 없다. 높아진 제자가 자신을 낮아진 제자인 것처럼 낮춰서 비판한다고 하더라도 여전히 높아진 제자이다. 높아진 제자가 낮아진 제자의 의식을 소유한다고 해도 그의 의식은 제자의 의와 일치의 끈을 놓지 않기 때문에 높아진 제자인 것이다.

바라보는 제자인 낮아진 제자의 비판은 형식적인 것이 아니다. 자신에게 가하는 비판이 아니라 높아진 제자에게 하는 비판이기 때문에 실제적이다. 비판하는 자신이 자기의 비판으로부터 제외되어 있기 때문에 통렬하게 비판하다. 예수 앞에 간음하다 현장에서 잡힌 여인을 데리고 온 바리새인들이 그러했다. 바리새인들이 예수 앞에서 당당하게 율법의 완전한 의를 집행하라고 요구한 것은 예수보다 더 의롭기 때문에 그런 것이 아니었다. 명백하게 죄를 진 여인에게 예수가 율법의 의를 드러내지 않을 것을 알기 때문에 당당한 것이다. 예수를 십자가에 못 박으라고 외쳤던 무리들이 의롭기 때문에 예수를 비판하는 것이 아니었다. 그들이 생각한 것처럼 예수가 완전하지 않기 때문에 비판하는 것이었다.

바나바와 예수 중 어떤 사람을 놓아 주기를 바라느냐고 물어보는 빌라도에게 무리들이 바나바를 택한 것도 바나바가 더 의롭기 때문에 그런 것이 아니었다. 무리가 예수에게 적용한 그 완전성에 비해서 예수가 완전하지 않기 때문에 바나바를 택한 것이었다. 낮은 자가 비판하는 것은 실제적이며 통렬한 것이다. 간음한 여인을 사이에 두고 예수 앞에 있는 바리새인들은 손에 돌을 들고 있었다. 예수가 율법의 완전함을 실행하지 않는다면 그 돌은 여인이 아니라 예수에게 던져질 것이다. 예수는 누구든지 죄 없는 자가 먼저 돌로 저 여인을 치라고 말씀함으로써 자신에게 씌워졌던 완전함의 굴레를 바리새인에게 전용한다. 비판하는 자가 비판 받는 자로 바뀌었다. 타인에게 적용했던 그 완전함이 자신에게로 되돌려졌다. 아무도 돌을 던진 사람은 없다. 바나바를 풀어주고 예수는 십자가에 못 박으라고 외치는 무리에게 예수는 완전함을 돌리지 않았다. 무리가 예수에게 얹었던 완전함의 기준을 다시 무리에게 되돌리는 것은 제자들에게 주어진 몫이었다. 베드로의 설교를 듣고 그들이 우리가 어찌 할꼬 하고 베드로와 사도들 앞에서 자신들의 잘못을 뉘우쳤다고 사도행전은 기록하고 있다(행 2:22-41).

낮은 제자가 하는 비판은 용서를 모른다. 간음하다 현장에서 잡힌 여인을 사이에 두고 바리새인이 예수에게 한 비판은 용서가 없는 비판이었다. 무리가 바나바를 풀어 주고 예수를 십자가에 못 박으라고 외치는 것은 잔인한 비판이다. 비판하는 자에게 주어지는 용서는 비판 받는 예수가 하는 일이다. 바리새인들이 여인을 용서했기 때문에 돌아선 것이 아니었다. 무리들이 스스로 자신의 잘못을 안 것이 아니었다. 비판 받는 것은 예수와 제자의 몫이다. 비판하는 것은 바리새인들과 무리들의 역할이다. 용서하는 분은 예수와 제자이고, 용서받는 것은 간음한 여인과 무리들이다. 무리와 간음한 여인이 완전해서 용서하는 것이 아니다. 예수와 제자의 의가 완전하기 때문에 용서하는 것이다. 바리새인이 예수에게 적용한 율법의 완전함은 그들에게 되돌려졌다.

그러나 간음한 여인과 무리에게는 예수가 받은 완전함이 되돌려지지 않았다. 바리새인에게 예수가 받은 완전함의 기준이 되돌려진 것은 바리새인은 무엇을 하고 있는지 알고 있기 때문이다. 간음한 여인과 분노하는 무리에게 완전함이 되돌려지지 않은 것은 그들이 무엇을 하고 있는지 모르기 때문이다. 자기의 의로움을 알고서 하는 비판은 용서를 받지 못하는 비판이다. 바리새인은 용서를 받지 않고 그냥 돌아갔다. 의로움이 없는 자가 하는 비판은 용서를 되돌려 받는다. 낮아진 제자가 자신의 의로움을 알고 비판하면 그 비판만 되돌려 받는다. 의로움이 없는 낮아진 제자가 비판하면 용서를 돌려받는다.

그러나 공동체 안에서 낮아진 제자는 예수를 비판하는 무리가 아니다. 낮아진 제자 앞에 있는 높아진 제자도 예수가 아니다. 높아진 제자가 자신의 의를 알고 있는 것처럼 낮아진 제자도 자신이 의롭다고 알고 있다. 높아진 제자가 낮은 자를 더 낮추고 높아진 자신을 더 높이기 위해서 판단하는 것처럼, 낮아진 제자는 자신을 높이고 높아진 제자를 낮추기 위해서 비판한다. 높아진 제자가 낮아진 제자를 판단하는 것이 용서를 받지 못하는 것처럼 낮아진 제자가 높아진 제자를 비판하는 것도 용서를 받지 못한다. 높아진 제자가 자신을 비판한다고 해도 낮아진 제자가 되지 않기 때문에 용서를 받지 못한다. 낮아진 제자가 높아진 제자를 비판한다고 해도 자신의 의로움을 알기 때문에 용서를 받지 못한다.

자신을 높이기 위해서 낮아진 자가 비판하는 것은 공동체를 분열시키는 것이다. 높아진 제자가 자신을 더욱 높이기 위해서 판단하는 것은 공동체를 파괴하는 것이다. 높아진 제자가 더욱 완전한 제자의 삶을 구현하게 하기 위해서 비판한다는 명분을 내세운다고 해도 공동체는 분열된다. 낮아진 제자의 의를 높아진 제자의 의의 분량까지 도달시키기 위해서 판단한다고 해도 공동체는 피폐된다. 명분이 옳지 못해서도 아니고 방법이 정당하지 않아서 그런 것도 아니다. 비판하는 제자 앞에 판단하는 제자가 있고, 판단하는 제자 앞에 비판하는 제자가 있기 때문에 공동체는 파괴된다. 자신이 의롭다고 여기는 높아진 제자가 낮아진 제자를 판단할 때 낮아진 제자는 판단하는 자를 비판함으로써 맞선다. 낮아진 제자가 높아진 제자를 비판할 때 높아진 제자가 하는 판단과 만나기 때문에 그러하다. 공동체 안에서 높아진 제자의 판단만이 있다고 하더라도 피폐된다. 판단하는 제자가 자신의 의로움에 근거해서 판단하기 때문에 그의 판단이 사랑이 될 수 없기 때문이다. 낮아진 제자의 비판만이 공동체 안에 있다고 하더라도 결과는 동일하다. 높아진 제자를 사랑해서 비판하는 것이 아니기 때문이다. 사랑이 결여된 판단과 비판은 공동체를 피폐하게 만들고 결국에는 파괴한다.

판단하면 판단 받는다. 비판하면 비판 받는다. 모든 판단과 모든 비판이 판단 받고 비판 받는 것이 아니다. 사랑이 결여된 판단과 비판이 판단 받고 비판 받는다. 자신의 의를 드러내기 위해서 판단하는 것과 비판하는 것이 판단 받고 비판 받는다. 예수의 공동체를 피폐하게 만들고 종국에는 파괴하기 때문에 판단 받고 비판 받는다. 판단하는 것과 동일한 방법으로 판단 받고 비판하는 것과 동일한 방식으로 비판 받는다. 판단 받는 제자가 판단한다는 말이 아니다. 비판 받는 제자가 비판한다는 것이 아니다. 하나님이 판단하고 비판하신다는 것이다. 공동체를 사랑하기에 공동체가 피폐되고 파괴되는 것을 바라보지 않으시는 하나님이 판단하고 비판하신다. 하나님의 판단과 비판의 근거는 자신의 의로움이다. 하나님이 의롭기 때문에 판단하고 비판한다. 하나님의 판단과 비판은 하나님을 더 의롭게 만드는 것이 아니다. 판단하는 제자와 비판하는 제자를 의롭게 하는 것도 아니다. 공동체를 의롭게 만드는 판단이며 비판이다. 자신의 공동체에 대한 사랑이 하나님으로 하여금 공동체를 피폐하게 만드는 모든 제자를 판단하게 하고 비판하게 한다.

하나님의 판단과 비판은 판단 받는 자와 비판 받는 자를 공동체 밖으로 추방하는 선고이다. 공동체를 의롭게 만들기 위해서 하나님은 스스로 높아진 제자와 낮아진 제자를 공동체로부터 추방한다. 지상의 공동체로부터 추방한다는 말이 아니다. 하늘의 하나님의 공동체로부터 추방하는 것을 의미한다. 지상의 공동체로부터 그들을 추방할 수 없다. 하나님에 의해서 판단 받고 비판 받는 제자도 여전히 예수의 제자이기 때문이다. 모든 높아진 제자가 판단만 하는 제자는 아니다. 모든 낮아진 제자가 비판만 하는 제자도 아니다. 판단하는 제자와 비판하는 제자를 참된 제자들이 공동체로부터 추방하거나 격리시키는 것은 공동체의 순수성을 보존하는 사랑의 행위가 되지 못하고 공동체를 분열하는 행위가 된다. 역사가 검증한 것처럼 격리되고 추방된 자들이 자신들의 공동체를 만들기 때문에 결국은 공동체가 분열된다.

예수의 공동체는 분열되어서는 안 된다. 예수의 공동체의 순수성이 훼손되어서는 안 된다. 지상의 공동체에서 그들을 격리시키는 것도 공동체의 순수성을 훼손시키는 것이다. 그들을 공동체 밖으로 추방하는 것도 예수의 공동체의 일체성을 훼손하는 것이다. 예수의 공동체는 분열되어서도 안 되고 해체되어서도 안 된다. 예수는 자신과 하나로 묶인 하나의 공동체만을 지상에 남겨 놓았기 때문에 분열되지 않은 하나의 공동체만이 공동체의 순수성을 보존하는 공동체이다. 예수의 공동체는 분열되지 않은 하나의 공동체로 존재해야만 한다. 분열하는 공동체와 분열한 공동체는 공동체의 순수성을 훼손하고 훼손된 채로 있는 공동체이다.

하나님은 예수의 공동체의 순수성을 지키기 위해서 판단하고 비판한다. 공동체의 순수성을 지키는 것은 구성원에 의해서 이루어지지 않는다. 공동체의 순수성은 하나님의 사랑의 판단과 비판에 의해서만 보존된다. 예수의 공동체는 예수라는 나무에 묶여서 한 몸이 되어버린 각각의 가지이기 때문이다. 가지가 가지를 격리시키고 추방하는 것이 아니다. 나무로부터 가지를 솎아내는 것은 아버지가 하시는 일인 것이다(요 15:1-2). 제자들이 제자를 격리시키고 추방시키는 것은 공동체를 분열시키는 것이다. 주여 주여라고 말하면서 행함이 없이 바라만 보는 낮아진 제자를 하나님은 비판하신다(마 7:21). 주의 이름으로 선지자 노릇을 하며 많은 권능을 행했다고 말하는 높아진 제자를 판단하신다. 그래서 하나님은 그들을 자신의 공동체 밖으로 추방한다(마 7:22-23). 그들을 공동체로부터 격리시키신다. 격리된 제자들, 추방된 제자들은 슬피 울면서 이를 가는 것밖에 할 것이 없다(마 8:18). 한 번 닫힌 문은 다시 열리지 않는다(마 25:11-12).

판단하면 판단 받는다. 비판하면 비판 받는다. 판단하지 않으면 판단 받지 않는다. 비판하지 않으면 비판 받지 않는다. 높아진 제자가 자신을 판단해서 낮은 제자가 되면 그 판단은 용서를 받는 판단이다. 낮아진 제자가 자신을 비판해서 낮은 제자가 되면 그 비판은 용서를 받는 비판이다. 더 낮아지기 위해서 자신에 대해서 판단하고 비판하면 하나님이 판단하지 않고 비판하지 않는다. 모든 판단과 비판이 판단 받고 비판 받는 것이 아니다. 자신을 더욱 낮추는 판단과 비판은 판단 받지 않고 비판 받지 않는다. 자신을 높이는 판단과 비판은 판단 받고 비판 받는다. 하나님이 지금 당장 판단한다는 것이 아니다. 비판하는 그 시점에서 하나님의 비판을 만난다는 것이 아니다. 그때 판단하고 비판하신다는 것이다. 그때 그 시점에서만 판단하고 비판한다는 것이 아니다. 그가 판단하고 비판하는 것을 우리가 알게 되는 시점이 그때라는 것이다. 그리고 그때는 너무 늦기 때문에 아무리 애써도 한 번 닫힌 문은 절대로 열리지 않는다. 한 번 그의 공동체로부터 추방당하면 영원히 추방당한다. 단 한 번 추방당하는 것이 그의 공동체로부터 영원히 추방당하는 것이다.

2. 자신을 먼저 돌아볼 것(7:3-5)

> 3 어찌하여 형제의 눈 속에 있는 티는 보고 네 눈 속에 있는 들보는
> 깨닫지 못하느냐 4 보라 네 눈 속에 들보가 있는데 어찌하여 형제에
> 게 말하기를 나로 네 눈 속에 있는 티를 빼게 하라 하겠느냐 5 외식하
> 는 자여 먼저 네 눈 속에서 들보를 빼어라 그 후에야 밝히 보고 형제
> 의 눈 속에서 티를 빼리라

그래서 하나님이 판단하고 비판하실 기회를 드리지 말아야 한다. 하나님의 판단과 비판은 돌이킬 수 없는 결과를 낳기 때문에 하나님이 개입하실 틈을 만들지 말아야 한다. 공동체가 예수의 공동체로서 순수성을 지니고 있으면 하나님이 개입하시지 않는다. 공동체의 일원으로서 제자들이 높낮이에 관계없이 서로에 대해서 가지로 남아 있으면 하나님이 판단과 비판을 유보한다. 공동체 안에서 높은 제자와 낮은 제자로 나뉘어 있는 제자들이 서로에 대해서 더 낮은 자가 되면 하나님이 판단하거나 비판하실 것이 없다. 높아진 제자가 낮은 제자가 되는 스스로의 판단은 하나님의 판단을 불러오는 것이 아니다. 낮아진 제자가 낮은 제자가 되는 자신에 대한 비판은 하나님의 비판을 불러오는 것도 아니다. 제자들은 판단과 비판을 해야

한다. 낮아진 제자가 낮아지고 높아진 제자가 낮아진 제자만큼 낮아지기 위해서 비판해야 한다. 제자들이 예수의 제자로 삶을 마치기 위해서 자신을 판단해야 한다. 예수의 의로움에 근거해서 자신의 의로움을 판단해야 한다. 모든 판단과 비판이 판단과 비판을 불러오는 것이 아니다. 예수의 제자로서 삶을 마치기 위한 판단과 비판은 하나님이 허용하시는 것이다. 예수의 공동체로서 순수성을 보존하기 위한 판단과 비판은 하나님이 순수성을 잃어버린 공동체에 판단하실 판단과 비판을 대신하는 것이다.

참된 공동체는 하나님의 판단과 비판을 간구해야 한다. 하나님의 판단과 비판이 없다면 공동체로서 존재할 이유가 사라진다. 나무에서 떨어져 버린 가지가 말라 비틀어지고 쓸모 없어 종국에는 불살라져 버리는 것처럼 예수의 몸에서 떨어져 나간 지체는 말라지고 비틀어져 종국에는 생명력을 잃어 버린다. 공동체가 예수의 공동체로 살아 있는 것은 나무인 예수의 몸체에 가지로서 붙어 있기 때문이다. 공동체가 예수의 공동체로서 순수성을 이어갈 수 있는 것은 몸인 예수의 지체로서 각각의 기능을 수행하기 때문이다. 가지가 나무가 공급해 주는 영양을 받아 열매를 많이 맺는 것은 각각의 지체가 모여서 한 몸을 이루어 머리인 예수로부터 조화로운 지시를 받고 따르기 때문이다. 교회의 근거는 예수이다. 교회가 존재하는 이유는 하나님의 판단과 비판을 기다리기 때문이다. 공동체는 예수로부터 하나님의 판단과 비판을 요청하라는 기도문을 건네받았다. 하나님의 판단과 비판에 대한 기대는 공동체의 삶을 이어가는 이유이다.

그러니 공동체를 향한 하나님의 판단과 비판의 요청은 예수로부터 건네받은 것이 아니다. 세상을 향한 하나님의 판단과 비판의 요청을 예수로부터 건네받은 것이다. 제자가 제자에 대해서 판단하고 비판하면 공동체 밖을 향한 하나님의 판단과 비판이 공동체를 향해서 돌아선다. 제자가 제자를 판단하던 판단과 비판을 자신에게 하면 하나님의 판단과 비판이 공동체 밖을 향해서 나아간다. 하나님의 판단과 비판이 공동체 안을 향하게 하거나 밖을 향하게 하는 것은 제자들에게 달려 있다. 제자가 제자에 대해서 낮은 자가 되면 밖을 향한다. 제자가 제자에 대해서 높은 자가 되거나 되려고 하면 안을 향한다. 제자가 높낮이로 나뉘어 있다는 것이 문제가 아니라 그렇게 나뉜 제자들이 더 차이를 벌이려고 하는 것이 밖을 향할 하나님의 판단과 비판을 공동체 안으로 향하게 하는 것이다.

하나님의 판단과 비판을 기다리는 공동체를 세우는 유일한 판단과 비판은 자신에 대한 것이다. 자신에게 하는 판단과 비판만이 제자로서 모자람 없는 삶을 살아가게 만들고 삶의 끝까지 다다르게 한다. 자신을 판단하고 비판하기 위해서는 앞에 있는 제자를 바라보지 말아야 한다. 제자는 홀로 서 있는 단독적 존재가 아니다. 예수와 운명을 함께하는 공동체로 서 있는 단독자이다. 예수와 운명을 함께하는 공동체로 서 있는 다른 단독자와 함께 공동체로 있는 단독자이다. 제자가 단독자이면서 단독자가 아닌 것은 공동체 안에서 단독자이기 때문이다. 공동체 안에서 자신에 대해서는 단독자이지만 서로에 대해서 더불어 함께 있는 동반자이다. 동반자로서 다른 제자와 함께 제자의 삶의 끝까지 다다르기 위해서는 서 있는 위치가 중요하다. 동반자로서 길을 가기 위해서는 옆에 서 있어야 한다. 옆에 서 있다는 것은 앞설 수 있음에도 불구하고 옆에 선 사람의 걸음에 나의 걸음의 보조를 맞추는 것이다. 옆에 서 있는 동반자 때문에 뒤떨어질 수 있음에도 불구하고 처지지 않고 길을 갈 수 있다.

공동체 안에서 제자의 높낮이가 만들어진 것은 동반자로서의 제자가 이끄는 자와 이끌림을 받는 자로 바뀌었다는 것을 의미한다. 길을 갈 때 같이 시작했던 사람들이 앞에 선 자와 뒤따라오는 자로 나뉘는 것은 자연스러운 것이다. 함께 옆에서 길을 가던 사람들이 앞서고 뒤서고 하는 것은 동반자로서 자연스럽게 받아들이는 것이다. 앞에 선 자도 뒤따라 오는 자도 자신 앞에 있는 길만을 바라본다. 앞선 자와 뒤선 자가 같은 곳을 응시하는 것은 옆에 서서 같은 곳을 응시하는 것과 결국은 같은 것이기 때문이다. 서로 마주보는 제자는 같은 곳을 응시하는 것이 아니다. 마주보는 제자는 자기 앞에 있는 제자를 응시한다. 공동체 안에서 높아진 제자는 낮아진 제자를 응시한다. 낮아진 제자는 높아진 제자를 응시한다. 높아진 제자는 낮아진 제자의 삶을 계도하기 위해서 응시한다. 높아진 거룩의 표상을 뒤에 두고 낮아진 제자를 바라보기 때문에 언제나 부족한 것이 보인다. 낮아진 제자는 세상을 뒤에 두고 거룩을 휘장인양 두른 높아진 제자를 바라본다. 높아진 제자를 응시하는 낮아진 제자의 시선에도 부족이 보인다. 거룩을 자신의 본질인 것처럼 휘감은 높아진 제자의 모습에서 세상을 그리워하는 감춰진 욕망이 보인다. 높아진 제자의 시선에 비친 낮아진 제자는 제자답지 않은 제자이다. 낮아진 제자의 시선에 비친 높아진 제자는 위선과 외식하는 제자이다.

마주보고 서 있는 자들은 그들을 바라보는 또 다른 시선이 있다는 것을 알지 못한다. 예수가 산에 올라가 앉으셨을 때 나아온 제자는 서로가 서로를 바라보는 자세로 있지 않았다. 함께 나란히 서 있는 그들 앞에는 그들을 바라보는 예수가 앉아 있고 그들 뒤에는 제자와 예수를 바라보는 무리들이 있었다. 서로 마주보고 서 있는 낮아진 제자와 높아진 제자는 그들을 바라보는 무리들의 시선을 의식하지 못한다. 그들이 바라보아야 할 예수의 시선을 보지 못한다. 제자들을 무리들의 시선 앞에 놓으신 예수의 시선을 제자는 바라보지 못하는 것이다. 제자들이 예수의 가르침에 어느 정도 자신의 삶을 맞출 것인가를 바라보는 무리들의 시선이 보이지 않는다.

바라보는 예수의 시선에는 제자들의 눈에 있는 티가 보이지 않는다. 제자들과 예수를 바라보는 무리들의 눈에 있는 티가 보이지 않는다. 예수가 자신의 눈에서 들보를 먼저 보았기 때문에 제자들과 무리들에게서 티를 보지 못하는 것이 아니다. 자신의 눈에 담긴 운명이 제자들의 시선으로 겹쳐지는 것을 보시기 때문에 제자의 눈에서 티를 보지 않는 것이다. 무리들이 티가 없어서 그들에게서 티를 보지 않는 것이 아니다. 그들에게 얹혀진 삶의 무게에 지친 슬픔을 보기 때문에 티를 안보는 것이다. 바라보는 예수의 시선만 고정하면 제자들은 예수의 눈에 어린 사랑을 볼 수 있다. 예수의 시선만 바라보면 예수의 시선에서 무리들에 대한 연민과 제자를 대견스러워하는 마음을 엿볼 수 있다. 무리 앞에 서 있는 제자들을 통해서 무리들에 대한 연민을 전달하는 예수의 숭고한 정신을 만날 수 있다.

서로 마주보면 예수의 정신을 만날 수 없다. 서로 마주보고 서 있기 때문에 예수와 만날 수 없다. 거룩이 아님에도 불구하고 거룩을 두른 채 세속과 만나기 때문에 세속의 티가 보인다. 세속이라는 일상에서 거룩이라는 특별한 장소로 이동했기 때문에 세속의 들보가 보여야 함에도 불구하고 거짓된 거룩의 티가 보인다. 서로 마주보는 것은 함께 바라보는 것을 보지 않는 것이다. 함께 바라본다는 것도 의식하지 않는 것이다.

일만 달란트 빚진 자가 그러했다. 주인에게 갚을 돈 일만 달란트가 없는 종을 주인이 불쌍히 여겨서 탕감해 주었지만 막상 그는 자신에게 백 데나리온의 빚을 진 사람이 빚을 갚지 못한다고 옥에 가두었다. 아무도 그 사실을 알려주지 않았다면 주인은 그 둘 사이에 있었던 일을 모를 수 있었을 것이다. 그러나 주인과 일만 달란트 빚을 탕감 받은 자 사이에는 사람들이 있었다. 그들이 무슨 일이 일어났는지 주인에게 그 사실을 알려주었다. 심히 노한 주인은 일만 달란트 빚을 탕감한 그 사람이 백 데나리온 빚진 자에게 한 것처럼 빚을 다 갚을 때까지 감옥에 넣은 것으로 비유는 끝마친다(마 18:12-35).

마주보는 사람은 바라보는 사람이 바라본다는 것을 알지 못한다.

마주보는 사람은 그를 바라보는 사람이 그 연민의 눈으로 보는 것을 알지 못한다. 주인은 일만 달란트 빚진 자를 불쌍히 여기는 마음으로 대하기 때문에 놀려보낸다. 뒤에서 바라보는 자는 연민의 징으로 바라보지 않는다. 받은 은혜대로 행동하는지 바라본다. 사랑의 대상으로서 제자를 바라보는 것이 아니라 관객으로서 바라본다. 관객은 무대에 서 있는 배우가 연기를 잘할 것을 기대하면서 바라보기 때문에 기대에 못 미치면 외면한다. 앞에서 바라보는 것과 뒤에서 바라보는 것은 동일한 바라봄이 아니다. 앞에서 바라보는 것은 인간을 바라본다.

티 있는 인간이 티 있는 인간을 바라보는 것이 아니라 티조차 없으신 하나님이 티 있는 인간을 바라보는 것이다. 하나님이 제자를 바라보시는 것과 제자가 제자를 바라보는 것은 동일한 바라봄이 아니다. 제자가 제자를 바라보는 것은 들보를 품은 자가 앞에 있는 제자의 모습에서 티를 바라보는 바라봄이다. 인격적인 바라봄은 제자의 바라봄에서 발생하지 않는다. 예수가 서야 할 그 자리에 스스로 높아진 제자가 서 있기 때문이다. 제자는 마주보기 위해서 예수 앞에 서 있는 것이 아니라 함께 예수를 바라보기 위해서 나란히 서 있는 존재이다. 예수 앞에서 제자와 제자의 바라봄은 옆에서 바라봄이다. 서로가 서로를 지탱하기 위해서 옆에 있음을 자각하는 의식에서 바라봄이다. 옆에서 바라보기 때문에 인격적 분량에 자신을 맞춘다. 앞에서 바라보면 티를 들보로 보게 된다. 뒤에서 바라보면 무리의 일원이 된다. 제자는 제자 뒤에 있는 자가 아니다. 제자 뒤에 있는 것은 무리들뿐이다. 제자 뒤에 제자가 있을 경우 그 제자에게 제자는 선생으로서 존재한다. 제자에게 선생은 한 분뿐이다. 제자의 제자가 시간적으로는 뒤에 오는 것이지만 공간적으로는 함께 나란히 서 있는 옆에 있는 자이다. 시간적인 빠름과 늦음에 관계없이 공간적으로 함께 예수를 바라보는 시선을 공유하고 예수의 바라봄의 시선에 다 들어 있는 것을 의미한다.

제자들이 마주보고 서 있는 것은 현실이다. 마주봄은 지금 여기에 있는 사실이기 때문에 인정될 수밖에 없는 실제이다. 높아진 제자와 낮아진 제자의 터전 위에 공동체가 자리매김한 지 근 이천 여 년이 흘러온 지금에서 마주보는 제자를 함께 바라보는 제자로 복귀하라고 요구하는 것은 비현실적인 것이다. 마주봄을 인정할 수밖에 없는 것처럼 함께 서서 예수를 바라보는 것으로 전환할 수 없는 것도 인정해야 한다. 그러나 돌아갈 수 없다고 해서 돌아감의 의식마저도 버리는 것은 바른 것이 될 수 없다. 돌아갈 수 없음에도 돌아감의 의식을 가져야 하며, 마주보고 서 있음에도 불구하고 옆에 서 있는 동반자의 의식을 제자가 가져야 한다. 마주 선 제자가 마주 선 제자로 인식되지 않는 것은 마주 섰음에도 불구하고 앞에 있는 제자를 보지 않을 때이다. 서로가 서로에 대해서 마주섬에도 불구하고 서로의 모습에서 티를 발견하는 것이 아니라 자신의 모습에서 들보를 보면 옆에 서 있는 것이다. 마주 섬의 현재적 위치와 무관하게 함께 서 있는 동반자의 의식은 자신의 모습만 바라볼 때 일어난다. 자기 안에서 들보를 인식하면서 타인의 들보를 보는 자는 그 들보를 용납할 수 있는 티로서 인식한다. 타인의 들보를 용납하는 티로 인식하는 것은 자신의 시선에 예수의 시선을 담아 바라보기 때문이다.

일만 달란트 빚을 탕감 받은 자의 시선에는 백 데나리온 빚을 진 자의 빚만이 비쳤다. 주인의 시선에는 일만 달란트 빚을 진 자의 불쌍함이 보였다. 일만 달란트 빚을 탕감 받은 자가 자기에게 백 데나리온 빚진 자를 바라볼 때 그를 불쌍히 여기는 주인의 시선을 담아서 바라보았다면 백 데나리온이라는 티가 덮였을 것이다. 일만 달란트 빚을 탕감 받은 자가 자신이 탕감 받은 빚의 액수를 먼저 바라보았다면 백 데나리온의 빚은 문제가 안 되는 티였을 것이다. 불쌍히 여기는 주인의 시선을 자신의 시선으로 옮겨놓지 않고 자신 앞에 서 있는 사람을 바라보기 때문에 백 데나리온의 빚은 매우 큰 것이다. 일만 달란트의 빚을 탕감 받은 자신을 돌아보지 않기 때문에 백 데나리온의 빚은 반드시 받아야 할 자신의 것이다. 백 데나리온을 갚을 능력이 없는 불쌍한 빚진 자가 보이지 않는다. 받아내야 할 자기의 작은 백 데나리온만이 보일 뿐이다. 일만 달란트의 빚이라는 들보가 보이지 않기 때문에 백 데나리온이라는 티가 보이고, 용서받은 자신이 보이지 않기 때문에 용서해야 할 인격이 가려진다.

마주 선 제자를 인격적인 존재로 인식하는 것은 그 인격이 흠이 없기 때문이 아니다. 바라보이는 제자가 인격적으로 완전해서 인격적으로 보이는 것도 아니다. 바라보는 자신의 내면을 고찰하기 때문에 마주 서 있는 제자를 인격적으로 인식하는 것이다. 자신의 내면을 고찰하는 자는 자신의 내면에 담긴 인격의 커다란 결함인 들보를 빼내기도 힘겨워하기 때문에 다른 제자의 인격적인 사소한 결점에 시선을 줄 만한 여유가 없다.

마주 선 제자의 인격을 교정하는 것은 제자의 몫이 아니다. 예수의 몫이다. 제자가 제자의 인격을 교정하고 성화시키는 것이 아니라 예수가 제자의 인격을 교정하고 성화시킨다. 제자가 제자를 교정하기 위해서는 자신의 인격을 교정한 후에야 교정할 수 있다. 자신의 눈에 비친 다른 제자의 사소한 티를 교정하려고 하면 자기 내면에 있는 커다란 들보를 먼저 해결해야 한다. 자신 안에 있는 인격의 큰 결함을 무시하고 자기 앞에 있는 인격의 사소한 결함을 교정하는 것은 위선이다. 자기 내면에 있는 들보를 해결하지 않은 채 다른 제자의 인격의 문제를 교정하는 것은 제자에 대한 폭력이다.

위선과 폭력은 공동체를 피폐하게 만든다. 예수의 뒤를 따라서 자발적으로 가난하게 된 공동체에 위선과 폭력이 내재하는 것은 하나님의 판단과 비판을 공동체를 향하게 하고 공동체를 해체하게 만드는 것이다. 제자의 내면에 있는 결점은 제자의 손에 의해서 정화

되는 것이 아니다. 예수가 정화할 몫인 것이다. 그래서 너희가 너희를 정화하려면 너희 먼저 완전한 인격이 되라고 예수는 말한다. 완전한 인격만이 흠이 있는 인격을 정화할 수 있다. 더 큰 흠이 있는 자가 적은 흠이 있는 자를 고친다는 것은 고쳐 줄 수 있는 분으로 하여금 고치지 못하게 하는 것이다.

예수가 해야 할 몫을 제자가 하는 것은 예수로부터 공동체를 떼어 놓는 것이다. 예수의 공동체를 자신의 공동체라고 생각하기 때문에 예수를 공동체 밖으로 밀어낸다. 그러나 가지로부터 나무를 떼어 놓을 수 없다. 가지로부터 나무를 떼어놓는 것은 가지 스스로 죽음을 선택하는 것이다. 그럼에도 불구하고 가지는 자신이 사는 길인 줄 알고 자신으로부터 나무를 떼어 놓는다. 가지가 자신을 나무로 생각하고 나무를 가지인 줄 알기 때문에 나무를 가지에서 떼어놓는다. 나무가 나무로 안 보이고 가지가 가지로 안 보이는 것은 나무가 있어야 할 자리에 가지가 있기 때문이다. 그래서 가지가 나무를 떨어뜨리는 것이다. 가지가 나무가 되는 것이며 제자가 제자를 세우는 것이다. 그렇게 제자를 세움으로서 제자는 자연스럽게 선생이 되며 자신의 공동체를 세운다. 제자가 선생이 되는 것은 세상의 모든 가르침의 현장에서 일어나는 현실이다. 선생이 되어버린 제자가 자신의 공동체를 세우는 것은 세상의 대부분 공동체에서 자연스럽게 발생한다.

그러나 예수의 공동체에서 제자는 제자로서만 존재해야 한다. 예수의 공동체에서 제자가 선생이 되는 것은 예수가 주님이 되지 못하게 하는 것이다(눅 19:27). 예수의 공동체에서 제자는 제자로서만 존재할 수 있다. 제자가 선생이 되는 것은 예수의 공동체를 자신의 공동체로 바꾸는 것이며 거룩한 곳 위에 가증한 것이 거룩한 것처럼 서는 것이다(마 13:14).

3. 귀중한 것을 소중히 여길 것(7:6)

6 거룩한 것을 개에게 주지 말며 너희 진주를 돼지 앞에 던지지 말라
저희가 그것을 발로 밟고 돌이켜 너희를 찢어 상할까 염려하라

예수의 공동체는 거룩한 공동체이다. 거룩한 예수가 세웠기 때문에 거룩하다. 거룩함은 공동체에 속한 것이 아니다. 공동체 자체로는 거룩하지 않다. 공동체에 속한 제자만으로는 거룩하지 않다. 그럼에도 불구하고 공동체는 거룩하다. 예수의 공동체로 존재하는 한 거룩하다. 공동체에 속한 제자도 거룩하다. 공동체가 거룩하지 않아도 거룩하고 제자가 거룩하지 않아도 거룩하다. 제자들이 바리새인과 서기관들에 비교해서 더 거룩하지 않아도 예수의 제자인 것처럼 다른 공동체와 비교해서 거룩하지 않아도 여전히 예수의 공동체이다. 거룩한 것은 도덕적 품성이 아니다. 도덕적 품성과 윤리적 행위에 의해서 거룩함과 의로움이 인식되는 것은 거룩함의 본질을 알지 못하기 때문에 발생한다.

나사렛에서 온 예수가 거룩한 하나님의 아들이라는 것을 바리새인과 서기관 및 무리들은 이해할 수 없는 것이다. 나사렛에서 온 이름 없는 예수가 거룩함을 품고 있는 분이라는 것은 하나님의 거룩함을 의로움으로 알고 있는 사람에게는 알려지지 않는 것이다. 율법의 척도로는 예수는 의롭지 않다. 율법이 가르치는 척도에 의하면 예수를 하나님의 아들이라고 말하는 것은 거룩한 하나님을 모독하는 것이다. 거룩함은 의로움이 아니다. 거룩함은 나사렛 예수가 품은 것이며 나사렛 예수 그분이 거룩하다. 공동체가 거룩하지 않음에도 거룩한 것은 예수가 공동체를 품었기 때문에 거룩하다. 제자가 거룩하지 않아도 거룩한 것은 예수가 제자를 품으셨기 때문에 그러하다. 예수가 거룩하기 때문에 예수의 공동체가 거룩하고 제자가 거룩하

다. 거룩함은 예수에게 속한 것이다.

예수는 제자를 거룩하게 하기 위해서 자신을 먼저 거룩함으로 채웠다. 그리고 진리로 제자들을 거룩하게 해 달라고 하나님께 기도했다. 거룩함은 진리이다. 진리를 품을 때 거룩해진다. 진리는 하나님의 말씀이다(요 17:17-19). 하나님의 말씀이 있는 곳에 진리가 있다. 예수는 진리이며 하나님의 말씀이다. 예수는 자신 안에 있는 진리와 말씀을 제자들에게 전달하기 위해서 하나님께 청원한다. 제자들만 세상에 남겨질 것을 알기 때문에 진리와 말씀으로 제자들을 거룩하게 해 달라고 기도하는 것이다. 예수가 제자들과 함께 있을 때에는 예수 안에 있는 진리와 말씀이 그들과 함께 있었기 때문에 청원할 필요가 없었다. 제자는 이미 예수 안에 있었던 것이다.

그러나 제자들만 남겨지는 상황이 되면 예수가 제자를 품고 있다는 것을 아는 것만으로 충분하지 않다. 제자들도 예수가 품은 거룩함을 품어야 한다. 그래야 예수가 없는 상황에서 예수의 공동체를 보존할 수 있다. 예수가 없는 상황에 한 번도 놓인 적이 없는 제자가 홀로 남겨진 시간에도 거룩함을 지켜 가는 것이 제자 됨의 본질이기 때문에 예수는 자신이 품은 거룩함을 제자도 품음으로 거룩하기를 간절히 바란다. 예수가 제자를 품어서 거룩한 것처럼 제자 안에 예수가 품어짐으로 제자가 거룩해진다. 예수의 공동체는 예수가 품어서 거룩한 것처럼 공동체 안에 예수가 품어짐으로 거룩해진다.

제자는 거룩하다. 제자가 예수를 품기 때문에 거룩하다. 공동체는 거룩하다. 공동체가 예수를 품기 때문에 거룩하다. 거룩함은 밖에서 제자와 함께하던 예수가 제자의 내면에서 함께하는 결과로 주어진다. 바울은 그것을 누구보다도 분명히 알고 있었다. 고린도 교인들은 그것을 종종 망각하였다. 그래서 바울은 고린도 교인들에게 너희의 몸이 성령이 거하는 거룩한 성전인 것을 잊지 말라고 하면서 하나님의 성전을 훼손하면 하나님이 그 사람에게 심판을 하는 것과 마찬가지로 거룩한 몸을 훼손하는 사람도 심판한다고 말했다(고전 3:16).

바울에게는 성전이라고 불리는 건물만이 성전이 아니다. 하나님의 영이 거하는 그리스도인의 몸 또한 성전이다. 바울이 성전이라는 건물을 성전이라고 말하는 것과 그리스도인을 성전이라고 말하는 것은 동일한 것이 아니다. 성전이 성전인 것은 성전이라는 건물에 하나님의 영이 내주하기 때문이 아니다. 하나님의 영은 하나님이시기 때문에 인간이 만든 건축물에 내주하시지 않으신다. 성전이라고 불리는 건물이 하나님을 예배하고 찬양하는 특별한 목적을 갖고 지어진 건물이기 때문에 성전인 것이다. 그리스도인 하나하나가 하나님의 성전이라고 명명하는 것은 하나님의 영이 그리스도인에 내주하기 때문이다. 제자들이 자신의 품은 진리와 말씀인 예수 때문에 거룩한 제자인 것처럼 하나님의 영을 품었기 때문에 그리스도인이 하나님의 전이며 거룩한 몸이 되는 것이다.

하나님의 전으로서 그리스도인 하나하나가 거룩한 몸이라는 말과 거룩한 제자는 동일한 의미를 갖고 있다. 진리와 말씀이신 예수가 성령을 통해서 임마누엘의 하나님으로 제자의 품에 품어지는 것처럼 하나님의 영이신 성령이 그리스도인의 몸에 내주하심으로 하나하나에게 임마누엘의 하나님으로 계시기 때문이다. 예수는 성령을 통해서 제자의 몸에 품어진다. 예수의 청원은 성령의 내주하심으로 응답된다. 성령의 내주는 제자를 하나님이 거하시는 성전이며 거룩한 몸이 되게 한다. 세상 끝날 때까지 함께하시겠다고 말씀한 것처럼 제자의 몸에 내주하심으로써 임마누엘의 하나님이신 예수는 제자의 몸을 거룩한 몸이 되게 한다.

제자가 자신의 몸을 함부로 취급하면 거룩한 성전을 훼손하는 것이다. 제자의 몸을 함부로 대하는 자도 거룩한 성전을 훼손하는 것이다. 제자가 자신의 몸을 대수롭지 않게 취급한다면 자신의 몸을 함부로 취급하는 것이 아니다. 제자의 몸에 내주하신 임마누엘의 하나님을 함부로 대하는 것이다. 제자의 몸을 함부로 대하는 자도 제자의 몸에 내주하신 임마누엘의 하나님을 함부로 대하는 것이다. 임마누엘이신 하나님이 제자의 몸에 내주하는 한 제자의 몸은 제자의 몸이 아니다. 임마누엘이신 하나님에게 드려진 신성한 몸이다. 임마누엘의 하나님이 내주하시는 공동체는 더 이상 제자들만의 공동체가 아니다. 임마누엘의 하나님께 드려진 신성한 공동체이다. 그것을 깨닫지 못한다면 자기의 몸을 자신에게 속한 것으로 인식한다. 자신을 그렇게 인식하는 자는 타인도 그렇게 인식하게 만든다. 자신의 몸이 임마누엘의 하나님이 내주하는 몸으로 아는 자는 타인도 그렇게 인식하게 만든다.

거룩한 것은 거룩한 것과 만나고 거룩하지 않은 것은 거룩하지 않은 것과 만나야 한다. 거룩한 것이 거룩하지 않은 것과 어울리지 않으며 거룩하지 않은 것은 거룩한 것과 어울리지 않기 때문이다. 거룩한 것이 거룩하지 않은 것과 함께하는 것은 거룩한 것을 거룩한 것인 줄 모르기 때문에 그러하다. 거룩하지 않은 것이 거룩한 것과 함께 있는 것은 거룩하지 않은 것이 거룩한 것인 줄 알기 때문에 그러하며 거룩한 것이 거룩한 것인줄 모르기 때문에 그러하다.

거룩한 몸인 제자는 거룩한 몸인 제자와 함께 제자로서 살아가는 인생의 동반자이어야 한다. 거룩한 몸인 공동체는 거룩한 몸인 공동체와 삶을 나누어야 한다. 거룩한 몸인 제자가 그것을 망각하고 거룩하지 않은 사람과 삶을 나누는 것은 제자의 몸에 내주하는 임마누엘의 하나님을 모욕하는 것이다. 하나님의 성전을 모욕하면 심판을 받는다. 모욕하는 사람만 아니라 모욕하도록 만드는 사람도 심판을 받게 된다. 제자가 자신의 거룩함을 보존해야 할 의무와 책임이 여기에 있다.

제자에게 소중한 것은 제자들에게만 소중한 것이기 때문에 바리새인들과 제사장들에게는 하찮은 것이다. 그들에게 소중한 것은 임마누엘의 하나님이 내주하시는 제자에게 소중한 것이 아니다. 제자에게 소중한 것이 그들에게도 소중한 것이면 제자와 그들은 동일하다. 예수의 정신과 만나고 예수가 임마누엘의 하나님으로서 제자의 몸에 영으로 내주하는 한 제자는 그들과 동일한 존재가 아니다. 제자에게 소중한 것은 자신 안에 내주한 임마누엘의 하나님이 존중되는 것이다. 바리새인과 제사장들에게 소중한 것은 성전이라는 건물이 존중되는 것이다. 제자들에게 소중한 것은 임마누엘의 하나님이 거하시는 자신의 몸이다. 예수에게 소중한 것은 하나님이 만드시고 자신이 선택한 제자의 몸이다. 제자의 몸은 자신의 정신을 갖고 살며 그 안에 내주하는 임마누엘의 하나님이신 예수가 있는 곳이다. 예수가 성전을 허물고 삼일 만에 다시 세우겠다고 말했을 때 자신의 몸을 두고 한 말인 것을 건물을 성전으로 알고 있는 바리새인들은 이해할 수 없는 것이었다(요 2:19-22).

하나님은 사람이 만든 건물에 거하시는 것이 아니라 자신이 창조하시고 예수가 택한 제자의 몸에 거하신다. 예수가 성전이며 제자가 성전이다. 예수의 몸에 하나님의 영이 거하심으로 성전인 것처럼 제자의 몸에 하나님의 영이 거하심으로 성전이다. 그 사실을 깨우친 제자는 하나님이 자신의 몸에 거하신다는 것을 사람들이 알게 해야만 한다. 제자가 임마누엘이신 하나님이 거하시는 자신의 몸을 거룩하고 존귀하게 대하면 사람들에게 그 사실을 알리는 것이 된다. 제자가 자신의 몸을 존귀하게 대하지 않으면 사람들은 하나님이 사람이 만든 건물에 거하시지 않고 그리스도인의 몸에 내주하신다는 것을 알지 못한다. 그러므로 먼저 성전 된 제자는 그리스도인이 되면 하나님이 내주하는 거룩한 존재가 된다는 것을 모르고 살아가는 많은 사람들을 일깨울 도덕적 책임과 의무를 갖고 있다. 제자가 자신에게 부가된 책임과 의무를 망각하는 것은 자신의 몸이 거룩한 성전인 것을 깨닫지 못하는 데서 기인한다.

거룩함을 거룩함인 줄 모르고 거룩하지 않게 사는 것은 거룩한 것을 개에게 주는 것이며 진주를 돼지에게 주는 것과 같은 것이다. 거룩하지 않게 다가오기 때문에 개가 무는 것이고 돼지가 밟는 것이다. 거룩한 것이 거룩하게 다가오면 개도 조심하고 돼지도 함부로 밟고 해치지 않는다. 거룩한 것을 거룩한 것인 줄 모르고 진주가 진주인 줄 모르기 때문에 개에게 주고 돼지에게 던지는 것이다. 그렇게 던져진 거룩한 것과 진주는 개와 돼지도 천하게 여긴다. 던지는 사람이 거룩하고 귀한 것으로 여기지 않는 것은 개와 돼지에게도 거룩하고 귀한 것이 아니다.

천국은 침노하는 자에게 침노당하기 때문에 침노하는 자의 것이다(마 11:12). 진주는 찾는 자에게 찾아지기 때문에 찾는 자의 것이다(마 13:45-6). 좋은 진주를 발견한 사람은 자기가 갖고 있는 모든 것을 다 팔아 그 진주를 산다. 천국을 침노하는 자는 자기의 모든 것을 다 사용해서 침노한다. 제자가 갖고 있는 진주는 그렇게 얻어진 것이다. 제자가 들어간 천국은 그렇게 확보된 것이다. 모든 것과 맞바꾼 진주는 그렇게 쉽게 던져버릴 수 있는 것이 아니다. 그럼에도 불구하고 진주를 버리는 것은 진주의 값어치를 망각하기 때문이다. 진주는 단지 진주가 아니라 자기의 전부인 것을 잊어버렸기 때문에 버린다. 자기가 갖고 있던 모든 것을 팔아서 진주를 샀기 때문에 진주 하나를 제외하고는 아무것도 자신에게 남겨진 것이 없다는 것을 잊어버렸기 때문에 진주를 버린다. 자신의 모든 것과 진주를 맞바꾼 이후 진주가 자신이고 자신이 진주인 것을 모르는 자만이 진주를 버린다. 진주를 버리는 자는 진주를 버리는 것이 아니라 자신을 버리는 것이다. 그렇게 자신을 버리면 타인도 버린다. 제자가 모든 것을 버리고 예수를 따라왔을 때 예수만이 전부였다. 제자는 자신의 가진 모든 것을 예수와 바꾼 것이었다. 제자를 위해서 자신을 버렸을 때 예수에게는 제자가 전부였다(마 15:13-15) .

예수는 생명의 떡이다. 제자를 위한 생명의 떡이다. 자신에게 전부인 제자가 영원히 굶주리지도 목마르지도 않게 하려고 자신을 먹이는 생명의 떡이다(요 6:35). 그래서 예수를 먹는 자는 예수의 생명을 먹고 마시는 것이다. 예수의 살과 피를 먹고 마시면 예수 안에 있는 생명이 제자의 몸 안의 생명이 된다. 예수를 먹고 마시는 것은 예수가 제자의 몸에서 다시 하나의 생명으로 하나가 되게 하는 것이다. 잡히던 밤에 떡을 떼어 제자들에게 주었을 때 예수는 제자와 한 몸을 이룬 것이었다. 제자가 자신을 버리는 것은 자신을 버리는 것이 아니다. 자신과 한 몸을 이룬 예수를 버리는 것이다. 공동체가 자신을 버리는 것은 자신을 버리는 것이 아니다. 공동체와 한 몸을 이룬 예수를 버리는 것이다. 제자가 예수를 버리면 버리는 제자를 개와 돼지가 다시 버린다. 공동체가 예수를 버리면 버리는 공동체를 개와 돼지가 다시 버린다. 자신 안에 있는 소중한 것을 하찮은 것으로 여기는 제자와 공동체를 개와 돼지가 밟고 찢는다.

개와 돼지도 소중한 것은 지켜야 하는 것임을 알고 있다. 거룩한 것을 자신의 몸에 품고 있지 않다고 해서 거룩한 것을 개와 돼지가 모르는 것이 아니다. 진주를 찾아다니지 않는다고 해서 진주가 모든 것을 다 팔아서 소유해야 할 귀중한 것임을 모르는 것이 아니다. 자신에게 품어지지 않는다고 해서 품어야 할 것을 모르는 것이 아니고 소유하지 않는다고 해서 가치를 가볍게 보는 것도 아니다. 그렇기에 자신의 존재와 가치를 잊어버린 제자를 개와 돼지가 인정하지 않는 것은 당연한 것이다. 자신의 귀중함과 고결함이 타인에게 인정받기 위해서는 먼저 자신의 몸을 귀중하고 고결하게 여겨야 하는 것이다. 제자의 몸은 제자만의 몸이 아니다. 공동체는 공동체만의 것의 아니다. 제자의 몸은 임마누엘의 하나님이 내주하시는 몸이다. 공동체의 모든 지체가 나무인 예수의 몸에 붙은 가지이기 때문에 공동체는 예수의 몸의 현현인 것이다.

4. 서로 대접할 것(7:7-12)

> [7] 구하라 그러면 너희에게 주실 것이요 찾으라 그러면 찾을 것이요
> 문을 두드리라 그러면 너희에게 열릴 것이니 [8] 구하는 이마다 얻을
> 것이요 찾는 이가 찾을 것이요 두드리는 이에게 열릴 것이니라 [9] 너
> 희 중에 누가 아들이 떡을 달라 하면 돌을 주며 [10] 생선을 달라 하면
> 뱀을 줄 사람이 있겠느냐 [11] 너희가 악한 자라도 좋은 것으로 자식에
> 게 줄 줄 알거든 하물며 하늘에 계신 너희 아버지께서 구하는 자에게
> 좋은 것으로 주시지 않겠느냐 [12] 그러므로 무엇이든지 남에게 대접을
> 받고자 하는 대로 너희도 남을 대접하라 이것이 율법이요 선지자니라

예수는 사람들이 사는 곳이면 어디에나 현존한다. 세상 모든 곳에 예수의 공동체가 있기 때문에 그곳에서 예수는 공동체로서 현존한다. 예루살렘을 재림할 장소로 인식했던 제자들은 예루살렘에서 예수를 기다리고자 하였다. 그러나 예수가 그들에게 준 명령은 세상 모든 곳에서 제자를 세우라는 것이었다. 제자는 공동체로서 세상에 존재하기 때문에 예수의 공동체가 실재하는 그곳이 제자가 세워진 곳이다. 제자가 발견되는 모든 곳에 예수의 공동체가 존재하는 것이며, 그곳이 또한 예수가 모든 곳에 존재하는 방식이 된다. 하나님이 세상을 창조하고 세상의 모든 곳과 모든 시간에 존재하시는 것처럼 예수는 제자로 이루어진 공동체를 창조함으로 세상의 모든 곳과 모든 시간에 존재한다. 그것을 기억한 예수의 공동체는 70년에 예루살렘이 파괴된 이후 세상으로의 흩어짐을 본격적으로 시작했다.

그렇다고 해서 70년 이전의 유대땅 밖에 예수의 공동체가 존재하지 않은 것이 아니다. 누가가 기록한 사도행전을 보면 예루살렘을 떠나지 않는 제자들과 세상에 산발적으로 흩어져 있는 공동체를 방문하는 바울을 보여준다. 예루살렘 밖에도 교회가 있다. 바울의 편지를 받는 수취인은 예루살렘 밖에 있는 공동체이다. 그러나 바울과

실라 등 몇 명을 제외하고 예수의 제자들이 그 교회를 방문했다는 기록은 보이지 않는다. 그곳에 있는 교회에게 문안을 하는 제자들도 예수가 부활하기 전에 선포했던 산상설교를 직접 들던 제자들이 아니라 부활한 주님을 만나서 제자가 된 제자들이다. 예루살렘에 머물러 있던 예수의 공동체가 세상의 모든 곳으로 옮겨지고 또 옮겨지는 것은 세상의 모든 장소와 모든 시간에 예수가 현존하기 위해서 선결되어야 할 조건인 것이다.

세상의 모든 장소와 시간에서 예수는 현존한다. 예수의 공동체가 존재하는 한 예수는 모든 장소와 모든 시간에 존재한다. 그것을 확인하는 것은 제자의 일이다. 제자는 세상의 모든 곳과 모든 시간에 있는 예수를 만나기 위해서 그곳의 공동체를 방문해야 한다. 세상에 흩어져 있는 공동체를 방문하는 것은 예수가 가르친 제자의 길을 가는 것이다. 예수가 갈릴리로부터 시작해서 예루살렘에서 삶을 멈춘 것처럼 제자들은 공동체와 공동체를 향해서 가는 도상에서 삶이 멈춰져야만 한다. 바울은 다메섹에서 시작해서 로마에서 삶이 멈추어졌다. 예루살렘에서 시작한 베드로도 로마에서 삶이 멈추어졌다. 바울의 삶이 로마에서 멈춰지지 않았다면 어딘가에 있는 그리스도의 공동체를 향해서 가는 도상에서 멈추어졌을 것이다. 베드로의 삶이 로마에서 멈추어지지 않았다면 어디엔가 있는 그리스도의 공동체를 찾아가는 도상에서 삶이 멈추어졌을 것이다. 공동체와 공동체 사이에서 제자들의 삶이 멈추어지는 것은 제자가 가야 할 길을 가고 있다는 것을 의미한다. 그렇게 예수의 처음 제자들은 공동체와 공동체를 찾아가는 도상에서 멈추어졌다.

제자는 공동체를 향해서 나아간다. 공동체 안에 있는 제자는 공동체를 향해 오는 제자를 만난다. 모든 제자들이 다 공동체를 향해서 나아오는 것이 아니다. 모든 제자들이 다 공동체 안에서만 있는 것이 아니다. 공동체 밖에서 안으로 부름 받은 제자가 있는 반면에 공동체로부터 나와서 공동체를 향해서 가도록 부름 받은 제자의 삶이 있다. 높아진 제자와 낮아진 제자로 나누어진 제자의 현재적인 모습은 공동체 안에서 제자의 삶을 살아가도록 부름 받은 제자와 공동체를 향해서 가는 삶을 살아가도록 부름 받은 제자의 삶을 구분하지 못한 것에서 기인한다. 오늘날 예수의 공동체에 문제가 되는 것은 제자의 높낮이가 아니라, 공동체를 향해 제자의 삶을 살아가도록 부름 받은 것과 공동체 안에서 제자의 삶을 살아가도록 부름 받은 것의 차이가 주는 다름을 이해하지 못하는 데서 오는 것이다.

높아진 제자는 공동체 안에서 높아진 것이 아니고 낮아진 제자는 공동체 안에서 낮아진 것이 아니다. 공동체 안에는 높낮이가 없고 예수의 가지들만 있을 뿐이다. 예수의 이름으로 세례를 받음으로 각자가 놓인 삶의 정황과 관계로부터 떠나 예수의 가지로서 새롭게 묶인 제자들만이 있을 뿐이다. 예수의 가지로 새롭게 태어나기 전에는 높낮이가 있었지만 예수의 가지가 된 이후에는 높낮이가 없다. 높낮이의 신분도 없다. 찾아가는 제자와 맞이하는 제자만 있을 뿐이다. 찾아가는 제자도 찾아가기 전에는 맞이하는 제자였다.

찾아가는 제자는 예수의 공동체 이름으로 찾아간다. 맞이하는 제자는 예수의 공동체 이름으로 맞이한다. 찾아가는 제자를 맞이하는 제자는 찾아오는 그 제자를 맞이하는 것이 아니라 그를 보낸 공동체를 맞이하는 것이다. 찾아가는 제자가 건네는 문안의 인사는 자신의 문안만을 건네는 것이 아니다. 그를 보낸 공동체의 문안을 전하는 것이다. 찾아가는 제자가 그를 찾아가는 것은 예수의 공동체로 인정하기 때문에 찾아가는 것이다. 찾아오는 제자를 맞이하는 것은 그를 보낸 공동체를 예수의 공동체로 인정하기 때문에 환영하는 것이다. 찾아가는 제자나 맞이하는 제자나 개인과 개인의 만남이 아니라 공동체와 공동체 간의 만남과 문안인 것이다. 공동체와 공동체의 만남과 문안이 제자의 삶에서 중요한 것은 서로 멀리 떨어진 공동체가 서로에게 낯선 공동체가 아니라 예수의 한 공동체의 다른 모습인 것을 확인하는 것이며 종국에는 서로에게 다가온 공동체를 통해서 거기에 계신 공동체로 현현하는 예수를 만나게 되고 그렇게 만난 예수가 자신의 삶에서 만난 예수와 동일한 예수인 것을 경험하는 것이다.

예수는 모든 곳 모든 시간에 존재하는 공동체로서 현존하며 동시에 그 모든 공동체를 포함하는 하나의 공동체로서 현존한다. 하나의 공동체로서 현존하는 예수는 모든 장소, 모든 시간에 각각의 모습으로 실존하는 공동체의 참된 모습이며 본질이기 때문에, 모든 공동체가 놓인 시간과 공간의 조건에서 실존하는 모습을 통해 참된 자신의 모습을 확인한다. 개별적인 실존적 삶의 정황에 놓인 각각의 공동체가 자신을 찾아오는 공동체를 만나는 것은 서로의 실존적 삶의 정황이 주는 다름과 차이에도 불구하고 각각의 공동체로 현존하는 예수를 인식하기 때문에 만나는 것이다. 나아가 그렇게 서로가 인식된 모습에서 예수의 공동체의 가지인 것을 확인한다. 찾아가는 제자나 맞이하는 제자나 서로에 대해서 낯선 타자이지만 만남이 있기에 동일한 공동체의 다른 모습인 것이 확인되는 것이다. 낯선 타자로 만나서 동일한 존재의 다른 모습으로 확인되는 것은 예수의 공동체가 세상에서 제자의 길을 함께 걸어가는 독특한 방식이다. 맞이하는 제자에게 예수는 찾아온다. 찾아가는 제자에게 예수는 맞이하는 제자로 서 있다. 찾아가는 제자나 맞이하는 제자나 예수를 만난다. 세상에 흩어져 있는 서로 다른 예수의 공동체는 만남을 통해서 같은 제자로 확인된다.

"구하라, 찾으라, 두드리라"고 말하는 예수의 가르침을 기도에 대한 것으로 사람들은 생각한다. 본문의 전체적인 흐름을 인식하지 않고 그 부분만 끊어서 읽으면 기도하기를 쉬지 말라는 것으로 읽힌다. 경건생활을 하는 사람들은 이 본문을 읽을 때 쉬지 말고 기도하라는 가르침으로 읽는다. 경건생활에서 가장 기본이 되는 것은 기도이다. 기도는 쉼이 없어야 하고 인내를 가져야 한다는 것을 아는 것은 경건한 생활을 하는 자에게는 기본적인 덕목이다. 기도는 인내가 있어야 한다. 쉬지 말고 기도하고 낙심하지 말아야 한다. 지금 당장 응답이 없다고 해도 구하면 구해질 것이고, 찾으면 찾아질 것이며, 두드리면 열릴 것이기 때문에 언젠가는 응답을 받게 된다는 믿음을 본문은 확실하게 각인시켜 준다.

그러나 "구하라, 찾으라, 두드리라"는 예수의 말씀을 기도에 대한 가르침으로 해석하면 마지막 문구가 이의를 제기한다. "그러므로 무엇이든지 남에게 대접을 받고자 하는 대로 너희도 남을 대접하라 이것이 율법이고 선지자"라는 말씀은 기도에 대한 태도를 가르치는 것으로 해석될 수 없다. 쉬지 말고 인내를 갖고 기도하는 것은 남에게 대접을 받고자 하는 대로 남을 대접하라는 말과 연관이 없으며, 대접하는 것이 율법과 선지자가 말하는 총체적인 내용이라는 것도 추출될 수 없다. 구하고 찾고 두드리라는 것이 기도하는 자세를 가르쳐 주는 말씀인 것으로 이해될 수 있는 여지가 있는 것은 기도하는 사람이 자신의 경험을 본문의 문구에 투영하기 때문에 그렇게 보이는 것이다.

경건한 삶이 주는 풍요가 있는 반면에 해독도 있다. 본문을 기도에 대한 가르침으로 해석하는 것은 경건한 삶이 주는 위해한 것이다. 구하고 찾고 두드리는 것이 대접을 받고 싶은 그만큼 남을 대접하라는 말씀을 수식하는 술어로 작용하고 있고 대접하는 것이 모든 구약의 가르침으로 귀결되는 문장의 구조를 볼 때에 기도에 대한 가르침으로 해석하는 것은 말씀을 왜곡하는 것이다.

누가복음은 구하는 것과 찾는 것과 두드리라는 말씀 앞에 친구를 찾아가서 먹을 것을 요청할 때 친구가 응하지 않더라도 계속해서 요청하면 그가 결국에는 먹을 것을 주게 된다는 이야기를 설정한 후에 구하고 찾고 두드리라는 말씀을 배치한다(눅 11:5-13). 누가복음에 배치된 문장의 흐름에 따르면 구하고 찾고 두드리라는 말씀은 추상적인 구함이나 찾음이나 두드림이 아니다. 너에게 필요한 것을 친구에게 구하고 찾고 두드리라는 말이 된다. 그러나 먹을 것을 주는 친구가 주는 것은 귀찮아서 주는 것이다. 마음은 없지만 끈질긴 요구에 못 이겨 할 수 없이 주는 것이기에 율법과 선지자가 가르치는 총체적인 모습이 되지 못한다.

누가복음의 평지설교에서는 마태복음의 산상설교에서 강조되는 '그러므로'로 귀결짓는 말씀이 없다. 산상설교에서 구하고 찾고 두드리는 것은 누가복음처럼 구체적인 이야기를 배경으로 갖고 있지 않다. 따라서 구하고 찾고 두드리는 것이 의미하는 것은 그 말씀 앞에 놓인 것에 의거해서 해석되는 것이 아니라 뒤에 놓인 문구에 의해서 해석된다. 구하고 찾고 두드리면, 구해지고 찾아지고 열려지는 것처럼 그렇게 하면 하나님께서 좋은 것으로 주신다고 마태복음의 산상설교와 누가복음의 평지설교는 기록한다. 구하고 찾고 두드리는 것이 기도하는 자의 태도와 자세를 가르치는 말씀으로 이해되는 근거가 찾아진다. 사람에게 구하고 찾고 두드리는 것이 아니라 하나님께 하는 것이다. 하나님께 하는 구함이고 찾음이고 두드림이기 때문에 기도하는 자세를 가르치는 말씀이 된다.

하나님께 구하고 찾고 두드리면 하나님은 구하는 자, 찾는 자, 두드리는 자에게 응답하여 주신다. 구하지 않고 찾지도 않고 두드리지 않으면 하나님은 응답하지 않는다. 구하는 자가 구해야 하며, 찾는 자가 찾아야 하며, 두드리는 자가 두드려야만 한다. 기도를 하지 않으면 하나님이 주실 것이 없다. 하나님으로부터 받으려면 기도를 해야 한다. 기도하는 자에게만 하나님은 좋은 것을 주신다. 기도하지 않는 자에게 하나님은 아무것도 주시지 않는다. 하나님의 응답은 좋은 것을 우리에게 주시는 것이다. "떡을 달라는 자식에게 돌을 줄 부모가 어디 있으며, 생선을 달라고 하는데 뱀을 줄 부모가 또 어디 있겠는가 사람도 그러한데 하물며 하나님이야." 이렇게 읽힌다. 기도하는 자의 자세와 태도를 가르치는 말씀으로 읽힌다. 쉬지 말고 기도하고 의심 없이 기도하면 응답을 받는다. 쉬지 말고 기도하라는 가르침의 말씀이기 때문에 "구하라, 찾으라 두드리라"는 말은 하나님께 간구하라는 것으로 읽힌다.

12절의 '그러므로' 이하의 말씀이 없다면 "구하라, 찾으라, 두드리라"는 것이 하나님께 쉬지 말고 기도하라는 말씀이 된다. 12절의 그러므로 이하의 말씀이 있는 한 구하고 찾고 두드리는 것은 하나님께 기도하라는 말씀으로 해석되지 않는다. 12절이 있는 한 기도자의 끈기 있는 기도가 율법과 선지자의 총체적인 가르침이 될 수 없다. 12절이 있는 한 하나님께 기도하는 것이 대접을 받고 싶은 마음만큼 남을 대접하는 것과 동일한 것이 될 수 없다. 구하는 것과 찾는 것과 두드리는 것은 하나님께 기도하는 것을 의미하지 않는다. 따라서 하나님께서 구하는 자에게 좋은 것으로 주신다는 것은 기도의 응답이 아니다. 구했기 때문에 얻어진 것과 찾았기 때문에 찾아진 것과 두드렸기 때문에 열려진 것은 하나님이 주시는 것이 아니다. 사람이 주는 것이다. 그러나 그것은 사람이 주는 것이 아니다. 하나님이 주시는 것이다. 7절부터 11절까지의 본문은 그렇게 이해된다. 왜냐하면 12절의 말씀이 그렇게 해석하도록 붙잡고 있기 때문이다. 12절은 7절부터 11절까지 말씀의 귀결이기 때문에 7절부터 11까지의 내용이 기도에 대한 말씀으로 해석되지 않는다. 12절의 결론에 대한 말씀이 없어도 7절부터 11절의 말씀은 기도에 대한 설명으로 해석되지 않는다.

누가복음의 평지설교에는 12절의 '그러므로' 이하의 말씀이 없다. 누가복음은 결론 없이 아들이 생선을 달라는데 뱀을 줄 사람이 없고, 알을 달라고 하는데 전갈을 줄 사람이 없는 것처럼 구하는 자에게 천부께서 성령을 주시지 않겠는가라는 말씀으로 귀결짓는다. 마태복음의 산상설교에서 좋은 것을 주신다는 것이 누가복음의 평지설교에서는 성령을 주시는 것으로 지칭된다. 두 복음서를 통합해서 읽으면 좋은 것이 성령이다. 하나님은 구하는 자에게 좋은 것으로 성령을 주신다. 성령이 찾고 구하고 두드리는 것의 결과인가. 성령을 받기 위해서 찾고, 구하고, 두드리는 것인가. 성령을 받지 못한 사람에게는 그럴지도 모른다. 그러나 이미 성령을 받은 사람도 성령을 받기 위해서 찾고, 구하고, 두드려야 하는 것인가. 성령을 받은 사람에게 필요한 것은 충만함을 받는 것이 아닌가. 바울은 에베소에 있는 그리스도인에게 성령 충만함을 받으라고 편지를 보냈지만 성령 충만을 받기 위해서 구하라, 찾으라, 두드리라고 말하지 않았다 (에 5:18).

성령 충만함은 구하고, 찾고, 두드리는 끈질긴 행동을 통해서 얻어지는 것이 아니다. 평지설교에서 성령을 주신다는 것은, 성령을 받지 못한 사람에게는 구한 것이 되고 찾은 것이 되고 두드린 것이 된다. 그러나 이미 성령을 받은 제자들에게는 구한 것도, 찾은 것도, 두드린 것도 아니다. 마태복음의 산상설교에서 귀결의 12절의 말씀이 없다고 해도 7절부터 11절까지의 말씀을 기도하는 모습을 가르치는 것으로 해석하지 말아야 할 이유가 또 있다. 예수가 6장에서 이미 어떻게 기도해야 하는지에 대해서 말씀을 주었으며, 더구나 기도의 내용까지 가르침을 주었기 때문이다. 이미 기도에 대한 모든 것을 다 가르친 후에 7장에서 구하고, 찾고, 두드리라는 기도에 대한 말씀을 다시 준다면 6장에서 가르침을 준 기도의 내용 및 방식과 모순된다.

골방에 들어가서 하나님만이 듣게 조용히 기도하는 것과 구하고, 찾고, 두드리는 것이 어떻게 같은 것일 수 있는가. 밤중에 찾아가서 먹을 것을 구하는 것과 이를 귀찮아 하는 친구가 결국에는 나와서 먹을 것을 주는 것이 골방에서 조용히 하나님께 기도하는 것과 어떻게 공명을 이루는 기도가 되겠는가. 간극의 시간에서 하나님께 시간을 앞당겨 달라고 요청하는 주기도문에 대해서 구하고, 찾고 두드리는 자에게 좋은 것 또는 성령을 주신다는 것이 어떻게 응답이 되겠는가. 구하고, 찾고, 두드리는 것은 하나님에 대한 것이 아니다. 제자가 제자에게 하는 것이다. 구해지고, 찾아지고, 열리는 것은 공동체가 공동체에게 해 주는 것이다. 그러나 그것은 결국에는 하나님이 구하고, 찾고, 두드리는 제자에게 주시는 것이다.

예수는 제자를 파송한다. 파송된 제자는 세상의 모든 곳에 흩어져 있는 예수의 공동체를 찾아간다. 세상의 모든 곳에 흩어져 있는 제자는 파송된 제자와 만난다. 파송된 제자와 맞이하는 제자가 만나기 전에는 서로에 대해서 낯선 이방인이었다. 제자와 제자의 만남을 통해서 서로는 낯선 이방인이 아니라 같은 예수의 제자이고 공동체라는 것을 확인한다.

파송하는 것은 만남을 전제로 파송한다. 만남은 맞이함을 기대하기 때문에 일어난다. 파송을 받은 제자와 맞이하는 제자 사이에서 만남이 발생하는 것은 파송을 받은 제자와 맞이하는 제자가 예수의 제자이기 때문이다. 제자는 제자를 만나는 것이 아니라 예수를 만난다. 파송 받은 제자를 맞이하는 제자는 그와 함께하신 임마누엘의 하나님을 맞이하는 것이고, 맞이하는 제자를 만나는 파송 받은 제자는 그와 함께하신 임마누엘의 하나님을 만나는 것이다. 그렇기에 파송 받은 제자는 파송 받을 때 무엇을 먹을까 무엇을 입을까 걱정하지 않는다. 예수는 제자에게 일용할 양식을 걱정하는 것은 하나님이 하실 몫이라고 가르침을 주셨다. 가난의 십자가를 짊어진 제자가 하루를 살아갈 양식을 걱정할 필요가 없다. 하나님이 해결해야 할 과제인 것이다. 파송 받는 제자의 일용할 양식은 맞이하는 제자가 주는 것이다. 그것은 파송하는 분이 주시는 것이다. 하나님은 맞이하는 제자를 통해서 파송 받은 제자의 삶을 책임지신다.

누가복음 10장에는 70명의 제자들을 파송하는 장면이 기록되어 있다. 누가에 의하면 파송 받은 70명의 제자는 매우 특별한 방식으로 예수가 가야 할 곳에 예수보다 앞서서 가도록 보냄을 받는다. 전대나 주머니나 신을 갖지 말고, 길에서 만나는 사람과는 문안하지 말고, 아무 집이나 들어가서 평안의 인사를 건네라고 말한다. 제자가 건네는 평안의 인사를 받을 만한 사람이 없으면 그 인사는 제자에게 다시 돌아올 것이며 평안의 인사를 받을 만한 사람이 있으면 그 집에 유하라고 하신다. 파송 받은 제자는 길에서 만나는 사람에게 파송 받은 것이 아니다. 보냄을 받은 자가 문안 인사를 건네는 것은 찾아간 집에서 하는 것이다. 길에서 만나는 사람에게 문안 인사를 건네지 않는다.

파송 받은 사람은 공동체를 향해서 가도록 보내심을 받았다. 공동체에 문안을 건네고 그가 평안의 문안을 받으면 그 집에 머무른다. 그 집에서 먹고 마시는 것은 일꾼이 자기가 받을 삯을 받는 것이기 때문에 이집 저집으로 옮겨 다니지 말라고 말씀하신다. 동네에 들어갔을 때 동네가 영접하면 주는 것을 먹고 병자를 고치고 하늘나라를 선포하며 영접하지 않으면 거리에 서서 발에 묻은 먼지를 떨어버리고 하늘나라가 가까이 왔음을 선포하라고 한다. 그날에 소돔이 그 동네보다 견디기 쉬울 것이라고 말씀하신다(눅 10:1-11). 파송 받은 제자가 먹을 것을 얻는 것은 맞이하는 제자를 통해서이다. 맞이하는 제자가 파송하는 제자의 일용할 양식을 주는 것은 파송 받은 제자가 받을 삯을 받는 것이다. 자비심에서 주는 것이 아니다. 도덕적 책임성 때문에 주는 것이 아니다. 당연히 받아야 할 몫을 주는 것이다. 파송 받은 제자는 맞이하는 제자의 공동체에 머물러서 받아야 할 몫을 받는 것은 일꾼으로 파송되었다는 것을 의미한다.

그러나 세상에 있는 모든 공동체가 다 예수의 공동체는 아니다.

예수의 공동체가 아닌 것이 예수의 공동체와 같은 곳에 함께 있다. 평안의 문안을 영접하면 예수의 공동체이다. 파송 받은 제자가 전하는 예수의 평안을 영접하지 않으면 예수의 공동체가 아니다. 예수의 공동체는 파송 받은 제자를 영접하고 그의 삶을 책임진다. 맞이하는 제자가 파송 받은 제자의 삶을 책임지는 한 파송 받은 제자는 공동체와 공동체를 옮겨 다니지 않는다. 파송 받은 제자가 공동체를 옮기는 것은 또 다른 공동체로 파송을 받을 때에만 정당할 수 있다.

70명의 제자를 파송한 것은 맞이하는 제자가 있기 때문이었다. 그곳에 있는 공동체가 예수의 공동체로서 드러나 있기 때문에 파송한다. 아무것도 지니지 않고 파송 받는 것은 그곳에 있는 예수의 공동체가 파송 받은 제자의 삶을 책임질 것을 예수가 알기 때문이다. 파송 받은 제자를 만나는 공동체는 파송하는 분이 누구신지 알기 때문에 빈손으로 찾아오는 제자를 영접한다. 빈손으로 찾아오는 제자는 예수를 대신해서 오는 것이다. 예수가 자신보다 먼저 앞서서 보내는 것이기 때문에 예수보다 앞서서 오는 것이며, 예수가 뒤따라올 것을 믿고 있기 때문에 영접하는 것이다. 제자를 영접하는 것은 예수를 영접하는 것이며, 영접 받는 제자는 예수가 받을 영접을 대신 받는 것이다.

파송 받은 제자는 공동체를 향해서 파송된다. 공동체 안으로 보내심을 받은 제자가 되기 위해서 보내심을 받은 것이 아니다. 공동체로 보내심을 받은 것은 그곳에서 예수를 대신해서 추수를 하라고 보내심을 받은 것이다.

공동체 안으로 보내심을 받은 제자는 추수를 하기 위해서 보내심을 받은 것이 아니다. 공동체 안에서 자라기 위해서 보내심을 받은 것이고 찾아오는 제자를 맞이하고 그의 삶에 대한 책임을 감당하기 위해서 공동체 안으로 보내심을 받은 것이다. 공동체 안으로 보내심을 받은 제자가 공동체를 향해서 파송된 제자의 삶에 대한 책임을 감당하는 것은 보상을 받기 위함이 아니다. 공동체가 그에게 주는 보상은 없다. 공동체로 파송을 받은 제자는 공동체로부터 일한 삯을 받지만 공동체 안으로 보내심을 받은 제자에게 주는 삯은 없다. 공동체 안으로 보내심을 받은 제자는 파송 받은 제자처럼 빈손으로 공동체 안으로 들어가는 것이 아니기 때문이다.

자신의 삶을 위해서 아무것도 가지지 않고 공동체를 향하는 파송 받은 제자만이 공동체 안에서 일한 삯을 받는다. 공동체가 주는 삯은 공동체가 주는 것이 아니다. 그것은 하나님이 주시는 것이다. 일꾼이 일한 삯을 받는 것은 주인에게서 받는 것이지 일한 곳에서 받는 것이 아니기 때문이다. 포도원에서 일한 일꾼에게 품삯을 주는 것은 일꾼이 일한 포도원이 아니라 주인이 주는 것이다. 포도원 주인이 자기의 포도원으로 일꾼을 보냈기 때문에 품삯을 주는 것처럼 공동체의 주인인 예수가 제자를 자기 공동체에 파송했기 때문에 품삯을 주는 것이다. 맞이하는 제자를 통해서 예수는 파송한 제자의 삶을 책임진다.

그렇기 때문에 구하면 구해진다. 찾으면 찾아진다. 두드리면 열린다. 파송 받은 제자가 구하지 않으면 구해지지 않는다. 찾지 않으면 찾아지지 않는다. 두드리지 않으면 열리지 않는다. 세상의 모든 곳에 예수의 공동체가 있다고 해도 모든 공동체가 다 예수의 공동체가 아닌 것처럼 모든 예수의 공동체가 파송 받은 제자를 맞이하는 공동체는 아니다. 파송 받은 제자는 공동체를 향해서 파송 받았을 뿐 특정한 공동체를 향해서 파송 받은 것이 아니기 때문에 자신을 맞이하는 공동체를 확인하는 것은 파송 받은 제자의 책임이다. 제자가 전하는 평안의 문안을 받는 공동체를 만날 때까지 공동체를 찾아가서 평안의 문안을 전해야 한다. 찾고, 구하고, 두드리는 것은 제자의 몫이다. 찾아 주고, 구해 주고, 열어 주시는 것은 하나님의 몫이다. 찾는 자가 찾는 것을 주는 것이 아니라 하나님이 좋은 것을 주신다.

구하는 자가 구한 것을 주시는 것이 아니라 하나님이 구해 주는 것을 주신다. 두드린 자가 두드린 것을 열어 주는 것이 아니라 하나님이 열어주는 것을 주신다. 찾는 것과 찾아진 것이 같은 것이 아니다. 구한 것과 구해진 것이 같은 것이 아니다. 두드린 것과 열린 것이 같은 것이 아니다. 찾지 않은 것이 찾아지는 것이고, 구하지 않은 것이 구해지는 것이고, 두드리지 않은 것이 열리는 것이다. 찾고, 구하고, 두드리는 자가 볼 때 찾아진 것과 구해진 것과 열린 것은 자신이 찾은 것이 아니고 구한 것도 아니고 두드린 것도 아니기 때문에 좋은 것이 아닐 수 있다.

그러나 이것은 좋은 것이다. 악한 아버지라도 자식이 요구할 때 좋은 것을 주는 것처럼 하나님은 구하는 제자에게 좋은 것을 주신다. 그래서 그것은 좋은 것이다. 좋은 것은 구하고 찾고 두드린 제자의 관점에서 판단되는 것이 아니라 주시는 분의 관점에서 결정된다. 주시는 분이 하나님이시기 때문에 제자가 찾고 구하고 두드린 것에서 보면 이해하지 못할 것을 주실 수 있다. 그래도 그것은 좋은 것이다. 하나님이 주시는 좋은 것은 많은 것을 의미하지 않는다. 사람들에게 있어서 좋은 것은 풍부하고 많은 것을 의미한다. 떡을 달라는 자식에게 아버지가 떡을 많이 주는 것은 아들의 요구에 비춰서 본다면 좋은 것이다. 생선을 달라는 자식에게 생선을 많이 주는 것은 아들에게 좋은 것이다. 좋은 것은 많은 것이며, 요구한 것을 받는 것이다. 떡을 달라고 요구할 때 좋은 것이라면서 돌을 준다면 좋은 것이 아니다. 당장 먹을 떡보다는 돌이 더 유익한 것일 수 있다고 하더라도 아들에게 돌은 결코 좋은 것이 아니다. 돌이 아무리 많다고 해도 좋은 것이 아니다. 달라고 한 떡을 많이 받으면 좋은 것이다. 생선 대신 뱀을 줄 때 뱀이 더 좋은 것일 수 있다고 하더라도 뱀은 좋은 것이 아니다. 요구한 생선을 많이 받는 것이 좋은 것이다.

좋은 것은 요구한 것을 많이 받을 때 좋은 것이 된다. 요구한 것을 받지 못하고 다른 것을 받을 때 받은 것은 좋은 것이 아니다. 요구한 것 대신에 받은 것이 요구한 것보다 더 좋은 것일 때 좋은 것이 된다. 그럴 경우에 요구한 것과 받은 것은 다른 것이 아니라 같은 것이다. 같은 것을 받았는데 좀 더 좋은 것을 받을 경우 받은 것은 좋은 것이다. 받는 사람의 입장에서 좋은 것이 결정된다. 받는 사람이 좋은 것으로 여기지 않으면 주는 사람이 아무리 좋은 것을 주더라도 좋은 것이 아니다. 제자가 받는 좋은 것은 요구한 것과 같은 것이 아니다. 요구한 것과 같은 것을 받으면 제자에게 좋은 것이다.

제자에게 좋은 것을 주시는 것이 아니라 하나님에게 좋은 것을 주신다. 하나님이 주시는 좋은 것은 생존에 필요한 일용할 양식이다. 하나님은 자발적으로 가난해진 예수의 공동체가 제자와 함께하는 삶에 드리워진 무게를 감당하게 하기 위해서 일용할 양식을 주신다. 제자의 삶의 여정에 필요한 가장 작은 것을 구하고 찾고 두드린다면 구하고 찾고 두드린 것을 하나님의 좋은 것으로 받을 수 있다. 그러나 구하고 찾고 두드린 것이 자발적으로 가난해진 공동체의 삶의 무게를 더 무겁게 만드는 것이라면 구하고 찾고 두드린 것을 하나님이 주시는 좋은 것으로 받지 못한다. 그럼에도 불구하고 제자로서의 삶을 지탱할 만큼만 하나님이 주시는 것을 받게 된다. 그것은 제자에게는 좋은 것이 아닐지라도 하나님에게는 주고 싶은 좋은 것이다.

맞이하는 제자는 찾아오는 제자에게 자신이 받고 싶은 것을 제공해야 한다. 그것이 율법과 선지자의 가르침이라고 예수는 말씀한다. 구하고 찾고 두드리는 것만으로는 율법과 선지자의 가르침이 완결되지 않는다. 맞이하는 제자의 행위에서 율법과 선지자의 가르침이 완결된다. 찾아오는 제자가 구하고 찾고 두드린 것을 받음으로 율법과 선지자의 가르침이 귀결되는 것이 아니다. 맞이하는 제자가 구해준 것과 찾아준 것과 열어준 것에 의해서 율법과 선지자의 가르침이 실현된다. 율법과 선지자의 모든 말씀은 예수의 존재에 의해서 완성되었지만 그것을 현실적인 것으로 되게 하는 것은 맞이하는 제자의 맞이함에 달려 있다. 그럼에도 불구하고 맞이하는 제자의 모든 맞이함이 율법과 선지자의 가르침을 실현하는 것이 아니다. 맞이하는 제자가 받고 싶은 것을 찾아오는 제자가 구한 것으로, 찾은 것으로, 두드린 것으로 줄 때에만 율법과 선지자의 가르침이 실현되는 것이다.

찾아오는 제자는 제자의 길을 가는 여정에서 동반자를 찾기 위해서 찾아온다. 맞이하는 제자는 찾아오는 제자를 삶의 여정의 동반자로서 맞이하는 것이다. 동반자를 찾아오고 동반자로 맞이함은 길과 삶이 교차되는 교차점에서 일어난다. 맞이하는 제자는 찾아오는 제자가 제자의 길을 걸어가게 하기 위해서 그를 맞이한다. 찾아오는 제자는 맞이하는 제자가 제자의 삶을 살아가게 하기 위해서 찾아온다. 맞이하는 제자가 제자의 길을 가기 위해서 맞이하며 찾아오는 제자가 제자의 삶을 살기 위해서 찾아온다면 맞이함과 찾아옴이 엇갈린다. 제자의 길을 가는 것과 제자의 삶을 사는 것은 공동체를 향해서 파송 받은 제자와 공동체 안으로 부르심을 받은 제자에게 허락된 같은 제자의 다른 삶의 모습에 기인한다. 제자의 길을 가는 것은 삶에서 시작해서 삶으로 향하는 것을 의미한다.

제자의 삶을 사는 것은 삶에서 시작해서 삶으로 끝나는 것을 의미한다. 제자의 길을 가는 것은 제자로 되어 가는 것이 길을 가는 도상에서 성취된다는 것을 지칭하는 것이다. 제자의 삶을 사는 것은 제자로 되어가는 것이 주어진 삶의 관계성에서 완결된다는 것이다. 공동체를 향해서 부름 받은 제자와 공동체 안으로 부름 받은 제자의 차이는 공동체 안에서의 삶이 제자로 되어 가는 길의 도상에 있다는 것과 공동체 밖에서의 삶이 제자로 되어 가는 길의 도상에 있다는 것의 차이이다. 그 차이는 역설이다. 그 차이를 아는 것도 역설이다. 공동체를 향해서 부름 받은 제자에게 공동체 안의 삶이 제자의 삶 전체라는 것이 역설적이다. 공동체 안으로 부름 받은 제자에게 자신이 놓인 공동체 밖에 있는 삶의 정황이 제자로서 살아가는 삶의 현장이라는 것이 역설이다. 공동체를 향해서 부름 받은 제자가 공동체 안에서 삶의 현장을 만나고 공동체 안으로 부름 받은 제자가 공동체 밖의 현실에서 제자로서의 삶을 사는 것이 역설이다.

찾아오는 제자의 찾아옴과 맞이하는 제자의 맞이함의 교차점에서 길과 삶이 엇갈리면 찾아옴과 맞이함의 본질이 뒤바뀐다. 맞이하는 제자는 공동체 안에서 제자로 되어 가는 삶을 살도록 공동체 안으로 부르심을 받은 것이 아니다. 공동체 밖에서 제자의 삶을 살도록 공동체 안으로 부르심을 받은 것이다. 찾아가는 제자가 공동체를 향해서 가는 과정에서 제자로 되어 가는 길을 걸어가도록 부르심을 받은 것이 아니다. 공동체 안에서 제자의 삶을 살기 위해서 공동체를 찾아가는 도상의 길을 가게 부르심을 받은 것이다. 공동체 안에서 제자의 삶을 사는 것이 공동체를 향해서 찾아가도록 부름 받은 제자의 되어 감이다. 공동체 밖에서 제자로 되어 가는 삶을 사는 것이 공동체 안으로 부름 받은 부르심이다. 공동체 안에서 삶이 주어진 제자와 공동체 밖에서의 삶이 주어진 제자가 공동체를 향하는 제자와 공동체 안에서 맞이하는 제자의 엇갈린 관점에서 인식된다는 것이 역설이다. 구하고, 찾고, 두드리는 것이 구함을 받고 찾아짐을 받고, 열림을 받는 것에 의해서 참됨과 잘못됨이 판결되는 것이 역설이다. 맞이하는 제자의 맞이함에 율법과 선지자의 가르침이 실현되는 것은 맞이하는 제자에게 찾아오는 제자가 제자의 길을 가게 하기 때문이다. 율법과 선지자의 모든 가르침이 예수에게서 귀결되지만 맞이하는 제자의 맞이함에 의해서 현실적으로 드러난다. 예수에게 귀결된 율법과 선지자의 가르침과 맞이하는 제자의 맞이함은 그렇게 맞물려진다.

찾아오는 제자가 오는 것은 맞이하는 제자가 제자의 삶을 살아가게 하기 위해이다. 찾아오는 제자는 자신의 이름으로 찾아오지 않는다. 파송하는 분의 이름으로 찾아오고 예수를 대신해서 온다. 예수가 찾아오는 것처럼 파송 받은 제자는 찾아온다. 맞이하는 제자는 그것을 알기에 찾아오는 제자를 제자로 맞이하지 않고 예수를 맞이하는 것처럼 맞이한다. 맞이하는 제자의 맞이함에는 자신의 삶의 정황에서 제자로서 되어 가는 삶의 길을 걸어가게 하시는 예수를 만나는 기대감과 설렘이 담겨 있다. 맞이하는 제자는 찾아오는 제자를 예수로 맞이한다. 이렇게 찾아온 제자를 예수로 맞이한 제자는 제자로서의 삶을 살아가게 된다.

맞이하는 제자가 찾아오는 제자를 같은 제자로서 맞이하면 예수의 인도하심을 받을 수 없다. 예수의 인도하심은 찾아오는 제자의 찾아옴과 함께 맞이하는 공동체에 오기 때문이다. 찾아오는 제자는 예수의 제자를 제자의 삶으로 인도할 책임과 의무를 의탁을 받은 존재로서 찾아온다. 때문에 그들은 맞이하는 제자의 일상의 삶이 제자로 살아가는 삶이 되게 하는 길을 제시해야만 한다. 찾아오는 제자는 예수로부터 일상의 삶을 살아가는 삶을 살도록 허락되지 않았다. 공동체 안에서 공동체를 위한 삶을 살도록 의탁받았다. 찾아오는 제자의 삶의 현실과 현장이 공동체이다. 맞이하는 제자는 삶의 현실에서 삶을 살도록 허락되었다. 삶의 현실에서 살도록 허락받은 제자가 자신의 삶의 정황에서 제자의 삶을 사는 것은 찾아오는 제자의 인도함에 달려 있다. 찾아오는 제자가 자신의 삶을 맞이하는 제자의 일상의 삶에 전가하면 맞이하는 제자의 삶은 부정된다. 맞이하는 제자가 찾아오는 제자의 삶에서 일상의 삶의 모습과 흔적만을 보게 되면 찾아오는 제자의 삶에 대한 책임은 거부된다.

맞이하는 제자가 찾아오는 제자의 삶을 지탱하는 책임을 예수로부터 위탁받은 것처럼 찾아오는 제자는 맞이하는 제자의 일상의 삶에서 제자의 삶을 살아가게 하는 책임을 위탁받았다. 찾아오는 제자의 찾아옴에 의해서 맞이하는 제자의 일상의 삶의 무게가 결정된다. 맞이하는 제자의 맞이함에 의해서 찾아오는 제자의 삶의 무게가 결정된다. 찾아오는 제자가 맞이하는 제자의 삶을 자신의 삶의 척도에서 인식하지 않으면 맞이하는 제자의 삶이 긍정된다. 찾아오는 제자가 맞이하는 제자의 삶을 제자의 삶의 다른 모습으로 인정하지 않으면 찾아오는 제자와 맞이하는 제자의 삶의 경계선이 허물어지고, 길과 삶의 다름과 차이가 엇갈리게 되고 공동체가 피폐해진다. 따라서 맞이하는 제자의 맞이함에 의해서 찾아오는 제자의 길이 걸어지게 되는 것처럼 찾아오는 제자의 찾아옴에 의해서 맞이하는 제자의 삶으로 살아지게 된다.

찾아오는 제자가 맞이하는 제자처럼 찾아오면 찾아오는 제자의 찾아옴은 공동체를 건강하게 한다. 맞이하는 제자가 찾아오는 제자처럼 맞이하면 맞이하는 제자의 맞이함은 공동체를 건강하게 한다. 맞이하는 제자가 찾아오는 제자를 예수를 맞이하는 것처럼 하고, 찾아오는 제자가 맞이하는 제자를 예수의 맞이함으로 인식하면 제자의 찾아옴은 공동체를 건강하게 한다. 찾아옴과 맞이함의 만남이 엇갈리면 공동체는 피폐해진다. 공동체의 건강함이 찾아옴과 맞이함의 상호작용에 의해서 결정되는 것처럼 율법과 선지자의 가르침은 찾아옴과 맞이함의 상호작용에 의해서 결정된다. 따라서 맞이하는 제자의 맞이함만으로 공동체가 건강하게 되지 않는 것처럼 맞이하는 제자의 맞이함만으로는 율법과 선지자의 가르침이 공동체의 삶을 통해서 실현되지 않는다. 율법과 선지자의 가르침이 맞이하는 제자의 맞이함에 달려 있는 것처럼 찾아오는 제자의 찾아옴에도 달려있다. 찾아오는 제자의 찾아옴이 맞이하는 제자의 맞이함처럼 찾아오면 맞이하는 제자의 맞이함과 만남에 의해서 예수 안에 구현된 율법과 선지자의 가르침이 공동체의 건강함으로 표출된다. 제자와 제자의 만남의 장소로서 예수의 공동체가 건강한 공동체로 존재하는 것은 예수에 의해서 새롭게 놓인 율법과 선지자의 가르침이 삶의 현장에서 실현되고 있다는 것을 가르쳐 주는 지표가 된다.

B. 제자가 행해야 할 것(7:13-29)

1. 좁은 문으로 들어설 것(7:13-14)

> 13 좁은 문으로 들어가라 멸망으로 인도하는 문은 크고 그 길이 넓어
> 그리로 들어가는 자가 많고 14 생명으로 인도하는 문은 좁고 길이 협
> 착하여 찾는 이가 적음이니라

건강한 교회는 제자들이 좁은 문으로 들어갔다는 것을 보여준다. 건강하지 않은 교회는 넓은 문으로 들어갔다는 것을 의미한다. 제자 앞에는 두 가지 문과 길이 놓여 있다. 좁은 문으로 들어가서 좁고 험한 삶을 살아가는 것과 넓은 문으로 들어가서 쉽고 편한 삶을 살아가는 것이다. 좁은 문으로 들어서는 것은 힘들고 어려운 길이기 때문에 찾는 사람이 적으나 생명으로 인도하는 문이다. 들어가는 문이 넓으면 걷는 길도 넓고 쉽기 때문에 많은 사람들이 들어가나 멸망으로 인도하는 문이다. 좁은 문은 생명으로 인도하고 넓은 문은 멸망으로 인도한다. 아주 작은 소수만이 매우 힘들게 들어가지만 생명을 얻는다. 많은 사람들이 주저 없이 들어가고 쉽게 길을 가지만 멸망으로 인도된다.

두 가지 문 앞에 놓인 제자는 선택을 해야 한다. 좁은 문으로 들어설 것인지 넓은 문으로 들어설 것인지 선택해야 한다. 좁은 문으

로 들어서면 삶이 힘들고 고달프다. 넓은 문으로 들어서면 쉽고 편안한 삶을 산다. 문은 제자들이 놓인 삶의 정황을 의미하는 것이라고 생각한 적도 있었다. 교회가 국가에 의해서 박해를 받던 시절에는 좁은 문으로 들어가는 것을 교회가 국가와 갈등하는 것을 의미하는 것으로 생각했다. 신앙을 지키기 위해서 순교를 하고 신앙 때문에 박해를 받는 시간을 지나가는 제자들은 자신들이 좁은 문으로 들어섰다고 믿었다. 그것은 실제로 좁은 문으로 들어선 것이었다. 그 시절에 제자가 되는 것은 늘 생명의 위협을 받는 삶을 선택한 것이기 때문에 매우 적은 사람들만이 그 길로 들어섰다. 많은 사람들이 생존의 위협을 받지 않고 제자가 되는 것을 좁은 문으로 들어가는 것이라고 말하는 것이 어울리지 않는 것처럼 그 시절에 생명을 걸고 제자가 되는 것을 넓은 문으로 들어가는 것으로 부르는 것은 더더욱 적절하지 않은 것이다.

교회와 국가가 갈등하지 않던 시절에도 좁은 문으로 들어가는 것과 넓은 문으로 들어가는 것의 차이와 다름에 대한 인식은 존재하였다. 그리스도인이 된다고 국가로부터 박해를 받지 않게 되었기 때문에 각자가 자신의 삶의 현실에서 그리스도인으로서 고통을 받으면 좁은 문으로 들어가는 것이라고 생각했다. 때로는 선교사의 삶을 선택하거나 높아진 제자 혹은 공동체를 향해서 가도록 부름 받은 것을 좁은 문으로 들어가는 것으로 이해하기도 했다. 히틀러를 승인한 루터교회와는 달리 히틀러와 투쟁하던 고백교회는 자신이 좁은 문으로 들어간 것을 체득할 수밖에 없었다. 루터교회와는 달리 비밀경찰에 의해서 사찰을 받고 체포되고 구금되는 고백교회의 삶은 누구나 들어가는 넓은 문을 통과한 것도, 넓은 길로 걸어가는 것도 아니었기 때문이다.

넓은 문과 좁은 문의 다름과 차이는 그리스도의 공동체가 놓인 삶의 정황에 의해서 인식되는 것이 아니다. 좁은 길로 들어서는 것과 넓은 길로 들어서는 것이 공동체가 국가와 갈등하는 것을 통해서만 드러나는 것도 아니다. 다수의 그리스도인이 걸어가는 길은 넓은 길이며 선교사 및 목사로 사는 소수의 사람의 삶은 좁은 길을 걸어가는 것이 아니다. 선교사가 되는 것과 높아진 제자가 되어서 많은 그리스도인의 삶의 방식과 다른 삶의 방식을 살아간다는 이유만으로 좁은 문으로 들어가서 좁은 길을 걸어가는 것으로 인식되는 것이 아니다. 그리스도인이 되었기 때문에 가정이나 직장에서 고통과 고난을 겪으면 좁은 문을 통과해서 좁은 길로 들어선 것이 아니다. 만약에 그렇다면 그리스도인이 되었지만 가정과 직장에서 고통과 고난을 받지 않는 대다수의 그리스도인은 넓은 문으로 들어가서 넓은 길을 따라서 걷고 있는 것이 된다. 과연 그런가. 대다수 그리스도인의 삶은 넓은 문으로 들어가서 멸망으로 향하는 길을 걸어가고 있는 것인가.

좁은 문과 넓은 문은 제자의 삶의 정황에서 결정되는 것이 아니다. 좁은 길로 가는 것과 넓은 길로 들어서는 것은 사람의 숫자에 의해서 결정되는 것도 아니다. 선교사 또는 목회자가 되는 것은 교인으로서 사는 것보다 쉽지 않은 삶이지만 좁은 문으로 들어서는 것은 아니다. 공동체 안으로 부름 받은 제자들, 일반적인 그리스도인이 선교사 또는 목회자의 길을 걸어가는 사람들을 좁은 길로 들어섰다고 생각한다고 해도 좁은 문을 통과한 것이 아니다. 좁은 문과 넓은 문은 제자의 관점에서 결정되는 것이 아니다. 예수에 의해서 결정된다. 제자의 시각에서 좁은 문이 아니라고 해도 예수의 시각에서 좁은 문이면 좁은 문이다. 제자가 넓은 문이라고 생각해도 예수의 시각에서 좁은 문이면 좁은 문이다.

예수가 판단한다. 예수가 결정한다. 아무리 제자가 자신의 삶의 정황에서 자기가 선택한 어렵고 힘든 삶을 좁은 문으로 들어간 삶이라고 믿는다고 하더라도 좁은 문으로 들어선 것이 아니다. 좁은 문과 좁은 길은 제자가 놓인 삶의 정황 이전에 예수에 의해서 제시된 것이다. 예수가 바리새인들과 무리들이 바라보는 현실에서 제자들을 세워 놓고 좁은 문으로 들어가라고 말씀하는 것이다. 좁은 문은 예수가 주는 것이다. 제자들의 삶의 정황에서 사람들이 주는 것이 아니다. 그렇기 때문에 공동체가 겪는 갈등이 좁은 문으로 들어간 표지가 될 수 없다.

제자가 정의롭지 못한 정부 때문에 갈등과 고통을 겪는다고 해도 그것이 좁은 문으로 들어간 것은 아니다. 좁은 문으로 들어가는 것이 공동체가 놓인 삶의 정황에서 결정된다면 정의롭지 못한 정부에 대해서 예언자로서 자리매김한 제자의 삶과 행위는 좁은 길을 선택한 것임에 틀림없다. 대다수의 공동체가 침묵하고 있는 그 시간에 정의로운 행동을 하는 소수의 공동체의 선택이 잘못된 선택이 될 수 없음은 자명한 것이다. 지나간 과거의 역사는 정의 편에 선 소수의 제자들이 자신들의 선택으로 인해 힘들고 어려운 길을 걷게 되었고 침묵한 다수의 제자들은 고통 없는 길을 걸었다는 것을 보여준다. 하나님의 의를 세우기 위해서 힘들고 어려운 길을 걷는 제자가 좁은 길을 따라가지 않았다면 누가 좁은 길로 들어선 것인가. 하나님의 의를 세워야 할 때에 침묵으로 불의한 정부를 용인했던 다수의 공동체가 넓은 문으로 들어서지 않았다면 도대체 누가 넓은 문으로 들어선 것인가. 제자의 삶의 정황에서 하나님의 정의를 세우는 것이 좁은 길을 가는 것이 아니라면 제자가 열고 들어설 좁은 문은 무엇이란 말인가. 정의로운 편에 서는 것은 좁은 길을 가는 것이다. 정의를 세워야 할 시점에서 침묵하는 것은 넓은 길을 가는 것이다. 제자의 삶의 정황에서 그렇다. 지나간 역사의 뒤안길을 돌아보아도 그러하다.

그렇지만 제자의 삶의 정황에서 겪는 갈등과 고통은 예수의 공동체가 세상에서 하나님의 정의를 세우게 될 때 겪게 되는 운명이기도 하다. 제자의 삶의 정황에서 갈등과 고통이 수반되지 않는 경우에 제자가 열고 들어갈 좁은 문은 실재하지 않는다. 정의롭지 못한 사회, 정의롭지 못한 정부에 대해서 정의를 세우는 교회의 선택이 좁은 문으로 들어섰음에도 불구하고 좁은 문을 연 것이 아닌 것은 정의를 세우는 것이 예수가 인도하는 좁은 문의 범주에 원칙적으로 포함되는 것이 아니기 때문이다. 좁은 문은 예수가 제자에게 제시하는 문이다. 하나님의 정의를 세우는 것을 부정의와 맞서는 정의로운 행위로 인식하는 것은 정의로운 것이지만 제자의 삶의 역사적 정황에서 제자가 피할 수 있음에도 피하지 않은 선택으로 다가온 것이지 제자의 삶의 본질에 속한 것은 아니다. 예수가 제자에게 제시하는 좁은 문은 제자의 삶의 정황에서 피할 수 있음에도 피하지 않는 정의로운 제자의 선택이 아니다. 예수가 제시하는 좁은 문은 제자에게 공통적으로 주어진 의무이다.

예수는 두 가지 문을 사람들 앞에 제시했다. 하나는 자신에게로 인도하는 문이고 다른 하나는 율법으로 인도하는 문이다. 자신으로 인도하는 문으로 들어서는 것은 예수의 제자가 되는 것이고 율법으로 인도하는 문으로 들어서는 것은 서기관과 바리새인의 가르침을 삶의 지표로 받아들이는 것이다. 예수의 제자로 살아가는 것은 좁은 문으로 들어섬에서부터 시작한다. 율법으로 인도하는 문으로 들어가는 것은 특별한 들어섬의 절차가 없다. 지금까지 해 온 것처럼 그렇게 하기만 하면 된다. 무리에 속한 사람이 좁은 문에 들어서는 것은 모든 것을 다시 배우는 것을 의미한다. 이전까지 배워 왔던 모든 가르침은 잊어버리고 예수의 가르침을 새롭게 습득해야 한다. 넓은 문에 들어서 있는 무리에게 새로 배움은 불필요한 것이다. 서기관과 바리새인의 가르침을 배우는 과정에서 새로움이 있다고 해도 그것은 새로움이 아니다. 전부터 알고 있었던 가르침의 연장이다. 좁은 문으로 들어가는 사람에게는 모든 것이 새로운 것이다. 이미 알고 있고 몸에 배어 있는 것에서부터 한 번도 배워 본 적이 없는 것을 습득해야 한다.

서기관과 바리새인의 가르침에 젖어 있던 무리들이 그들의 가르침을 지워버리고 다시 배우는 것은 배움이 전혀 없는 가운데 배움을 시작하는 것보다 훨씬 어렵다. 이집트에서 탈출한 이스라엘 사람들이 한 명도 가나안에 들어서지 못하고 광야에서 태어난 세대만 들어간 것은 하나님을 경험하기 이전에 경험한 배움을 지우기가 그만큼 힘들다는 것을 보여주는 일례이다. 넓은 길을 가는 사람에게는 먼저 배운 것을 지키는 것이 중요하다. 모든 배움은 과거에 배운 것에 비춰서 판단을 받게 된다. 과거의 가르침과 어긋나는 가르침은 서기관과 바리새인의 가르침이라고 해도 의심의 눈으로 바라보게 된다. 좁은 길로 들어선 사람에게 과거의 가르침은 의심의 대상이다. 보편적인 이성과 도덕성에 합당한 가르침이라고 해도 예수로부터 배운 것과 대립할게 될 때 버려야 하고 지워야 하는 것이다. 모든 사람에게 바른 것이라고 해도 예수의 제자에게 반드시 바른 것은 아니기 때문이다.

예수의 제자가 된다는 것은 예수가 옳다고 하는 것만 옳은 것으로 믿고, 옳지 않다고 하는 것은 옳지 않은 것으로 받아들이는 것을 의미한다. 예수의 제자는 넓은 문과 좁은 문을 동시에 들어가는 것이 아니고 넓은 길과 좁은 길의 경계선을 걸어가는 것도 아니기 때문이다. 문과 문 사이에 걸쳐질 중간은 없다. 길과 길 사이에서 두 길을 동시에 가게끔 만들어진 길도 없다. 하나의 문을 선택하면 다른 하나의 문은 닫히는 것이고 하나의 길을 따라서 걸어가면 다른 하나의 길과 만날 수 없다. 문과 길은 그렇게 결정되는 것이다.

예수는 무리들에게 두 개의 문과 두 개의 길을 제시했다. 좁은 문은 제자로 살아가는 길을 따라가는 삶으로 인도하는 문이고 다른 하나는 예수의 제자로 살아가지 않는 문이다. 영생으로 인도하는 문은 좁은 문이다. 그러나 그 문에 들어서는 것은 결코 외롭지 않다. 이미 그 길에 들어선 사람들이 있기 때문이다. 멸망으로 인도하는 문은 넓은 문이다. 그 문에 들어서는 것은 결코 힘들지 않다. 많은 사람들이 들어서 있기 때문이다. 좁은 길을 가는 것은 용기와 신념을 필요로 한다. 넓은 길을 가는 것은 신념이 없이도 갈 수 있다. 좁은 문으로 들어서는 것은 어렵고 힘든 삶을 시작한 것이지만 결코 어렵지만은 않다. 왜냐하면 임마누엘의 하나님이신 예수가 제자와 동반자로서 함께 그 길로 들어서기 때문이다. 넓은 문으로 들어서는 것은 쉬운 삶을 시작했지만 결코 쉽지만은 않은 인생이다. 왜냐하면 율법이 그들의 삶을 무겁게 하기 때문이다. 그 길로 들어서는 것은 여러 사람들과 함께 들어가는 장점이 있지만 서기관과 바리새인들이 자신들도 지기에 힘겨운 율법의 짐을 사람들의 어깨 위에 얹어 놓기 때문이다(눅 11:46).

예수의 제자에게는 하나의 문과 길만이 있다. 좁은 문과 좁은 길이 그것이다. 예수가 무리를 보고 산에 올라가 앉은 것을 보고 나아오는 자에게도 하나의 문과 하나의 길만이 그에게 주어진다. 그들보다 앞선 제자들을 뒤따라서 제자가 되려고 나아오는 자들에게 넓은 문은 존재하지 않는다. 제자가 되려고 나오는 순간 이미 좁은 문으로 들어선 것이다. 먼저 나아온 자는 뒤따라오는 제자를 인도할 책임이 있다. 먼저 나아온 제자가 남겨 놓은 발자국은 뒤따라오는 제자가 따라갈 이정표가 되기 때문이다. 뒤따라 오는 제자는 먼저 나아온 제자가 걸어간 길을 따라간다.

예수는 먼저 나아온 제자가 좁은 길을 걸어가라고 명령한다. 먼저 나아온 제자에게 좁은 길을 걸으라고 말씀하는 예수를 제자는 바라본다. 먼저 나아온 제자의 의식에서 제자는 자신만 그 길을 걸어가야 하는 것으로 인식할 수 있다. 좁은 문으로 들어서고 좁은 길로 걸어가는 것은 제자에게 주어진 숙명이기 때문에 주님인 예수가 걸어갈 길이 아닌 것으로 생각된다. 제자의 의식에서 예수는 좁은 길을 제시하고 걸어가는 것은 제자의 몫인 것으로 인식된다. 제자의 인식처럼 예수는 제자가 걸어가는 길을 걸어가지 않는다. 제자가 걸어가는 그 길이 예수가 걸어가는 길이다. 예수는 임마누엘의 하나님으로서 제자와 함께하기 때문에 제자가 걷는 그 길과 제자가 옮겨놓은 발걸음이 예수가 걷는 길이고 발걸음이다. 제자가 기대하는 방식으로 예수는 제자와 함께 걸어가지 않는다. 예수가 걷는 방식으로 제자와 함께 걸어간다. 제자는 혼자 걷지 않는다. 임마누엘의 하나님이신 예수가 함께 걷는 길이며 뒤따라오는 제자들의 바라봄 속에서 걷는 걸음이다. 함께하는 하나님과 같이 걷는 길이며 뒤따라오는 제자들의 인식을 갖고 걷는 걸음이다.

예수는 그 길로 들어가라고 먼저 나아온 제자에게 말씀한다. 먼저 나아온 제자는 예수의 제자로서 살아가기 위해서 그 길을 걸어가야 한다. 또한 뒤따라오는 제자를 위해서 그 길을 걸어가야 한다. 그러나 먼저 나아온 제자가 좁은 길을 걸어야 할 더 중요한 이유는 예수와 만나기 위해서이다. 예수는 제자들 앞에 길을 제시하고 그 길의 끝에 서 있다. 제자가 걸어가는 좁은 길은 예수가 지시한 길이며 예수와 만나는 길이다. 길이 시작하는 곳에서 예수와 함께했던 제자들은 길이 끝나는 곳에서 예수를 만난다. 길이 시작되는 지점에서 제자를 보낸 예수는 길이 끝나는 시점에 미리 가서 제자를 기다린다. 그리고 그 길을 제자와 함께 걸어간다.

예수는 제자 혼자 가게 한 것이 아니다. 예수는 제자에게 모르는 길을 제시한 것이 아니다. 제자에게 제시한 좁은 길은 자신에게로 인도하는 길이다. 예수에 의해서 보냄을 받은 제자가 다시 예수와 만나게 되는 것은 그 길의 끝에 도달했을 때이다. 예수는 길이 끝나는 그곳에서 제자를 기다리기 때문에 제자에게는 선택의 여지가 없다. 좁은 문을 통과한 제자는 길이 끝나는 시점까지 걸어가야만 한다. 먼저 나아온 제자가 걸어가는 좁은 길은 추상적인 길이 아니다. 예수와 만나는 길은 추상과 관념의 끝으로 이어지는 것이 아니기 때문이다. 예수와 만나는 길, 기다리는 예수에게로 인도하는 길은 구체적이고 실제적인 길이다.

좁은 길이 좁은 것은 사람들이 많이 가지 않기 때문에 좁은 길이다. 좁은 길도 사람들이 많이 다니면 넓은 길로 바뀐다. 먼저 나아온 제자가 걸어갔던 그 길이 지금도 좁은 길이라는 것은 그 길을 걸어갔던 사람들이 적었다는 것을 의미한다. 그 길로 들어서는 사람이 적은 것은 험난하고 힘겨운 길이라는 것을 보여준다. 좁은 길은 험난한 길이다. 험난하기 때문에 제자 혼자서 그 길을 끝까지 걸어가지 못한다. 그렇기 때문에 길이 시작하는 곳과 길이 끝나는 곳에 예수가 있다. 제자를 보낸 예수가 길이 시작되는 그곳에서 길을 따라서 걸어가는 제자의 뒷모습을 바라보며, 길이 끝나는 그곳에서 기다리는 예수가 나아오는 제자의 모습을 바라본다.

험난한 것은 길이 험난한 것이지 예수가 바라보는 것이 험난한 것이 아니다. 힘든 것은 걸음을 놓는 것이 힘든 것이지 예수의 인도함이 힘든 것이 아니다. 아무리 험난하고 힘들어도 바다에 떠 있는 배는 등대불이 보이면 헤쳐 나간다. 등대를 바라보지 않고 험난한 파도를 바라보면 좌절한다. 힘든 것은 기다리는 예수를 보지 못할 때이다. 힘든 것은 그 길의 끝에서 무엇을 만날지 모르는 경우이다. 제자에게 그런 두려움은 존재하지 않는다. 길이 끝나는 지점에서 예수가 기다리는 것을 알고 있기 때문에 끝에 대한 두려움은 처음부터 제자의 마음에 자리 잡을 공간이 없다. 길을 걸어가는 과정도 힘이 들긴 하지만 두려움이 배제된다. 혼자가 아니라 공동체로서 함께 걸어가며, 뒤따라오는 제자의 바라봄을 안고 걷는 길이고, 예수가 함께 걸어주는 길이기 때문이다.

길을 걸어가는 것은 제자에게 문제가 되지 않는다. 그 길이 좁은 길이라는 것이 문제가 될 뿐이다. 제자와 예수를 제외하고는 함께 걸어갈 사람이 없다는 것이 그 길을 좁은 길이 되게 하는 것이며, 넓은 길을 걸어가는 사람이 힘들게 하기 때문에 좁은 길이 된다는 것이다. 넓은 길을 걸어가는 사람에게는 사람을 죽이지 않으면 계명을 지킨 것이 된다. 그러나 먼저 나아온 제자와 뒤따라오는 제자에게는 형제에게 분노를 갖거나 라가라고 욕하거나 미련한 놈이라는 말을 하면 심판을 받게 된다. 사람의 일생에서 분노를 품지 않은 사람이나 욕을 하지 않은 사람이나 미련한 놈이라고 평가하지 않은 사람이 어디 있겠는가. 정당한 이유 없이 화를 내거나 욕을 하거나 미련한 놈이라고 평가절하하는 것은 바른 인격의 모습이 아니다. 정당한 이유가 있기 때문에 갖게 되는 것은 당연한 것이다. 이유를 막론하고 인격적으로 대우하라는 것은 좁은 길을 걸어가는 것이다. 나를 모욕하는 자를 형제라고 부르고 인격적으로 대우하는 것은 힘들고 험난한 것이다. 욕망이 발생할 때 욕망을 없애기 위해서 눈을 빼거나 손을 자르라는 명령은 지킬 수 없는, 그러나 지켜야만 하는 힘든 요구이다. 눈을 빼내지 않으려면, 손을 자르지 않으려면 모든 욕망과 싸워서 이겨내야 하는데 그것이 힘든 것이 아니라면 무엇이 힘든 것이겠는가.

넓은 길을 가는 사람들에게는 행위의 결과가 없으면 계명을 지킨 것이 되지만 행위의 결과의 유무와 관계없이 생각을 가졌다는 것만으로 불의하다고 판정받는 것이 어찌 쉬운 길을 가는 것이겠는가. 이혼할 사유가 있을 때 이혼하는 것은 의로운 행위이지만 제자에게는 불의한 행위가 된다. 사람들 앞에서나 법정 앞에서든 증언에 대해서 "예"와 "아니오" 중 하나를 발언하는 것만이 허락된 것이 좁은 길을 가는 것이다. 설득의 기술도 부정되고, 설득의 열정도 부인되고, "예"와 "아니오" 만이 허락되는 것은 변론이 필요한 상황에서 힘들고 어려운 삶이다. 내 것을 빼앗는 자를 위해서 기도를 해 주는 것도 좁은 길을 가는 것이다. 구제와 금식과 기도에 대한 율법의 가르침을 따르는 대신에 예수의 가르침을 지키는 것은 험난한 인생을 걸어가는 것이다.

율법의 가르침에 근거한 경건한 삶을 살아가지 않고 예수의 가르침을 따라서 경건한 삶을 사는 것은 매우 좁은 길을 걸어가는 것이다. 경건의 모습이 보이지 않으면서 경건한 삶을 사는 것을 경건하지 않은 것으로 믿고 있는 사람에게 참된 경건의 모습으로 인식시키는 것은 좁은 길을 따라가는 삶이다. 절대적 빈곤의 삶을 선택하는 것은 참으로 좁은 길을 걸어가는 것이다. 그 모든 삶이 좁은 길을 걸어가는 삶이 되는 것은 예수의 삶을 모방하는 삶이 되기 때문이다.

제자가 걸어가는 좁은 길은 실제적이다. 좁은 길이 추상적인 관념이 아닌 것은 산상설교에서 예수가 구체적으로 제시하기 때문이다. 예수가 지시한 좁은 길은 제자가 되는 길이다. 예수를 보고 무리에서 나온 제자들이 예수의 제자로서 삶을 정위하기 위해서 좁은 길을 따라서 걸어야 한다. 뒤따라오는 제자가 그 흔적을 보고 따라올 수 있도록 먼저 나온 제자는 그 길을 걸어가야만 한다. 사람들에게 그 길의 끝에는 기다리는 예수가 있다는 것을 알리기 위해서 제자는 그 길을 걸어가야만 한다.

2. 거짓 선지자들을 삼갈 것(7:15-20)

15 거짓 선지자들을 삼가라 양의 옷을 입고 너희에게 나아오나 속에
는 노략질하는 이리라 16 그의 열매로 그들을 알지니 가시나무에서
포도를, 또는 엉겅퀴에서 무화과를 따겠느냐 17 이와 같이 좋은 나무
마다 아름다운 열매를 맺고 못된 나무가 나쁜 열매를 맺나니 18 좋은
나무가 나쁜 열매를 맺을 수 없고 못된 나무가 아름다운 열매를 맺을
수 없느니라 19 아름다운 열매를 맺지 아니하는 나무마다 찍혀 불에

던지우느니라 20 이러므로 그의 열매로 그들을 알리라

찾아오는 모든 제자가 다 바른 제자가 아니다. 예수의 제자가 아닌 자들이 예수의 제자인 것처럼 공동체를 찾아오기도 한다. 공동체 안에서 모든 높아진 제자가 다 예수의 제자가 아니다. 목자가 아닌 삯꾼이 목자인 것처럼 공동체 안에 들어와 있기도 한다. 찾아오는 제자와 이미 와 있는 제자 가운데 예수의 제자를 가려내는 것은 맞이하는 제자의 몫이다. 맞이하는 제자가 자신을 낮아진 제자로서 찾아오는 제자를 맞이하면 찾아오는 제자는 높아진 제자가 된다. 높아진 제자가 맞이하는 제자의 낮아짐을 받아들이게 되면 맞이하는 제자는 낮아진 제자가 된다. 찾아오는 제자의 찾아옴과 맞이하는 제자의 맞이함이 어떤 함수 관계에서 만나게 되느냐에 따라서 예수의 제자와 제자 아님이 판가름 난다.

찾아오는 제자나 이미 와 있는 제자는 맞이하는 제자의 낮아짐 위에 존재하는 높아진 제자가 아니다. 맞이하는 제자의 낮아짐은 찾아오는 제자나 이미 와 있는 제자를 높이기 위해서 낮아진 것이 아니다. 제자의 길을 가기 위해서 낮아진 것이다. 그럼에도 불구하고 높아진 제자의 자기 높임이 낮아진 제자를 더 낮추기 위해서 존재하는 것으로 생각하면 예수의 제자로 찾아온 것이 아니다. 반면에 높아진 제자의 자기 높임의 과정이 낮아진 제자를 높이고 높아진 자신을 낮추는 실천 속에 있으면 예수의 제자로 와 있는 것이다.

높아진 제자의 높임은 낮아진 제자를 높이고 높아진 자신을 낮추기 위해서 높아진 것이다. 예수의 공동체에서 높아진 제자가 허락될 수 있는 경우는 낮아진 제자를 높이는 것뿐이다. 낮아진 제자의 높임이 목자의 역할을 하는 높아진 제자를 허용하는 근거이다. 낮아진 제자가 높아진 제자를 높이기 위해서 자신을 더 낮추거나 낮추도록 강요받는다면 높아진 제자는 예수의 제자가 아니다.

뒤따라가는 제자들은 판단해야 한다. 예수가 제시한 좁은 길은 특정한 제자만이 걸어가는 길이 아님을 깊이 알아야 한다. 모든 제자가 걸아가야 할 길을 예수가 제시한 것이다. 예수에게는 높아진 제자와 낮아진 제자의 구별이 없다는 사실을 통찰해야 한다. 제자와 제자를 이어오는 동안 공동체 안에서 높아진 제자와 낮아진 제자로 나뉜 것은 예수의 제자 부름에 본질적인 것이 아니다. 예수에 의해서 부름 받은 공동체가 예수와 다시 만나게 되는 시간 사이에서 이루어진 나눔인 것이다. 예수는 제자를 높아진 제자와 낮아진 제자로 나누어서 부른 것이 아니다. 높아진 제자는 예수를 대신해서 공동체를 돌보는 책임을 위임받았다. 그렇다고 해서 높아진 제자가 낮아진 제자보다 높은 존재가 되는 것은 예수의 뜻이 아니다. 낮아진 제자는 높아진 제자의 삶을 돌보는 책임을 위임받았다고 해서 낮은 존재가 되는 것은 예수의 뜻이 아니다. 높아진 제자가 공동체 안에서 신분적 상승을 획득한 것은 공동체가 처한 삶의 정황에서 불가피하게 된 것이다. 그렇기 때문에 낮아진 제자가 높아진 제자보다 낮은 존재로서 있는 것은 더더욱 예수의 뜻이 아니다. 예수의 제자는 높은 존재가 아니라 낮은 존재이며 세상에서 가장 낮은 존재보다 더 낮은 존재이기 때문에 제자 사이에서 높낮이는 존재할 수 없다(마 10:42).

공동체 안에서 높아진 제자로 부름 받은 제자는 자신의 부름에 대해서 특별한 의미를 부여하기 때문에 공동체 안에서의 자신의 삶을 좁은 문으로 들어간 것으로 생각한다. 공동체 안에서 낮아진 제자는 자신의 삶에서 특별한 부르심을 경험하지 못하기 때문에 자신의 삶을 좁은 문으로 들어간 삶으로 인식하지 못한다. 공동체를 사이에 두고 이러한 목자로서 부름 받은 제자와 양으로 부름 받은 제자의 의식이 예수가 지시한 좁은 길을 가는 것을 목자로서 사는 삶을 지칭하는 것으로 해석하게 만들었다.

공동체 안에서 높아진 제자가 되는 것을 좁은 길로 걸어가는 것으로 인식하는 것은 예수의 가르침에서 나온 것이 아니다. 공동체 안에서 부름 받은 제자는 목자로서 부름 받은 것이 아니다. 양으로서 부름 받은 것이다. 공동체 안에서 양으로 부름 받은 제자는 목자로 부름 받은 제자의 양으로 부름 받은 것이 아니다. 예수의 양으로 부름 받은 것이다. 목자로 부름 받음의 특별한 경험을 한 제자나 일상에서 부름 받음의 특별한 경험을 하지 못한 제자나 모두 다 예수의 양으로서 부름 받은 것이다. 따라서 제자가 좁은 길을 따라서 걷는 것은 목자인 예수의 돌봄을 경험하는 시간이다.

높아진 제자가 부름 받은 자신의 경험에 근거해서 공동체를 돌보는 자신의 역할을 좁은 길을 걸어가는 삶으로 인식하는 것은 예수의 돌봄을 거절하는 것이다. 낮아진 제자가 부름 받음에 대한 특별한 경험을 하지 못했기 때문에 높아진 제자에게 의존하는 것은 예수의 목자 됨을 인정하지 않는 것이다. 예수가 지시한 좁은 길은 높아진 제자가 생각하듯이 목자의 길이 아니다. 목자와 양으로 나누어진 공동체의 현실에서 목자의 역할을 좁은 길로 들어서는 것으로 인식하는 것은 예수의 목자 됨을 박탈하는 것이다.

예수로부터 목자의 타이틀을 빼앗은 제자는 자신을 제자로 부르지 않는다. 하나님의 종이라고 부른다. 자신을 제자로 부르면 스승이 살아온 관점에서 자신의 삶이 조명된다. 하나님의 종으로 부르면 하나님의 권위와 위엄의 틀 안에서 삶이 조명된다. 예수는 제자로 불렀지만 부르심을 받았다는 많은 제자는 하나님의 종의 정체성을 갖고 산다. 그렇기 때문에 공동체 안에서 낮아진 제자에게 제자로서 삶을 살라고 지시한다. 부름 받음의 특별한 경험이 그들로 하여금 일상의 경험의 바탕에서 제자로 부름 받은 제자들 위에 군림하는 존재의 의식을 갖게 만들었다. 우월한 존재의 의식을 공동체 안에서 구현하는 가장 좋은 방식이 하나님의 종이라는 명칭을 사용하는 것이다. 그러나 종이라는 명칭을 사용한다고 해서 종의 의식을 갖는 것이 아니다. 하나님에게만 종이라는 의식을 갖고 있다. 하나님의 종의 의식이 하나님의 종이 아닌 제자들에 비해서 존재적 우월의식을 갖게 한다. 종은 주인의 종이다. 주인이 아닌 자에게 종이 아니다. 하나님의 종의 의식을 가진 제자는 공동체에 대해서 주인의식을 갖는다.

하나님의 종으로서 명명된 제자에게 공동체에서 만나는 제자와의 관계는 목자와 양의 관계이다. 목자는 양을 다스리고 지배한다. 목자는 지시하고 양은 그 지시에 순종한다. 하나님의 종의 의식을 갖고 있는 제자는 공동체에 대해서 목자의 의식을 갖고 양에 대해서 주인의 의식을 갖는다. 하나님의 종은 하나님에게만 종이다. 하나님만이 종에 대해서 지시를 할 수 있다. 하나님이 아닌 존재가 하나님의 종에 대해서 지시하는 것은 불법이다. 종은 주인에게만 종일 뿐이다. 주인은 종을 지시할 권리와 권한을 갖는다. 주인이 종에게 지시하지 않는 것을 주인이 아닌 자가 자기의 종이 아닌 자에게 지시를 하는 것은 주인을 모욕하는 행위이다.

제자는 주인 의식을 갖고 있지 않다. 단지 제자의 의식만 갖고 있을 뿐이다. 제자의 의식은 배움의 의식이다. 배움은 제자에게 가르침을 주는 선생의 가르침을 체득하는 것이다. 선생인 예수가 지시한 좁은 길을 걸어가면 선생의 가르침이 체득된다. 하나님의 종의 의식은 배움의 의식이 없다. 하나님의 가르침을 체득하는 과정도 없다. 단지 하나님이 하시는 일을 대신하는 대리자의 의식만 있다. 하나님의 종은 하나님을 대행하는 존재이기 때문에 종이 아니다. 주인이다.

제자의 의식은 양의 의식이다. 목자이신 예수의 지시를 따라서 움직이는 양이 제자이다. 양은 목자가 인도하는 길로 따라간다. 자기가 가야 할 길을 정하는 것이 아니라 목자가 가야 할 길을 정한다. 양으로 부른 제자가 하나님의 종의 의식을 갖는 것은 바른 제자의 모습이 아니다. 양이 목자를 돌보는 것이 아니라 목자가 양을 돌본다. 돌보는 목자가 있기에 안심하고 양은 목자가 좋아하는 풀 먹는 일을 한다. 함께하는 목자가 있기 때문에 목자가 좋아하는 일을 하는 것이 제자가 할 일이다. 제자로 부름 받은 경험을 갖고 있어도 제자의 의식을 갖지 않으면 제자로 부름을 받지 못한 것이다. 제자로 부름 받은 경험을 갖고 있지 않아도 제자의 의식을 갖고 있으면 제자로 부름 받은 것이다. 부름 받음의 경험에 제자의 정체성이 근거하는 것이 아니라 제자의 의식에 제자의 정체성이 근거한다.

제자의 의식이 없는 제자는 좁은 길을 걸어가지 않는다. 제자가 된 순간에는 좁은 문으로 들어섰지만 걸어가는 길은 넓은 길이다. 좁은 길을 따라서 간다는 의식을 갖고 걸어가도 넓은 길을 걷는 것이다. 공동체 안에서 하나님의 대리인의 삶을 사는 의식을 갖고 있는 한 넓은 길을 걷는다. 넓은 길을 걸어가면서도 자신의 삶을 좁은 길을 가는 것으로 인식한다. 공동체 안에서 낮아진 제자들이 일상의 삶을 살아가는 것과 대비해서 종교적인 삶을 살아가기 때문에 자신의 삶을 좁은 길을 따라가는 것으로 믿는다. 그러나 낮아진 제자는 일상의 삶을 살아가기 때문에 넓은 길을 가고 있다고 생각한다. 하나님의 대리인으로서 살아가는 높아진 제자의 종교적 삶의 모습에 비추어볼 때 자신의 일상적인 삶의 모습은 좁은 길에서 이탈한 것으로 인식한다.

제자의 의식이 없는 제자의 종교적인 생활은 좁은 길을 걸어가는 것이 아니다. 따라서 성직자로 부름 받았다는 자의식을 갖고 성직자의 생활을 하는 것을 좁은 길로 걸어가는 것이라고 믿는다고 하더라도 그것은 좁은 길을 걸어가는 것이 아니다. 대다수의 그리스도인들이 그들을 그렇게 생각한다고 해도 그것은 좁은 길을 걸어가는 것이 아니다. 한 편 대다수의 그리스도인이 일상의 삶을 살아간다고 해도 넓은 길을 걸어가는 것이 아니다. 성직자들이 대다수의 그리스도인에게 좁은 길로 걸어가지 않는다고 야단을 쳐도 넓은 길로 걸어가는 것이 아니다. 낮아진 제자의 일상은 좁은 길에서 이탈한 것도 아니다. 좁은 길은 일상에서 벗어난 길이 아니다. 좁은 길은 일상의 바깥에 있는 것이 아니다. 일상 안에 좁은 길이 있다. 좁은 길을 가는 것이 추상적인 관념이 아닌 것처럼 일상이 좁은 길을 포함하고 있는 것도 추상적인 개념이 아니라 실제하는 현실이다. 일상이 좁은 길을 걸어가는 공간이다. 좁은 길과 넓은 길을 걸어가는 것은 일상의 삶에서 갈라진다. 일상의 삶에서 예수가 지시한 것을 행하면 좁은 길을 걸어간다. 높아진 제자가 일상에서 좁은 길을 걸어가는 것은 하나님의 종의 의식을 갖고 공동체 안에서 종교적인 삶을 사는 것을 의미하는 것이 아니라, 일상에서 제자의 의식을 갖고 예수가 앞서서 지나간 발자취를 따라가는 여정에 있다. 제자로 부름을 받았지만 하나님의 종의 의식을 갖고 있는 제자는 좁은 길을 공동체 안에서 종교적인 삶을 사는 것으로 전환한다.

공동체는 누가 참된 예수의 제자인지를 판단해야 한다. 예수는 거짓 선지자를 경계하라고 말했다. 선지자는 하나님에 의해서 보냄을 받은 자이다. 하나님은 이스라엘 공동체에 선지자를 보내셨다. 선지자는 이스라엘 공동체에 말씀하시는 하나님의 말을 선포했다. 선지자는 좁은 길을 가는 사람이 아니라 하나님의 말씀이 들리지 않는 곳에 말씀을 대언하기 위해서 하나님이 파송한 사람이다. 예수는 자신의 공동체에 제자를 보냈다. 예수의 말씀이 들리지 않는 곳에 말씀이 들리게 하기 위해서 제자를 보낸 것이 아니다. 예수의 양은 목자인 예수의 음성을 듣고 응답하기 때문에 들리지 않는 말씀을 들리게 하는 것은 제자의 할 일이 아니다. 예수는 선지자를 보낸 것이 아니라 제자를 보냈다. 예수는 자신의 말을 전하라고 보낸 것이 아니다. 자신의 삶을 잇게 하기 위해서 제자를 보낸 것이다. 길의 끝에서 기다리는 자신을 만나게 하기 위해서 보낸 것이다.

하나님의 종으로 찾아온 제자는 예수의 삶을 살아가지 않는다. 예수의 삶을 사는 것은 낮아진 제자가 수행해야 할 작은 일로 취급한다. 하나님의 대리자로서 하나님의 말씀을 선포하는 선포자라는 의식이 예수의 삶을 잇는 의식을 덮어버리기 때문에 삶을 이어가는 것은 낮은 자들에게 속한 것으로 생각한다. 부름 받은 모든 제자가 참된 제자는 아니다. 제자의 의식을 갖고 예수의 삶을 이어가는 제자만이 예수가 보낸 제자이다. 또한 공동체에서 만나는 제자들로 하여금 예수의 삶을 이어가게 하는 제자만이 예수가 보낸 제자이다. 예수는 자기 음성을 듣는 양에게 음성을 대신 들려줄 선지자를 보내지 않았다(요 10:27). 예수가 제자를 보낸 것은 공동체 안에서 만나는 제자의 동반자가 되게 하기 위해서이다. 서로가 놓인 삶의 정황에서 공동체를 가운데 두고 동반자로서 예수의 자취를 따라 나서게 하기 위해서 제자를 보내고 맞이하게 하신 것이다(요10: 3-5).

하나님의 종을 자처하는 제자는 예수가 보낸 것이 아니다. 자기가 보낸 것이다. 하나님의 종을 자처하면서 주인의 의식을 갖고 있는 제자는 예수의 이름으로 공동체를 찾아왔지만 예수와 관계 없는 자이다. 예수로부터 보냄을 받은 제자는 하나님이 종이라는 이해를 제자로 보내지는 것과 관련시켜서 인식하지 않았다. 바울은 로마 교회에 있는 모든 성도를 하나님의 종이라고 불렀다(롬 6:22). 베드로도 하나님의 종이라는 명칭을 사용할 때 제자인 자신만 지칭하지 않았다(벧전 2:16). 바울과 실라가 드로아에서 만난 점치는 귀신들린 여종이 높으신 하나님의 종이라고 바울과 실라에 대해서 여러 날 말하자 그들은 괴로워서 귀신을 쫓아내 하나님의 종이라는 말을 못하도록 금지시킨다(행 16:17).

하나님의 종은 특정한 제자를 지칭하는 용어가 아니다. 제자가 된 모든 그리스도인을 지칭하는 말이다. 하나님의 종은 하나님에게만 종이다. 모든 제자가 하나님에게만 종이기 때문에 특정한 제자가 하나님의 대리인이 될 수 없다. 하나님의 종이 하나님의 대리인이라면 모든 제자가 하나님의 대리인이다. 하나님의 종이 하나님의 말씀을 대언하는 선지자라면 모든 제자가 하나님의 말씀을 대언하는 선지자이다. 제자가 된 모든 그리스도인이 하나님의 종이기 때문에 높낮이가 없다. 서로에 대해서는 평등하다(골 3:11). 그렇기 때문에 하나님의 종이라고 자칭하면서 공동체 안에서 다른 제자 위에 군림하는 제자는 거짓된 선지자이다.

거짓된 선지자는 예수가 지시한 좁은 길을 걸어가지 않는다. 공동체에서 만난 제자와 함께 걸어가는 동반자의 의식도 없다. 함께 예수를 배워가는 배움의 과정도 없다. 지시하고 가르치고 군림할 뿐이다. 공동체를 섬기는 것만이 좁은 길을 걸어가는 것이라는 명분을 만들어 일상의 영역에서 좁은 길을 걸어가는 제자를 억압한다. 일상의 영역에 놓인 제자는 일상이 좁은 길을 걸어가는 장소이다. 예수의 많은 제자들은 일상의 영역에서 제자의 삶을 살아가도록 부름을 받았다. 매우 적은 제자들만이 공동체 안에서 제자의 삶을 살아가도록 요청되었다. 모든 제자들은 공동체를 향하도록 파송하는 제자로 부르신 것은 예수의 뜻이 아니다. 모든 제자들을 일상의 영역에서 제자의 삶을 살도록 부른 것도 예수의 뜻이 아니다.

공동체를 향해서 파송한 제자가 파송 받지 못한 다수의 제자들보다 우월한 제자라는 것은 예수의 뜻이 아니다. 파송 받지 못한 다수의 제자가 파송 받은 제자보다 열등한 제자라는 것도 예수의 가르침이 아니다. 공동체를 가운데 두고 제자를 나눈 것은 삶의 모든 영역에서 제자로 살아가는 것과 예수가 지시한 좁은 길을 걸어가는 것이 같기 때문에 나눈 것이다. 삶의 영역에서 삶을 살아가는 것에는 단절됨이 존재하지 않는다. 그리스도인으로 사는 것과 시민으로 사는 것은 서로 분리된 삶이 아니다. 삶의 전 영역에서 우리는 그리스도인으로 살며 동시에 시민으로서 살아간다. 그리스도인인 우리와 시민인 우리가 서로 각각 다른 존재가 아니다. 간극의 시간에서 그리스도인으로서의 삶과 시민으로서의 삶을 살아가는 삶 전체가 예수가 지시한 좁은 길로 걸어갈 영역이다.

예수는 공동체를 삶의 영역의 가운데에 놓았다. 공동체를 가운데에 놓고 시민의 삶의 영역에서 종교적인 삶의 영역으로 들어가는 제자와 종교적인 삶의 영역에서 시민의 삶의 영역으로 나오는 제자를 배치함으로 각각의 제자가 추구해야 할 삶의 궁극의 모습을 설정한 것이다. 종교적인 삶의 영역으로 들어가는 제자는 시민의 삶을 버리고 들어가는 것이 아니다. 시민의 삶을 갖고 종교적인 삶의 영역에 들어간다. 종교적인 삶의 영역에서 시민의 삶의 영역으로 들어오는 제자는 종교적인 삶의 영역을 남겨두고 시민의 삶의 영역에 들어서는 것이 아니다. 종교적인 삶의 영역을 시민의 삶의 영역으로 확대시키라는 것이다. 종교적인 삶의 영역으로 들어서는 제자는 시민의 삶의 영역을 종교적인 삶의 영역으로 확산시키기 위해서 들어가라는 것이다. 종교적인 영역과 시민의 영역이 그렇게 교차되고 겹쳐지게 만드는 것이 예수의 뜻이다.

바리새인, 서기관, 무리들은 삶을 거룩한 영역과 거룩하지 않은 영역으로 나누었다. 그렇게 나눈 두 영역을 교차되고 겹쳐지게 만든 것이 예수가 한 일이며 제자에게 맡긴 일이다. 종교적인 영역에 서 있는 제자가 걸어갈 좁은 길은 시민의 영역에서 좁은 길을 걸어가는 제자의 삶과 겹쳐지고 통합될 때 완성된다. 시민의 영역에 서 있는 제자가 걸어가야 할 좁은 길은 종교적인 영역에서 좁은 길을 걸어가는 제자의 삶과 겹쳐지고 통합될 때에야 완결된다. 거룩한 삶과 거룩하지 않은 삶으로 나누어진 삶이 온전한 삶이 아닌 것처럼 높이진 제자의 삶과 낮아진 제자의 삶으로 나누어진 제자의 삶은 온전한 삶이 아닌 것이다. 예수가 제시한 좁은 길은 바리새인과 서기관 및 무리들이 나눈 삶을 예수가 통합한 온전한 삶의 범주 안에 있다.

그래서 예수의 제자는 거짓된 선지자들이 나눈 제자의 신분을 하나로 통합한 예수를 배워갈 때 좁은 길을 걸어가게 되는 것이다. 맞이하는 제자는 판단해야 한다. 예수가 파송한 제자인지 아닌지를 가려내야 한다. 예수는 열매를 보면 안다고 말했다. 열매를 맺기 전까지는 판단할 수 없다는 말이다. 나무만 보고서는 열매를 맺는 나무인지 아닌지를 알지 못한다는 것이다. 나무가 열매를 맺어야 판단할 수 있다는 것이다. 그러나 열매를 보고 나무를 판단하면 이미 늦은 것이다. 열매는 맺힌다. 좋은 열매든 나쁜 열매든 맺힌다. 열매를 맺기 이전에 좋은 나무인지 나쁜 나무인지 파악해야 한다. 열매를 보고 판단하면 공동체는 건강을 상실한 다음일 수도 있다. 공동체가 건강한 공동체로 있기 위해서는 열매를 맺기 이전에 좋은 나무를 받아들여야 하는 것이다.

나무를 보고 판단하는 것은 제자가 해야 할 몫이다. 열매를 보고 판단하는 것은 누구나 다 할 수 있는 것이기 때문이다. 좋은 나무는 좋은 열매를 맺고 나쁜 나무는 나쁜 열매를 맺기 때문에 열매와 나무는 같은 것이다. 좋은 나무에서 나쁜 열매가 맺힐 수 없고 나쁜 나무에서 좋은 열매가 맺힐 수 없기 때문에 나무를 보고 판단할 수 있다. 하나님의 종의 의식을 갖고 찾아오면 나쁜 나무이다. 나쁜 나무이기 때문에 자신의 삶을 좁은 길을 걸어가는 삶과 동일시한다. 제자의 의식을 갖고 찾아오면 좋은 나무이다. 좋은 나무이기 때문에 공동체에서 만나는 모든 제자와 같이 예수의 삶을 배우는 길로 들어선다.

좋은 나무는 좁은 길이 자신의 존재와 동일시 될 수 없다는 것을 알기 때문에 일상의 영역에서 제자의 삶으로 부름을 받은 많은 제자들의 삶을 긍정한다. 동시에 많은 제자들이 자신을 같은 부름을 받은 존재로서 같은 제자의 길을 걸어가는 제자로 인식하게 만든다. 제자로 부름 받은 경로와 삶의 방식의 다름이 본질적인 차이에 기인하는 것이 아니라 예수의 제자로서 걸어가야 할 좁은 길이 삶의 전체 영역에 걸쳐서 퍼져 있기 때문에 그런 것임을 알게 만든다. 제자가 놓인 삶의 정황이 삶의 전체 영역이기 때문에 일상에서 떠나 공동체로 향하게 하는 부르심을 경험한 소수의 경험과 특별한 경험이 없이 일상에서 일상으로 이어지는 다수의 경험 전체가 긍정되어야만 한다.

좋은 나무는 각자의 삶의 정황에서 초월하는 삶을 살아갈 것을 알고 그렇게 가르친다. 성직자의 삶이 좁은 길을 걸어가는 삶으로 나아가기 위해서 성직의 삶을 초월해야 한다. 평신도의 삶이 좁은 길을 걸어가는 삶으로 나아가기 위해서 일상의 삶을 초월해야 한다. 각자의 삶의 정황에서 살아가는 삶의 모습과 태도를 좁은 길과 동일시하지 않고 각자의 삶의 태도와 모습을 충실하게 살아가면서 동시에 그 삶을 초월하는 삶으로 나아가야 할 것임을 가르치는 나무는 좋은 열매를 맺는다. 각자의 삶의 정황에서 주어진 삶의 모습을 긍정하는 한편 그 삶을 절대화하려는 유혹을 이기고 초월하는 삶을 살아가는 과정이 좁은 길임을 드러나게 하는 나무는 아름다운 열매를 맺는다. 나쁜 나무는 자신의 삶을 좁은 길로 규정한다. 따라서 삶을 분할하고 일상의 삶을 거룩한 삶의 영역에서 제외한다.

그러나 삶은 분할될 수 있는 것이 아니다. 거룩한 삶은 일상의 삶을 부정해서 인식되는 것이 아니다. 서기관과 바리새인들은 삶을 거룩한 삶과 거룩하지 않은 삶으로 분할했다. 예수는 그들의 분할한 삶을 부정했다. 거룩한 삶은 일상의 삶과 다른 삶이 아니라 일상의 삶에서 일상의 삶의 모든 것을 절대화하지 않고 그 안에서 초월의 삶을 살아가는 것이 거룩한 삶이라는 사실을 가르쳤다. 삶을 거룩한 삶과 거룩하지 않은 삶으로 분할하는 제자는 나쁜 나무이다. 예수가 통합한 삶의 통전성과 일상의 삶을 초월하는 일상의 삶이 거룩한 삶이라고 예수가 규정한 거룩한 삶을 부정하기 때문이다.

제자의 길인 좁은 길은 일상에서 일상을 초월하는 삶의 길이다.

성직자가 걸어가는 종교적인 삶이 성직자에게는 일상의 삶이다. 따라서 성직자가 종교적인 삶인 일상의 삶을 절대화하지 않고 초월하는 삶을 살아갈 때 좁은 길을 걸어가는 것이다. 평신도가 일상의 삶을 부정하지 않고 일상의 삶을 초월하는 삶을 살 때 좁은 길을 걸어가는 것이다. 나쁜 나무는 평신도로 하여금 자신의 일상의 삶을 부정하고 성직자의 일상의 삶을 절대화하도록 만든다. 좋은 나무는 종교적인 삶의 도그마에 빠지지 않으면서도 종교적인 삶을 일상의 삶으로, 일상의 삶을 종교적인 삶으로 살아가는 열매를 맺는다. 그런 나무만이 평신도의 일상의 삶을 긍정하고 또한 평신도로 하여금 자신의 일상의 삶과 사건을 긍정하게 만든다. 좋은 나무는 대다수의 제자로 하여금 일상의 삶 안에서 종교적인 삶의 열매를 맺게 하며 자신에 대해서는 종교적인 삶을 절대화하지 않고 그 안에서 일상의 열매를 맺는다. 바리새인과 서기관이 분할할 삶은 예수의 제자에 의해서 종교적인 삶을 통해서 일상의 열매를 맺어 가며 일상의 삶에서 종교적인 열매를 맺는 단일한 삶으로 통합된다.

3. 말씀을 듣고 따를 것(7:21-27)

21 나더러 주여 주여 하는 자마다 천국에 다 들어갈 것이 아니요 다만
하늘에 계신 내 아버지의 뜻대로 행하는 자라야 들어가리라 22 그 날
에 많은 사람이 나더러 이르되 주여 주여 우리가 주의 이름으로 선지
자 노릇하며 주의 이름으로 귀신을 쫓아내며 주의 이름으로 많은 권
능을 행치 아니하였나이까 하리니 23 그때에 내가 저희에게 밝히 말
하되 내가 너희를 도무지 알지 못하니 불법을 행하는 자들아 내게서
떠나가라 하리라 24 그러므로 누구든지 나의 이 말을 듣고 행하는 자
는 그 집을 반석 위에 지은 지혜로운 사람 같으리니 25 비가 내리고
창수가 나고 바람이 불어 그 집에 부딪히되 무너지지 아니하나니 이

는 주초를 반석 위에 놓은 연고요 26 나의 이 말을 듣고 행치 아니하
는 자는 그 집을 모래 위에 지은 어리석은 사람 같으리니 27 비가 내
리고 창수가 나고 바람이 불어 그 집에 부딪히매 무너져 그 무너짐이
심하니라

삶을 분할하고 자신의 삶을 거룩한 삶으로 규정하며 삶의 다른 영역에서 좁은 길을 걸어가는 제자의 삶을 넓은 길을 가는 것으로 정죄하는 나무는 예수가 심은 나무가 아니다. 예수가 심은 나무는 다양한 삶의 모습이 유기적으로 결합된 전체로서의 삶을 인지하며 전체의 삶의 틀에서 제자의 길이 다양한 삶의 모습에 따라서 다양하게 그려진다는 것을 알기 때문에 획일화된 제자들의 삶에 대한 주장을 경계한다. 삶의 전체 안에서는 단절된 삶이 없다. 단절된 삶이 없기 때문에 우월한 삶과 열등한 삶이 없다. 단지 삶의 다양성이 있을 뿐이다. 다양한 삶이 모여서 전체의 삶을 형성한다.

성직자의 삶이 주어진 제자와 평신도의 삶이 주어진 제자의 삶은 다른 삶의 상황에 놓인 삶이기 때문에 우월한 삶이나 열등한 삶으로 나누어질 수 없다. 성직자의 삶이 허락된 삶과 평신도의 삶이 허락된 삶은 제자의 삶의 다른 모습이다. 삶의 정황의 다름에서 다르게 표현된 동일한 제자의 삶의 모습이기 때문에 다름의 차이가 본질적인 다름이 될 수 없다. 삶의 형식에서의 다름은 제자의 삶의 본질에서의 다름과 차이로 귀결될 수 없다. 불에 던져질 수밖에 없는 나무는 자신의 삶을 제자의 삶으로 규정하기 때문에 불에 던져진다. 예수가 기대하는 아름다운 열매를 맺지 못하는 나무는 평신도로 허락된 제자의 삶을 열등한 삶, 제자의 삶이 되지 못한 제자의 삶으로 만들어 버리기 때문에 버려진다.

예수가 찍어 넘어뜨려 불에 던지는 나무는 예수의 의도를 훼손하고 부정하는 나무이다. 예수의 의도는 삶의 전 영역에 제자를 배치

한 후 그들이 자신에게 주어진 삶의 정황을 긍정하고, 다른 삶의 정황을 살아가는 제자의 삶을 긍정하는 동시에 다른 영역에 있는 제자의 삶의 모습과 태도를 자신의 삶의 모습에 적용시켜 자신의 삶에서 두 삶을 통합하는 태도를 주지시키는 것이다. 하나의 삶을 부정하고 다른 하나의 삶만을 긍정하는 나무는 삶의 전체를 모르는 나무이다. 임마누엘의 하나님이신 예수가 세상의 주님이며 모든 곳에서 모든 제자들과 함께하는 것을 부정하는 나무만이 삶을 분할한다.

삶을 분할하는 나무는 예수가 삶 전체의 왕 되심을 부정하는 나무이다(눅 19:19). 자신이 분할한 삶에서 예수 대신 왕이 되려고 하는 나무이다. 그렇기 때문에 예수의 원수인 것이다. 원수는 불법을 저지른다. 그들이 저지른 불법은 주인이 아님에도 불구하고 주인인 것처럼 행사하며, 왕이 아님에도 불구하고 왕인 것처럼 자신을 포장하는 것이다. 왕이신 예수가 왕위를 받기 위해서 먼 나라로 떠난 사이에 예수의 왕위를 찬탈하려는 것이 불법을 저지른 것이다. 입으로 "주여, 주여"하고 외치면서 하늘 아버지의 뜻을 따르지 않은 것이 그들이 저지른 불법이다. 하늘 아버지의 뜻은 예수가 제시한 제자의 삶을 살아가는 것이다. 그러나 그들은 자신의 삶을 살아가고 예수의 제자들에게 자신의 삶을 강요하는 사람들이다. 예수의 제자인 것처럼 찾아와서 양을 미혹하는 자들이다. 선지자의 이름으로 왔기 때문에 선지자인 것처럼 행동한다. 예수의 이름으로 귀신을 쫓아내며 많은 권능을 행했다고 자랑한다. 그때에 예수가 내가 도무지 너희를 알지 못한다고 그들에게 말한다. 예수는 그들이 누구인지 알지 못한다. 예수는 선지자를 보낸 적이 없기 때문에 선지자 노릇을 한 자가 누구인지 어디서 왔는지 실로 모르는 것이다.

예수가 보낸 제자는 선지자 노릇을 하지 않는다. 선지자 노릇을 할 줄 몰라서 하지 않는 것이 아니라 예수가 선지자로 보내지 않았기 때문에 선지자 노릇을 하지 않는 것이다. 예수는 자기 공동체로 제자를 보낸 것이다. 간극의 시간에서 자신이 선택한 제자들이 자신이 지시한 길을 함께 걸어가게 하기 위해서 공동체로 보낸 것이다. 제자를 공동체로 파송한 것이나 공동체 안에서 기다리는 제자를 만나게 한 것은 예수의 제자로 살아가는 삶에서 필연적인 현상이다. 제자는 길을 걸어가는 자다. 귀신을 쫓아내고 권능을 행했다고 자랑하는 자가 아니다. 제자가 걸어가는 길에서 귀신을 쫓아낼 경우도 있고 권능을 행사할 수도 있다. 예수도 귀신을 쫓아냈고 이적을 베풀었다. 베드로도 병자를 고치는 권능을 베풀었다(행 3:6–7). 바울도 귀신을 쫓아내고(행 16:16–18) 다락에서 졸다 떨어져 죽은 유두고를 살리는 기적을 보이기도 했다(행 20:9–12).

그러나 귀신을 쫓아내고 권능을 행사하는 것이 제자의 길을 걸어가는 본질이 아니다. 제자의 길을 걸어가는 과정에서 불가피하게 일어난 현상인 것이다. 예수가 사람들의 피폐한 삶을 불쌍히 여겨서 귀신을 쫓아내고 권능을 행사한 것처럼 베드로와 바울도 제자의 길을 걸어가는 도상에서 만난 사람들의 현실에 대한 불쌍함과 연민을 갖고 있었기 때문에 권능을 행사한 것이다.

예수가 보낸 적이 없는 선지자들이 예수의 이름으로 기적을 일으키듯이 예수의 제자가 아닌 자들이 예수를 주님이라고 부른다. 예수의 이름으로 기적을 일으킨 것이 예수로부터 보냄을 받은 증거인 것처럼, 주님이라고 부르는 것이 예수에게 속한 것을 입증하는 것처럼 그렇게 예수를 부른다. 그러나 기적을 일으키는 것이 예수가 보낸 증거가 아닌 것처럼 예수를 주님으로 부르는 것이 예수에게 속한 증거가 될 수 없다. 예수가 보낸 사람이나 예수에게 속한 사람으로 증명되는 것은 예수가 지시한 말을 듣고, 들은 말을 따라서 행동하는 사람이다. 예수의 이름을 부르는 자가 예수에게 속한 사람이라는 증거가 되는 것이 아니라 듣는 자가 예수에게 속한 사람이다.

부르는 자는 부르심을 받지 못한다. 부르는 자기 소리를 들을 뿐이다. 듣는 자는 부름을 듣는다. 부름을 듣는 자는 자기의 소리를 듣는 것이 아니다. 부르는 분의 소리를 듣는다. 부름은 들음을 기대하기 때문에 부르게 되는 것이다. 들음은 부르는 소리를 알기 때문에 듣는다. 부르심은 들음에서 끝나지 않는다. 들음에 따른 행위가 일어날 때 들음은 온전하게 일어난다. 예수가 보내지 않은 자와 예수에게 속하지 않은 자는 예수의 부름을 듣지 못한 자이다. 예수가 보낸 자와 예수에게 속한 자들은 예수의 음성을 듣고 반석 위에 집을 짓는 지혜로운 행위를 한다. 예수의 소리를 듣는 대신에 자신이 내는 소리를 듣는 자는 모래 위에 집을 짓는 어리석은 행위를 한다. 예수를 향해서 소리를 지르면 예수가 듣는 줄 알기 때문에 소리만 지른다.

예수는 소리를 듣는다. 민중의 소리를 듣는다. 예수에게 부르짖는 것 외에는 아무런 희망이 없는 민초들의 소리를 예수는 듣는다. 그들이 외치는 소리를 예수가 듣는다고 하더라도 그들은 예수가 보낸 사람이 아니다. 예수에게 속한 사람도 또한 아니다. 예수에게 속한 사람은 민초처럼 예수를 향해서 자신의 외침을 내는 사람이 아니다. 예수의 이름만 부르는 자도 예수가 보낸 사람이 될 수 없다. 예수의 제자는 예수의 이름을 부르는 자가 아니라 예수가 지시한 말을 듣고 그 말을 이행하는 자이기 때문이다. 예수의 이름만 부르는 자를 예수가 모른다고 말하는 것이다. 공동체 밖에서 예수의 이름을 부르는 자를 예수가 모른다고 하는 것이 아니다. 민초들이 예수의 이름을 불렀을 때 그들은 예수의 공동체 밖에 있는 자들이었다. 공동체 밖에서 예수의 이름을 부르는 것은 예수라는 문으로 들어가기 위한 것이다(요 9:7-9).

공동체 안에서 "주여, 주여"하면서 이름을 부르는 것은 아버지의 뜻대로 행하는 것이 아니다. 성직자로 부름 받은 제자가 "주여, 주여"만 하는 것은 예수가 지시한 대로 반석 위에 집을 짓는 것이 아니다. 평신도로 부름 받은 제자가 "주여, 주여"하는 것도 모래 위에 집을 짓는 행위이다. 성직자의 삶을 좁은 길로 걸어가는 삶이 되게 하는 지혜로운 행위가 뒷받침되어야 예수가 말한 대로 반석 위에 집을 짓게 된다. 평신도의 삶을 반석 위에 집을 짓는 지혜로운 행위가 되게 하는 것도 좁은 길을 걸어갈 때 이루어진다. 성직자의 종교적인 삶을 절대화하지 않고 인간다운 삶을 살아갈 때 성직자로 부름 받은 제자는 반석 위에 집을 짓는 지혜로운 행위를 한다. 평신도가 세상의 삶의 기준에 자신을 맞추지 않고 세상 안에서 종교적인 삶을 살 때 반석 위에 집을 짓는다.

4. 무리들이 놀라다 (7:28-29)

> 28 예수께서 이 말씀을 마치시매 무리들이 그 가르치심에 놀라니 29
> 이는 그 가르치시는 것이 권세 있는 자와 같고 저희 서기관들과 같지
> 아니함일러라

예수가 말씀을 끝마쳤을 때 무리들이 놀랐다고 마태복음의 저자는 기록하고 있다. 예수가 제자들에게 가르침을 주는 것이 그들의 서기관들과 같지 않고 권세를 갖고 있는 분처럼 보였다는 것이다. 예수가 제자에게 가르침을 주는 것은 무리들의 서기관들과 같지 않다. 그들의 서기관은 율법을 해설하고 그 율법대로 살라고 무리들에게 지시할 뿐이다. 그러나 무리들이 보기에 율법의 가르침과 서기관의 삶 사이에는 간격과 괴리가 있다. 따라서 무리들이 자기들의 서기관에 대해서 의문을 갖게 될 때 서기관은 장로들의 유전을 통해서 내려온 전통으로 무리들을 더욱더 율법에 얽매이게 한다. 예수와 제자의 사이에는 간격과 괴리가 없다. 제자가 예수와의 사이에서 간격을 만들려고 해도 예수가 그것을 허락하지 않기 때문에 괴리가

발생하지 않는다. 서기관과 율법 사이에는 괴리가 존재한다. 서기관은 율법의 조문을 장로들의 해석이라는 변칙을 사용해서 자신들의 우월한 지위를 유지하기 위해 그들만의 삶을 위한 것으로 전용하기 때문이다. 율법을 글자 그대로 삶에 대입하는 것은 삶을 희롱하는 것이다. 삶은 율법에 적힌 글자에 의해서 포함될 수 없기 때문이다. 하나님이 율법을 주신 것이 삶을 참되게 살아가는 최소한의 조건을 마련하기 위한 것이기 때문에 율법의 정신을 따라서 살아가는 것은 율법이 삶을 포괄하는 것이다. 예수는 자신의 존재 안에 율법을 포괄하셨다. 예수의 정신에 따라서 삶을 살아가는 것이 삶 전체를 율법이 포괄하게 하는 것이다.

서기관들은 삶을 율법에 넣으려고 했다. 그들이 삶을 율법에 집어넣으려는 것은 그들만이 율법을 해석하고 무리에게 율법대로 살라고 지시하는 독점적 지위를 획득했다고 믿는 믿음에 기인한다. 서기관들은 율법을 독점했다. 지나간 이스라엘의 역사는 율법과 무리 사이에 서기관이 위치할 수 있는 법적인 토대를 만들어 주었으며 서기관에 의해서 율법이 무리에게로 무리로부터 율법에게로 나아가는 유일한 통로가 설정되었다. 서기관이 서 있는 법적인 위치는 그들과 율법은 일치해야만 하는 당위성을 제시하지 않는다. 율법과 일치해야 할 당위성을 가진 것은 무리들이다. 서기관은 율법을 무리에게로 전달하고 무리를 율법에 맞추기 위해서 지나가는 통로이기 때문이다. 통로가 존재하지 않으면 율법과 무리는 만날 수 없다. 서기관의 해석이 없으면 무리는 율법의 요구를 이행할 수 없다. 서기관이 없으면 율법은 삶과 만나지 못하고 허공에서 흩어지는 바람처럼 실체가 없다. 서기관이 있기 때문에 율법은 실체를 갖게 되고 무리들은 율법을 구체화한다. 서기관은 그렇게 믿는다. 자신은 율법과 무리 가운데서 그 둘을 중재하는 존재로 있다고 믿는다.

그러나 무리들의 시선에는 그렇게 보이지 않는다. 무리들은 서기관은 율법과 자신들의 사이에서 중재자로 있는 것이 아니라 율법과 일치되는 존재로 있어야 한다고 믿는다. 서기관이 무리가 율법과 일치해야 하고 자신들은 그것을 일깨워 주기 위해서 그곳에 있다고 믿는 것과는 대조적이다. 그래서 서기관의 시선에는 더 많은 율법의 요구를 받아야만 하는 무리들이 보이고 무리들의 시선에는 경건의 모양은 있으나 능력은 없는 서기관들이 보인다.

무리들의 시선에 비친 예수는 그들의 서기관과 같지 않다. 서기관이 장로들의 유전이라는 우산 뒤에 숨어서 율법의 무거운 짐을 무리의 어깨 위에 얹어 놓는데 비해서 예수는 율법을 자신 안에 갈무리하신 채로 제자에게 가르침을 주신다. 무리의 놀람은 또 있다. 서기관이 율법과 무리 사이에서 중재자의 역할을 선택하는 반면에 예수는 제자와의 사이에 아무것도 놓지 않는 모습을 보며 무리들은 놀란다. 서기관이 율법과 전통의 우산을 쓰고 무리 앞에서 자신의 권위를 세우려고 하는 것에 비해서 예수의 권위는 제자에게 가르침을 주기 전에 먼저 자신의 삶에서 구현되어 나온다는 것이 무리에게 경이롭게 비치는 것이다. 부름 받은 제자가 부름 받은 삶의 정황에서 거룩한 삶을 구현하는 것이 반석 위에 집을 짓는 것이라는 말씀은 무리에게는 새로움의 경지이다.

거룩한 삶을 살아가라는 요구는 무리에게 낯선 것이 아니다. 무리들이 서기관에게 거룩한 삶은 율법의 법조문에 맞춰서 살아가는 것이며, 그들 앞에 있는 자신들의 종교적 삶이 거룩한 삶이라고 앵무새처럼 되풀이하는 말을 들어 왔다. 예수가 제자에게 주는 거룩한 삶에 대한 가르침이 무리들에게 경이로운 것은 거룩한 삶이 일상 안에서 가장 인간적인 삶을 살아갈 때 구현된다는 것이었다. 그들이 알고 있는 거룩한 삶은 세상과 구별되고 선택된 소수의 사람만이 구현하는 삶으로서 일상 위에 존재하는 삶이었다.

그러나 예수가 제자에게 말하는 거룩한 삶은 일상 위에 존재하는 삶이 아니라 일상과 함께하는 삶이며, 예수를 따르는 모든 사람에게 개방된 삶이다. 그들의 서기관은 삶을 거룩한 삶과 속된 삶으로 분할하고 자신들이 삶을 마치 거룩한 생활을 하는 선택된 존재인 것으로 무리에게 각인시킨다. 이에 비해서 예수는 거룩한 삶을 살기 위해서는 무리와 같은 존재가 되라고 말씀한다. 그래서 무리는 예수의 말씀에 놀란다. 자신들이 처한 현재의 삶이 긍정되며 거룩한 삶을 살아가기 위해서 자신들의 위치가 선결조건이 된다는 사실이 경이로울 뿐이다. 거룩한 삶은 삶 위에 존재하는 다른 삶이 아니다. 거룩한 삶은 인간적인 삶을 살아가는 현실에서 구현되는 것이다. 예수의 이러한 가르침이 무리들에게는 새로운 경험인 것이다.

예수가 전한 거룩한 삶과 서기관이 말하는 거룩한 삶이 갈라지는 것은 삶의 통전적인 이해의 차원에서만은 아니다. 형식적인 의미에서 거룩한 삶의 차이는 삶의 통전성과 삶을 거룩함과 세속으로 나눈 분할의 다름이지만 내용적으로는 전혀 다른 의미를 지닌다. 예수가 제시한 삶의 통전성은 종교가 들어설 틈이 없다. 서기관이 분할한 삶에 종교가 들어설 자리를 찾는다. 종교는 세속적인 삶의 본질을 부정하고 거룩한 삶만을 긍정하는 현실에서 태동한다. 대다수의 사람들이 놓인 삶의 정황보다 소수의 특권을 가진 성직자라는 사람들의 삶을 참됨과 본질인 것처럼 인식하는 풍토가 거룩한 삶만을 긍정하는 종교를 자라게 하고 번성시킨다. 종교는 사람들이 영과 육의 대립적인 사고를 하고 있는 이원론적 가치관을 가진 곳에서 더욱 맹위를 떨친다. 이원론적 가치관의 토대 위에서 영은 거룩한 삶이 되고 육은 세상의 삶이 된다.

그러나 예수는 제자의 삶을 영과 육의 이원론적 가치관 위에 세우지 않았다. 예수 자신 위에 제자의 삶을 세웠다. 예수에게는 영과 육의 이원론이 존재하지 않는다. 삶이 거룩한 삶과 세속의 삶으로 나누어질 수 없듯이 영적인 삶과 육적인 삶으로 나누어지지 않는다. 예수에게 삶은 단일한 삶이다. 예수의 제자에게도 삶은 단일한 것이다. 물론 예수에게도 삶은 나누어진다. 현실이라는 단일한 삶과 하나님의 나라의 단일한 삶이 그것이다. 그러나 현실의 삶과 하나님 나라의 삶이 영과 육으로 분할된 삶처럼 그렇게 분할된 삶이 아니다. 현실이라는 단일한 삶은 제자들의 시간에서 진행되는 삶이며 하나님 나라의 삶은 하나님의 시간인 영원에서 구현되는 삶이다. 그리고 현실과 하나님의 나라는 영과 육의 이분법적인 관계로 실재하는 것이 아니라 변증법적으로 존재한다. 변증법적으로 존재하는 것은 현실과 하나님 나라가 현실 안에 공존하면서 동시에 하나님 나라 안에서 현실이 자신의 존재를 희망하는 방식으로 함께 있다는 것을 의미한다.

현실 안에 하나님 나라가 공존하고 있다는 것은 현실과 하나님의 나라가 같은 것이라고 말하는 것이 아니다. 현실과 하나님 나라는 같은 것이 아니다. 그 둘이 공존하고 있다는 것은 현실이라는 틀 안에 하나님의 나라가 함께 있으나 우리에게는 현실밖에 보이지 않는다는 것을 말하는 것이다. 하나님 나라는 인간의 인식에서는 보이지 않는다. 그래서 실존하지 않는 것으로 생각할 수 있다. 그러나 하나님의 시각에서 하나님의 나라는 실존한다. 그래서 현존하는 것이다. 하나님의 나라에 현실이 희망으로 내재한다는 것은 현실 밖에서 현실을 초월하고 있는 하나님의 나라의 종말론적인 실재 안에 우리가 살아가는 삶의 여정이 현실의 한계를 초월한 본질적인 모습으로 실존할 것을 내다보는 것을 의미한다. 우리의 삶의 여정이 종말론적인 하나님 나라에서 본질적인 모습으로 실존할 것을 희망하는 것은 우리의 현실에 함께하시는 하나님의 나라에 의해서 우리의 삶이 인도되고 초월될 것을 믿기 때문이다.

삶이 분할된 것이 아니라 단일한 것이라는 것은 무리에게 놀라운 것이다. 하나님 나라가 지금 여기에서 함께 있으면서 임박하게 도래해 있다는 것도 놀라운 것이다. 지금 자신들이 살아가는 현실이 영원과 잇대어 있다는 것도 무리에게는 새로운 것이다. 또한 이 모든 것이 예수 안에서 구현된 사실이라는 것이 무리에게 놀라운 경험이다. 예수는 거룩한 하나님께서 인간이 되신 분이다. 하나님의 거룩함이 세상의 속됨 속으로 들어오셔서 인간이 되신 사건이 예수가 이 땅에 온 사건이다. 예수의 현존에는 거룩함과 세속이 하나로 통합된 현실이 실재하며, 영원이 시간과 만나서 현재로 되고 그 현재의 삶이 영원으로 이어진다.

무리들의 서기관은 분할된 삶에서 자신들이 존재하는 의미를 획득한다. 무리들 또한 분할된 삶에서 자신의 현재적 위치에 안주한다. 그러나 예수의 제자에게는 서기관과 무리처럼 안주할 수 있는 분할된 삶이 존재하지 않는다. 그들에게는 예수가 자신 안에서, 거룩함과 속됨을, 영원과 시간을, 지금과 미래를 통합한 제자의 길을 제외하고는 다른 길이 없다.

예수의 제자는 반석 위에 집을 지어야 한다. 비가 내리고 창수가 나고 바람이 불어도 무너지지 않는 집을 세우려면 좁은 길을 가야한다. 지시받은 좁은 길을 따라가면서 그 길의 끝에서 제자를 기다리는 예수와 만나는 것만이 비가 내리고 창수가 나고 바람이 불어도 무너지지 않는 집을 반석 위에 세우는 것이다. 서기관과 무리들이 살아가는 터전인 거룩한 것과 속된 것으로부터 구분된 삶의 경계선에 예수가 공동체를 세워놓았기 때문에 제자들은 예수처럼 거룩함과 세속을 통합하는 삶을 사는 것 외에는 다른 길이 없다. 거룩한 삶으로 초대된 제자는 예수처럼 거룩한 인간적인 삶을 살아야 하며 세상의 삶으로 초대된 제자는 인간적인 성결한 삶을 살아야 한다.

이처럼 거룩한 것과 속된 것을 하나로 아우르라고 제자에게 말씀하시는 예수의 권위에 무리들은 놀랄 수밖에 없다. 이원론적인 삶의 가치를 갖고 있는 그들로서는 다른 무엇이 있을 수 없다. 다만 있다면 제자들이 예수의 가르침을 따르는 것을 지켜보는 것 외에.

산상설교 해설
- 이루어질 수 없는 그러나 반드시 이루어져야만 하는 예수의 팔복 선언
지은이 이신형
펴낸이 정덕주

펴낸 곳 한들출판사
서울시 종로구 연지동 136-46 기독교회관 710호
등록 제2-1470호 1992.

E-Mail handl2006@hanmail.net
홈페이지 www. ehandl.com
전화: 편집부 741-4068~69
영업부 741-4070 FAX 741-4066

2006년 4월 30일 초판 1쇄 인쇄
2007년 8월 15일 초판 2쇄 발행

ISBN 89-8349-361-5 93230